BARASTLREL.

Imprimé par Charles Noblet, rue Soufflot, 18.

M<sup>GR</sup> MARIE DOMINIQUE SIBOUR
NÉ À S<sup>T</sup> PAUL-TROIS-CHATEAUX, LE 4 AVRIL 1792.
MORT LE 3 JANVIER 1857.

# VIE

DE

# MONSEIGNEUR SIBOUR

ARCHEVÊQUE DE PARIS

## SES ŒUVRES, SA MORT

PAR

M. POUJOULAT

DEUXIÈME ÉDITION

PARIS

E. REPOS, LIBRAIRE-ÉDITEUR

DE LIVRES LITURGIQUES, DE CHANT ROMAIN ET DE MUSIQUE SACRÉE

70, RUE BONAPARTE, 70.

1863

# TABLE DES MATIÈRES.

Pages

CHAPITRE PREMIER. — Préambule. — Saint-Paul-Trois-Châteaux ; naissance de Marie-Dominique-Auguste-Sibour ; origine de sa famille ; son enfance ; ses études classiques au Pont-Saint-Esprit ; pressentiment de son avenir ; ses études théologiques à Viviers et à Avignon. — Il arrive à Paris ; il est professeur au petit séminaire de Saint-Nicolas et suit les cours publics. — Il est présenté au cardinal Maury. . . . . . . . . . .

CHAPITRE DEUXIÈME. — Les événements de 1814 et de 1815. — Hésitations du jeune Auguste Sibour ; sa vocation se déclare ; il se rend à Rome, il y reçoit les Ordres sacrés ; son séjour à Rome. — Son retour à Paris ; positions diverses qu'il y occupe ; le mauvais état de sa santé le ramène au pays natal ; il revient à Paris pour remplir les fonctions d'aumônier du collége de Saint-Louis ; il est nommé chanoine de Nîmes. . . . . .   15

CHAPITRE TROISIÈME. — Travaux et prédications de l'abbé Auguste Sibour dans le diocèse de Nîmes ; il écrit un essai d'apologie pour le clergé en 1828 ; pensée et résumé de cet essai ; la guerre au parti prêtre dans les dernières années de la Restauration. . . . . . . . . . . . .   33

TABLE

CHAPITRE QUATRIÈME. — L'abbé Auguste Sibour est appelé à prêcher devant le roi ; son sermon de la Cène. — Il prêche à Aix la station du Carême en 1831 ; impiétés et violences de cette époque ; appréciation et fragments des sermons du prédicateur ; c'est à Aix qu'il fait connaissance avec le jeune abbé Léon Sibour, son cousin. . . . . . . . . . . . . . . . 47

CHAPITRE CINQUIÈME. — M. de La Mennais et l'*Avenir* ; sympathies de l'abbé Auguste Sibour pour les doctrines de l'*Avenir* ; son union avec le parti légitimiste de Nîmes, devenu avant tout parti catholique. — Réunions hebdomadaires, leur origine, leur charme et leur intérêt ; les habitués de ces réunions. — Fermeté des jugements de l'abbé Auguste Sibour sur les *Souvenirs d'Orient* de M. Lamartine ; son appréciation de M. Reboul ; son discours sur la femme chrétienne opposée à la femme saint-simonnienne ; il est nommé vicaire capitulaire pendant la vacance du siége de Nîmes, après la mort de Mgr de Chaffoy. . . . . 65

SUITE DU CHAPITRE PRÉCÉDENT. . . . . . . . . 81

CHAPITRE SIXIÈME. — Nomination de l'abbé Auguste Sibour au siége de Digne. — Les Institutions Diocésaines, leur importance, leur retentissement, leur succès définitif. . . . . 91

CHAPITRE SEPTIÈME. — Digne. — Arrivée de Mgr Sibour à Digne ; sa première lettre pastorale. — Nécessité de la science pour le prêtre. — Visites pastorales dans le diocèse bas-alpin. — Réunions littéraires et savantes à l'évêché de Digne. . . . 115

CHAPITRE HUITIÈME. — La translation des reliques de saint Augustin à Hippone. — Mgr Sibour se joint à d'autres évêques français pour accompagner ces reliques en Afrique. . . . . 135

CHAPITRE NEUVIÈME. — Voyage de l'évêque de Digne à Rome. — Ses deux lettres pastorales sur Rome. — Lettre à M. de Châteaubriand. — Sentiments exprimés par l'évêque de Digne, en offrant à Grégoire XVI un exemplaire de sa lettre à l'archevêque de Paris, sur les articles organiques ; réponse du Pape. . . . . . . . . . . . . . . . . 149

DES MATIÈRES.   VII

Pages

SUITE DU CHAPITRE PRÉCÉDENT . . . . . . . . 163

CHAPITRE DIXIÈME. — Le Manuel du droit ecclésiastique de M. Dupin et le cardinal de Bonald ; l'évêque de Digne adhère à la censure du Manuel ; sa correspondance avec le gouvernement au sujet de la bulle *Auctorem fidei*, mal comprise par le Conseil d'État. — Le presbytéranisme et le bien social. — Luttes soutenues par l'évêque de Digne au sujet de ses Institutions Diocésaines. . . . . . . . . . . . . . . . . . . . 171

CHAPITRE ONZIÈME. — Lettre pastorale pour le retour de l'Angleterre à l'unité catholique ; récit de la conversion de deux jeunes Anglais à Rome. — Établissement de missions ou retraites paroissiales dans le diocèse de Digne. — Accident du 26 avril 1846, à Saint-Étienne-les-Orgues ; grave maladie de l'évêque de Digne ; il passe trois mois au Pont-Saint-Esprit ; sa guérison, son retour à Digne. . . . . . . . . . . . . . . . 183

CHAPITRE DOUZIÈME. — Vie intérieure, habitudes et caractère de Mgr Sibour . . . . . . . . . . . . . . . 201

CHAPITRE TREIZIÈME. — La première instruction pastorale de Mgr Sibour après son rétablissement inespéré, est une instruction sur la mort. — Jours de repos à Aix. — Mandement pour le Carême de 1848, sur les calamités publiques. — La révolution de février ; les élections pour la Constituante ; candidature et désistement de Mgr Sibour. — Il adresse au Gouvernement provisoire d'énergiques réclamations contre des actes publics contraires aux droits et à la liberté de l'Eglise. — La succession épiscopale de Mgr Affre ; nomination de l'évêque de Digne au siége de Paris ; caractère et retentissement de cette nomination. — Paris, le général Cavaignac. — Lettre pastorale de Mgr Sibour à l'occasion de la prise de possession de son nouveau siége. . . . . . . . . . . . . . . . . . 217

CHAPITRE QUATORZIÈME. — Mgr Sibour prend possession du siége de Paris. — Son pèlerinage aux lieux où son prédécesseur a été frappé ; succès religieux de cette visite au faubourg Saint-Antoine. — Visite de l'Archevêque au faubourg Saint-Marceau.

— La cérémonie religieuse de la promulgation de la Constitution de 1848. — La charité dans le diocèse de Paris . . . . . . 239

CHAPITRE QUINZIÈME. — Projet de l'Archevêque d'aller visiter Pie IX; sa douleur en apprenant la révolution romaine et l'expulsion du pape; son appel aux fidèles pour subvenir aux besoins du souverain pontife; sa lettre au Pape en lui envoyant les offrandes du diocèse de Paris. — Sa lettre du 24 mars 1849, rectification et appréciation. — L'expédition de Rome. — La lettre de l'Archevêque de Paris en faveur de Venise. — Une lettre particulière de Pie IX sur certains agitateurs. . . . . 255

CHAPITRE SEIZIÈME. — Organisation diocésaine. — Visites pastorales. — Le choléra et la neuvaine au tombeau de Sainte-Geneviève. — L'Œuvre des orphelins du choléra. . . . . 271

CHAPITRE DIX-SEPTIÈME. — Le Concile provincial de Paris au mois de septembre 1849. . . . . . . . . . . . . 279

CHAPITRE DIX-HUITIÈME. — Renouvellement dans l'Église par la piété et la science. — Établissement d'un examen annuel pour les jeunes prêtres. — Les conférences du cas moral. — Les conférences diocésaines. — La Faculté de théologie de Paris. — L'École des Carmes. — La Communauté des chapelains de Sainte-Geneviève. — Établissement de nouvelles conférences sur la religion. — Un cours de religion dans chaque paroisse. — Fondation de l'œuvre des Écoles libres . . . . . . . 295

SUITE DU CHAPITRE PRÉCÉDENT. . . . . . . . . 307

CHAPITRE DIX-NEUVIÈME. — L'accord de la Science et de la Foi. — La fête des Écoles. — Le traditionalisme et les quatre propositions de la Congrégation de l'Index. . . . . . 318

CHAPITRE VINGTIÈME. — Le dogme de l'Immaculée Conception; Mgr Sibour assiste à la proclamation de ce dogme à Rome. — Nouvelle circonscription des paroisses dans Paris . . . . . 341

CHAPITRE VINGT-ET-UNIÈME. — Rétablissement de la Liturgie romaine dans le diocèse de Paris. . . . . . . . . 355

CHAPITRE VINGT-DEUXIÈME. — Belle-Eau ; comment l'Archevêque y vivait ; ses derniers projets pour le bien de son diocèse ; paiement des dettes diocésaines. — L'Archevêque auprès de l'évêque de Tripoli gravement frappé. — Assassinat de Mgr Sibour dans l'église de Saint-Étienne-du-Mont. — L'assassin. — Le peuple de Paris et les obsèques de l'Archevêque. . . . . 367

CHAPITRE VINGT-TROISIÈME ET DERNIER. — Hommages rendus à la mémoire de Mgr Sibour ; brefs du Pape ; lettre pastorale et discours de l'évêque d'Orléans. — Lettre de M. l'abbé de Cattoli sur la vie intime, les habitudes de piété et de travail de notre archevêque. — Conclusion. . . . . . . . . 389

FIN DE LA TABLE DES MATIÈRES.

# ERRATA

PAGE 8, LIGNE 13, *au lieu de* très-intelligent, *lisez* : il est très-intelligent.
— 239, — 8, — successeur — prédécesseur.

## A MONSEIGNEUR L'ÉVÊQUE DE TRIPOLI.

*Mon bien-aimé seigneur,*

En écrivant la Vie de notre cher Archevêque, combien je songeais à vous ! Vous avez été associé à ses dix-sept ans d'épiscopat, et vos deux noms sont désormais unis dans l'histoire de l'Église de France au dix-neuvième siècle. Le pieux et illustre prélat qui avait fait de vous son Timothée, a, comme l'autre Paul, laissé sur la terre le compagnon de ses travaux en partant pour le ciel; moins heureux que le grand Apôtre, notre Archevêque n'a pas rencontré pour bourreau un persécuteur du nom chrétien, mais un transfuge du sanctuaire dont l'audace atroce a pu étonner le génie même du crime. Toutefois le doux et vénéré pasteur n'en est pas moins tombé victime de la haine de l'autorité et de la vérité. De telles immolations demeurent à jamais glorieuses dans la mémoire humaine.

Cette tour, gravée sur vos armes d'évêque, mon bien-aimé seigneur, et qui était comme l'image d'une force fraternelle, n'est plus hélas ! qu'une ruine, mais ce n'est une ruine que pour ce monde ; il y a une force invisible que Dieu ne met pas à la merci des coups de poignard, c'est l'union persistante de deux âmes qui ont aimé et cherché le bien : ce qui brise leur enveloppe ne les sépare pas. Votre meilleur ami d'ici-bas, aujourd'hui votre ami des régions éternelles, revient, à des heures qui ne sont pas les nôtres, vous sourire et vous ranimer au chevet de ce lit où je l'ai vu si tristement et si tendrement occupé de vos souffrances; il continue à inspirer à votre âme l'énergie de la sienne ; ah ! je sens qu'il vous soutient toujours, puisque, après de pareils coups de foudre, vous êtes encore là. Restez, restez avec nous, afin que nous puissions parler bien longtemps ensemble du saint ami absent, et que vous et moi nous allions jusqu'au bout de la route en nous tenant par la main.

A mesure que ce travail s'est étendu et a semblé prendre la forme d'un livre, mon cœur vous l'a dédié, mon bien-aimé seigneur ; non pas que j'espère qu'il devienne pour vous une joie, ni même une consolation: il n'en est plus pour vous en dehors des élans de la foi; mais je vous demande de vouloir bien agréer l'hommage de mon œuvre, tout imparfaite que je la juge, parce que vous y retrouverez vivant, dans sa journée à la fois pleine et inachevée, celui qui a été pontife et victime, celui dont la pensée fait comme le trésor de vos plus chers souvenirs.

Agréez, mon bien-aimé seigneur, l'expression nouvelle de mes sentiments de respectueuse affection.

POUJOULAT.

Écouen, 20 avril 1857.

# RÉPONSE DE MONSEIGNEUR L'ÉVÊQUE DE TRIPOLI.

*Mon cher ami,*

Je suis profondément touché de la pensée que vous avez eue de me dédier la *Vie* de l'illustre et saint prélat auquel tant de liens m'attachaient ; j'accepte cet honneur avec reconnaissance. Si Dieu, en paralysant mes forces, ne m'avait pas interdit tout travail de quelque étendue, je n'aurais pas voulu que d'autres que moi eussent écrit cette *Vie* pleine d'enseignements et d'édification ; c'est à mon ancien et inaltérable dévouement que notre cher Archevêque, vous le savez, a légué ses manuscrits et laissé le soin de sa mémoire : puissé-je retrouver plus tard assez de santé pour mettre en complète lumière dix-sept ans d'épiscopat si pieusement et si utilement remplis ! Aujourd'hui je ne puis que me réjouir que mon bien-aimé cousin ait trouvé au service de sa vie une plume féconde et brillante, la plume de l'historien de *saint Augustin*, de l'auteur des *Lettres sur Bossuet*, et, mieux que cela, la plume d'un ami. Les affectueuses relations que vous aviez eues ensemble à Nîmes, mais surtout à Aix, à Digne et à Paris, une sérieuse étude des travaux et des actes du prélat vous ont mis dans le cas de le connaitre à fond, de peindre avec les couleurs les plus vraies et les plus vives son cœur d'apôtre, et d'apprécier sainement les motifs toujours purs, toujours élevés, qui, dans une carrière traversée par tant d'orages, par des événements si divers, si compliqués, l'ont constamment guidé, Évêque, vers la liberté et le triomphe de l'Église; Homme, vers l'active recherche du bien.

Recevez, mon bien cher ami, avec mes remercîments empressés, l'assurance de mon entier dévouement.

† Léon, *Évêque de Tripoli.*

Paris, 22 avril 1857.

# VIE
## DE
# MONSEIGNEUR SIBOUR

## CHAPITRE PREMIER.

PRÉAMBULE. — SAINT-PAUL-TROIS-CHATEAUX ; NAISSANCE DE MARIE-DOMINIQUE-AUGUSTE SIBOUR ; ORIGINE DE SA FAMILLE ; SON ENFANCE ; SES ÉTUDES CLASSIQUES AU PONT SAINT-ESPRIT ; PRESSENTIMENT DE SON AVENIR ; SES ÉTUDES THÉOLOGIQUES A VIVIERS ET A AVIGNON. — IL ARRIVE A PARIS ; IL EST PROFESSEUR AU PETIT SÉMINAIRE DE SAINT-NICOLAS ET SUIT LES COURS PUBLICS. — IL EST PRÉSENTÉ AU CARDINAL MAURY.

Devant le crime qui a épouvanté Paris, la France et le monde, devant ce crime qui a été un coup d'éclat de l'enfer, toute diversité de pensée politique s'est effacée ; les opinions se sont confondues en un sentiment d'horreur pour le meurtrier, en un sympathique attendrissement pour la victime. Quel parti n'imposerait silence à ses préventions ou à ses rancunes en présence d'un pontife de tant de douceur et de grâce, tombé martyr du devoir accompli? Les crimes ne manquent pas à notre âge, et n'ont manqué à aucun temps ; mais il en est que Dieu épargne à l'histoire humaine déjà si chargée d'horreurs ; lorsqu'ils éclatent à de grandes distances dans le cours des siècles, la société contemporaine tressaille, et soudain s'arrête ainsi qu'un voyageur à côté duquel est tombée la foudre; on écoute, on regarde comme pour voir venir ; le chemin se dérobe sous les pas, la nuit se fait, l'inconnu vous presse. L'exécrable forfait du 3 janvier 1857 est ainsi venu saisir nos âmes ; l'Europe en a eu le frisson ; l'Église catholique en a ressenti une grande douleur, et la civilisation, un grand affront.

La mémoire de Mgr Sibour, archevêque de Paris, s'est emparée des esprits : elle s'est emparée de la piété et de l'imagination populaire ; et, quand cette impression sera affaiblie par le temps qui affaiblit tout, elle fera place à un durable souvenir. D'autres retraceront plus tard l'Histoire complète d'un épiscopat interrompu par un forfait abominable, et qui promettait d'être si fécond en œuvres utiles ; nous nous renfermerons, quant à nous, dans un cadre modeste; notre unique objet est d'esquisser les traits d'un évêque d'une piété exemplaire, d'un beau zèle et d'une courageuse initiative pour la religion; nous ferons apparaître dans sa vérité un homme toujours porté par ses goûts vers les choses supérieures, un homme qui avait de remarquables côtés d'esprit, et, à un degré rare, le charme de la distinction. Ce cœur que le poignard a transpercé était épris de toute science, de toute lumière, de toute grande chose, bon avec tendresse et plein d'élan. La vie que nous allons essayer de raconter a été belle et peu connue; nous la dégagerons des ombres que font les révolutions. Lorsque, au milieu d'événements rapides et violents, l'attitude de Mgr Sibour attristait notre amitié, nous ne cessions pas de reconnaître son attachement ardent et profond aux intérêts chrétiens. Il aimait avec passion la gloire de l'Église; il s'est trompé quelquefois en la cherchant, mais, en se trompant, il la voulait toujours.

Cet écrit ne gardera aucune trace, n'éveillera aucun souvenir des divisions religieuses de notre temps ; nous nous inspirerons de ce qui rapproche, et, si Dieu veut, il ne partira rien de notre plume qui puisse irriter et désunir.

A dix lieues de Montélimart, à trois lieues et demie de Grignan, on rencontre une cité romaine dont l'étendue primitive se reconnaît aux débris des murailles: c'est Saint-Paul-Trois-Châteaux, la capitale du pays Tricastin, une des plus anciennes villes épiscopales des Gaules. La barbarie, armée du fer et du feu, visita plus d'une fois Saint-Paul-Trois-Châteaux : les Sarrasins et les Albigeois y laissèrent des traces de leur horrible passage. Il y avait dans cette ville un baillage et deux baillis; la justice s'y rendait six mois au nom du roi, six mois au nom de l'évêque, seigneur du lieu. En hiver, Saint-Paul-Trois-Châteaux était le rendez-vous brillant de la noblesse des pays environnants. Plusieurs églises et un couvent de dominicains attestaient l'importance de la ville, réduite aujourd'hui à une population de deux mille cinq cents habitants. L'église, autrefois cathédrale, classée parmi les monuments historiques, attire l'attention du voyageur par la haute antiquité de son origine, par son style roman et les débris de temples romains qui sont entrés dans sa construction. Cette cité, dont les traditions chrétiennes remontent aux temps apostoliques, fut le berceau de Marie-Dominique-Auguste Sibour; il naquit le 4 avril 1792; c'était la veille du jour où l'assemblée législative, sur la proposition d'un évêque apostat, décrétait la prohibition de tout costume ecclésiastique et religieux; c'était, jour par jour, un an après le décret qui transformait l'église de Sainte-Geneviève en Panthéon. Soixante ans plus tard, cet enfant devenu archevêque de Paris, devait, après d'autres révolutions, restituer, de concert avec le pouvoir public, le Panthéon au culte catholique.

La famille Sibour est originaire du haut Dauphiné. Au XVe siècle, trois frères de ce nom, quittant leur région natale, allèrent s'établir, l'un à Saint-Paul-Trois-Châteaux, l'autre dans le Comtat-Venaissin, le troisième dans la Basse-Provence. C'est du premier de ces trois frères que descend notre archevêque; cet aïeul, bourgeois assez riche, acheta une habitation bâtie, dit-on, sur les ruines d'un ancien palais de justice et appelée, à cause de cela, le *Palais;* cette maison fut la demeure des Sibour de Saint-Paul-Trois-Châteaux jusqu'en 1812. André Sibour, grand-père de l'archevêque, remplit pendant vingt-cinq ans les fonctions de consul dans cette ville. Il eut six fils et deux filles; le second de ces fils, Alexandre-Aimé Sibour, fut le père de notre prélat; des destinées très diverses échurent aux autres; l'un entré dans la marine, fut tué en duel à Lorient; l'autre, officier de l'école de Brienne, émigra, passa à l'armée de Condé en qualité de capitaine adjudant-major, fit ensuite partie de l'expédition de Quibéron, et paya de sa vie son dévouement à la cause du roi; dans une lettre d'adieu adressée à son père, il se félicitait d'avoir eu pour confesseur un prêtre non assermenté; les trois autres oncles de l'archevêque avaient suivi la carrière des armes sans émigrer, et deux rentrèrent sains et saufs dans leurs foyers. Le père de Mgr Sibour, commandant la garde nationale à Saint-Paul-Trois-Châteaux, rendit, en 1789, des services dont les gens du pays ont conservé le souvenir. Il quitta Saint-Paul-Trois-Châteaux en 1800, pour se fixer au Pont-Saint-Esprit, la ville natale de sa femme, et mourut d'une chute de cheval en 1808. Alexandre-Aimé Sibour avait le goût des affaires et s'était livré au commerce des soies; il a eu pour continuateur de son industrie, son fils aîné, placé en d'autres camps que nous, mais homme très habile, maire du Pont-Saint-Esprit pendant dix-huit ans, et, depuis vingt-cinq ans, membre du conseil général du Gard.

Marie-Dominique-Auguste Sibour montra, dès le premier âge, un certain recueillement dans l'esprit et des goûts religieux ; tout à coup il fut saisi d'une ambition, celle de devenir enfant de chœur. Il faisait dans les champs de longues promenades dont le but accoutumé était la chapelle de Sainte-Juste ; les fidèles du pays y vont en pèlerinage ; la fête de la sainte se célèbre le 20 juillet. A trente-sept ans d'intervalle, le petit pèlerin de Sainte-Juste étant évêque de Digne, le curé de Saint-Paul-Trois-Châteaux lui adressait une lettre (1) dont voici les premières lignes : « Nous venons de restaurer ou plutôt de
» reconstruire la chapelle de Sainte-Juste. Nous
» l'avons placée cette fois sur le sommet du rocher
» pour que les pâtres ne soient pas tentés de monter
» sur le toit et d'en soulever les dalles avec leur
» bâton pour les précipiter au pied de la montagne.
» Elle est construite toute en pierres de taille de la
» carrière voisine. Nous aimerions à rattacher votre
» nom à ce petit monument pieux, Monseigneur, et
» pour cela je viens vous prier de deux choses ».
Les deux choses que demandait le curé de Saint-Paul-Trois-Châteaux, c'était un tableau représentant la sainte, c'était ensuite la bénédiction de la chapelle par l'évêque de Digne.

---

(1) Lettre de M. l'abbé Mazelier, à la date du 27 juin 1844.

Auguste Sibour avait huit ans quand il fut emmené au Pont-Saint-Esprit avec sa famille ; il savait lire, écrire, et connaissait, par les leçons maternelles, les principes de la religion chrétienne pour laquelle il sentait déjà une grande ferveur. Un pensionnat, établi au Pont-Saint-Esprit, devint pour son zèle studieux une précieuse ressource ; un ecclésiastique très instruit, appelé l'abbé Ranc, dirigeait cette maison qui comptait à peine une douzaine d'élèves ; la langue latine et les lettres classiques faisaient le fond de son enseignement ; pendant sept ans, l'abbé Ranc n'eut pas d'élève plus appliqué, plus intelligent, plus pieux qu'Auguste Sibour ; en 1807, le chef du pensionnat du Pont-Saint-Esprit fut nommé Recteur de l'Académie de Poitiers, mais les études du jeune Sibour ne souffrirent point de ce départ ; il venait d'achever sa réthorique. L'abbé Ranc, en s'éloignant des bords du Rhône, disait de son disciple de prédilection, dont il encourageait les goûts ecclésiastiques, que « s'il persévèrait, il deviendrait un prêtre » remarquable ».

Il y eut à cette époque d'autres témoignages d'heureux pressentiments de l'avenir ; ils ont été révélés par deux lettres découvertes au mois de novembre 1854 dans les archives de l'évêché de Valence ; le premier pasteur actuel du diocèse de Valence se fit une joie d'en transmettre une copie à l'Archevêque de Paris ; nous reproduisons celle des deux lettres qui offre un curieux et charmant intérêt ; elle est datée du 26 janvier 1807 et adressée par l'abbé Barthélemy Gros, curé du Pont-Saint-Esprit, à Mgr Bécherel, évêque de Valence :

« Monsieur l'Évêque,

» Marie-Auguste-Dominique Sibour, âgé de près
» de quinze ans, originaire de Saint-Paul-Trois-
» Chateaux, et par conséquent votre diocésain,
» désire d'entrer dans l'état ecclésiastique. Sa
» famille est établie dans cette ville depuis six ans ;
» elle s'y distingue par son amour pour la religion.
» Pourvue d'une fortune honnête, elle lui assure
» un patrimoine beaucoup au-dessus de ce qu'exige
» la loi. Cet enfant est pieux, il a fait sa première
» communion ; très-intelligent et à la veille de com-
» mencer son cours de philosophie. L'Église sera
» un jour utilement servie par ce sujet, si, par la
» grâce de Dieu, il consomme ses desseins.

» Je vous prie donc, Monsieur l'Évêque, de vou-
» loir bien me faire expédier un démissoire, pour
» qu'il puisse être tonsuré par M. l'évêque d'Avi-
» gnon, lors de l'ordination prochaine. Je suis ex-
» pressément autorisé à solliciter cette faveur de
» votre part, et très-persuadé de l'obtenir. »

L'évêque de Valence accueillit la demande du curé du Pont-Saint-Esprit ; il écrivit à l'évêque d'Avignon pour lui annoncer qu'il accordait l'excorporation ; il ne s'y prêtait pas sans quelque difficulté, « vu la pénurie de sujet, qui se fait sentir

» plus fortement de jour en jour »; mais l'évêque de Valence avait été *instruit des vues* de son collègue d'Avignon sur le jeune Sibour, « à qui il destinait la » première bourse vacante, » et « se faisait un vrai » plaisir de les seconder » en accordant l'excorporation.

Auguste Sibour fut donc tonsuré à Avignon, dont le diocèse devenait le sien. Le grand séminaire de Viviers recevait alors beaucoup de jeunes ecclésiastiques, non-seulement du diocèse, mais encore des diocèses voisins. Un homme de piété, de savoir et d'esprit, l'abbé Vernet, en était le supérieur. Auguste Sibour, à peine âgé de quinze ans, y fut admis comme élève en philosophie au mois de novembre 1807. Un maître de conférences lui faisait répéter le soir, à lui et à ses condisciples, les leçons de philosophie de la journée; c'était l'abbé Deluol, aujourd'hui prêtre au séminaire de Saint-Sulpice; il se rappelle avec un doux attendrissement qu'il fut son condisciple en théologie durant l'année 1808. « Pendant les deux ans que Mgr Sibour passa au « séminaire de Viviers, » nous écrit ce respectable ecclésiastique, « il fut toujours très-studieux, très- » exact à remplir tous ses devoirs. Il était d'un » commerce doux, d'un caractère aimable et mo- » deste, d'une rare piété. » A mesure que le jeune séminariste avançait dans la science de la religion et qu'il en comprenait les beautés et l'harmonieux ensemble, son esprit montait plus fortement vers

Dieu, et son cœur s'attachait plus ardemment à la pensée d'entrer dans le sacerdoce. Son extrême jeunesse, les pentes douces de son intelligence, les goûts de son imagination ne s'effrayaient pas de la gravité des études théologiques ; Dieu et le catholicisme dominaient dans les occupations de son âme ; il cherchait à pénétrer dans les profondeurs de tant de questions admirables ; son temps de Viviers fut un temps d'application assidue, rempli de joies pures ; il ne l'oublia jamais. Un prélat pieux et prudent, ferme et habile et qui est pour nous un objet particulier de respect et d'affection, l'évêque de Viviers, récemment nommé au siège archiépiscopal de Tours, dans sa circulaire à l'occasion de la mort de l'archevêque de Paris, a touché en passant à ces jeunes années et constaté avec édification le souvenir que Mgr Sibour en avait gardé.

« Presque tous les membres de notre clergé, » disait Mgr Guibert, « ont connu le pieux et saint
» archevêque, qui était né dans un diocèse voisin,
» à quelques lieues seulement de notre ville épis-
» copale. Plusieurs d'entre eux ont été ses condis-
» ciples, tandis qu'il faisait ses études dans notre
» grand séminaire. Quand il venait de temps en
» temps visiter son pays natal, il aimait à revoir le
» berceau de son éducation cléricale ; c'était un
» bonheur pour lui de retrouver ici les anciens com-
» pagnons de ses études et de s'entretenir avec eux
» des années de sa jeunesse écoulées à l'ombre de

« cette maison. Nous l'avons vu nous-même, depuis
« qu'il était archevêque de Paris, entrer un jour avec
« une religieuse émotion dans l'étroite cellule qu'il
« avait habitée au séminaire, et là se recueillir pieu-
« sement, comme pour se renouveler dans la fer-
« veur de son noviciat ecclésiastique. »

Après deux années passées au grand séminaire de Viviers, le jeune Sibour, obéissant aux ordres de l'évêque d'Avignon, alla continuer ses études théologiques au séminaire de Saint-Charles; il y resta deux ans (1). Ce célèbre établissement ecclésiastique avait pour supérieur un prêtre d'un grand mérite, M. Sollier, dont, plus tard, Mgr Sibour ne prononçait le nom qu'avec une vénération profonde.

Les lettres divines étaient sa plus chère étude ; mais il sentait qu'il fallait donner place aux lettres humaines; dès ce temps-là il demeurait convaincu qu'un prêtre, pour travailler utilement dans les sociétés modernes et pour exercer quelque empire sur les âmes, doit, autant que possible, n'être étranger

---

(1) Les années de séminaire de Mgr Sibour s'étaient présentées à nous avec une certaine confusion qui a cessé par la découverte des lignes suivantes datées d'Avignon, le 10 mai 1817 et signées de M. Sollier :

« Je soussigné supérieur du séminaire de St-Charles d'Avignon, certifie
« et atteste que M. Sibour, ecclésiastique de ce diocèse, a fait deux an-
« nées de théologie dans cette maison, après deux années passées précé-
« demment dans le séminaire de Viviers, et que, dans ce temps, il a
« donné des preuves de talents distingués, d'application constante et de
« mœurs parfaitement ecclésiastiques. »

à rien de ce qui honore l'esprit humain, et unir à beaucoup de foi beaucoup de science. La vieille cité papale offrait des ressources et gardait de bonnes traditions, mais elle ne pouvait suffire à une jeune intelligence tourmentée du besoin de connaître ; lui fallait un plus vaste et plus brillant foyer.

Auguste Sibour vint à Paris, après en avoir obtenu la permission de son évêque. C'était à la fin de 1811 ; le pape Pie VII demeurait toujours prisonnier à Savone ; l'assemblée épiscopale, qu'on a appelée le Concile national, et dont Napoléon ne put tirer tout le parti qu'il voulait contre le pouvoir spirituel du Saint-Siége, avait été récemment dissoute ; le cardinal Maury continuait à administrer sans bulle le diocèse de Paris.

L'abbé Auguste Sibour, portant l'habit ecclésiastique, se présenta au petit séminaire de Saint-Nicolas-du-Chardonnet, dirigé par M. Cotteret qui, dans la suite, a été placé sur le siége épiscopal de Beauvais. Il annonça son dessein de compléter ses études, de suivre les cours du collége de France, et, ne voulant pas séparer sa vie nouvelle des devoirs de la cléricature, il demanda qu'il lui fût permis d'occuper une chambre dans le séminaire. Son air distingué, ses manières, son maintien, plurent beaucoup ; on en fit un professeur ; il eut sa vie arrangée de façon à suivre les cours publics les plus en renom et à travailler à loisir dans sa cellule. Le jeune professeur de Saint-

Nicolas passa ainsi trois années ; il lisait, il écoutait, il amassait. Il goûtait pour la première fois les joies de l'esprit auxquelles il était si sensible, et qu'on ne trouve dans leur fleur vive et charmante qu'à Paris ; un beau sermon, une leçon éloquente, une brillante conversation, c'étaient là autant de véritables fêtes pour ce nouveau venu.

Dès son arrivée à Paris, il désira voir le cardinal Maury dont il avait entendu prononcer le nom depuis son enfance ; il savait que le cardinal se montrait toujours prêt à recevoir ses compatriotes, et cette pensée encourageait ses souhaits ; il déplorait la situation irrégulière à laquelle s'était condamné l'ancien défenseur de l'Eglise à la tribune de la Constituante, mais l'abbé Auguste Sibour, plein de l'*Essai sur l'éloquence de la chaire* et des souvenirs des succès oratoires de Maury, était curieux de voir de près ce personnage. Il le vit et reçut un bienveillant accueil. Le cardinal lui parla de Saint-Paul-Trois-Châteaux avec cette animation de langage et cette abondance de détails qu'il retrouvait pour tous les souvenirs de sa contrée natale ; aidé d'une mémoire d'où rien ne s'effaçait, il lui parla même de la maison de son père et lui en fit la description. Le jeune abbé renouvela ses visites quand il put en trouver l'occasion.

Malgré des défaillances qui affligeaient sa piété, il aimait à rendre hommage aux anciens et illustres services de Maury ; il ne se lassait pas des saillies et des anecdotes dont le cardinal semait sa spirituelle conversation.

## CHAPITRE DEUXIÈME.

Les événements de 1814 et de 1815. — Hésitations du jeune Auguste Sibour ; sa vocation se déclare ; il se rend a Rome, il y reçoit les ordres sacrés ; son séjour a Rome. — Son retour a Paris ; positions diverses qu'il y occupe ; le mauvais état de sa santé le ramène au pays natal ; il revient a Paris pour remplir les fonctions d'aumônier du collége de Saint-Louis ; il est nommé chanoine de Nîmes.

Les humbles destinées reçoivent le contre-coup de la destinée des empires. L'Europe, longtemps harcelée par Napoléon et, à la fin, victorieuse de ses agressions répétées, nous tenait, hélas ! sous ses pieds ; la monarchie et la liberté nous étaient revenues ; puis le formidable exilé de l'île d'Elbe avait ressaisi sa puissance bientôt brisée à Waterloo ; la royauté reparaissait, à la fois comme bouclier contre l'invasion étrangère et comme grande espérance pour notre malheureux pays épuisé. Le séminaire de Saint-Nicolas-du-Chardonnet ayant été fermé à la première arrivée des alliés, l'abbé Auguste Sibour était allé attendre au Pont-Saint-Esprit, au sein de sa famille, l'issue définitive des événements. Il devait en voir de près une partie aux lieux même où il cherchait la paix. On sait comment, en 1815, M. le duc d'Angoulême fit son devoir de Bourbon, comment la défection le contraignit à opérer sa retraite sur Pont-Saint-Esprit, et tout le monde ne sait peut-être pas les sinistres idées qui, un moment, menacèrent alors les jours du prince (1).

L'affermissement de toutes les idées d'ordre par le rétablissement de Louis XVIII, détermina notre jeune ecclésiastique à reprendre le chemin de Paris, mais ce fut pour peu de temps, car nous le retrouvons en 1816 au Pont-Saint-Esprit. Il y retourna à la fin de janvier 1817, avec l'autorisation de son évêque ; une lettre écrite du 6 janvier 1817, de la part de Mgr Perrier (c'était le nom de l'évêque d'Avignon), lui permet de se rendre à Paris « pour y continuer « ses études, sous la condition expresse de retourner « dans son diocèse, dès qu'il sera promu à la prê- « trise. »

Les vocations véritables peuvent avoir leurs jours de réflexion inquiète et de trouble profond ; plus les intentions sont sincères et droites, plus on pèse

---

(1) Voyez la *Vie du comte d'Hauterive* par M. Artaud.

avec un pieux effroi les obligations qu'imposera le devoir ; nous ne connaissons rien de plus grave et de plus digne de respect que ces délibérations de l'âme humaine, avant de se lier irrévocablement. Auguste Sibour avait vingt-cinq ans et n'était pas encore engagé dans les Ordres ; durant les premiers mois de 1817, au milieu des séductions et des splendeurs de Paris, au milieu de ce spectacle de tant de carrières diverses qui semblent se disputer les intelligences, il se recueillit en lui-même, se considéra à fond, médita beaucoup sur la grandeur redoutable du sacerdoce, et sentit monter au cœur des doutes sur sa vocation ; il hésita ; le supérieur du séminaire d'Avignon, dont nous avons déjà prononcé le nom, reçut les confidences de ces incertitudes après qu'elles furent passées ; nous avons lu une lettre du 10 mai 1817, où le respectable M. Sollier dit à son jeune ami :

« Je craignais vos hésitations, vous m'apprenez
« qu'elles ne furent pas sans danger. Vous avez re-
« pris courage, je vous en félicite ; ne perdez plus
« un temps précieux. La semence qui ne croît pas
« en son temps, risque bien de rester infructueuse
« et de périr. Je ne connais pas les raison qu'on a
« pu avoir pour vous détourner d'aller à Saint-Sul-
« pice ; mais j'aurais bien aimé de vous y voir, et
« ce parti me paraitrait bien préférable à celui que
« vous paraissez décidé à prendre. Quelle que soit
« votre détermination, n'oubliez pas que le Seigneur

« vous demandera des services qu'il vous a mis à
« même de rendre à l'Eglise. »

Le parti que l'abbé Auguste Sibour *paraissait décidé à prendre* et qui éveillait la sollicitude du vénérable supérieur d'Avignon, qu'était-ce? Nous l'ignorons. Peut-être le jeune abbé avait-il informé M. Sollier de son intention d'aller à Rome, et celui-ci appréhendait le voyage comme une trop forte distraction pour un cœur à peine affermi. Mais le pélerinage aux Tombeaux des Apôtres devait au contraire consolider la vocation d'Auguste Sibour et lui laisser une impression durable des merveilles chrétiennes. Il y avait à Rome un jeune prêtre son ami, M. l'abbé Martin de Noirlieu, dont les lettres le conviaient au voyage et aux saintes résolutions. C'était la première main qui eût pressé la sienne, en 1811, à son arrivée au séminaire de Saint-Nicolas, et cette main affectueuse lui fesait signe de loin. Notre jeune abbé se mit en route le 24 octobre 1817; nous n'avons aucune relation de son voyage; mais on imagine aisément que pour un esprit aussi curieux, aussi animé que le sien, le trajet de Paris à Rome dut être fertile en observations et en ravissements. Il était de ceux qui sentent leur cœur battre au premier aspect de Rome, cette patrie commune des âmes catholiques; ces émotions, nous les avons éprouvées avec plus ou moins de profondeur, nous tous qui avons eu le bonheur de visiter la Ville où l'histoire du monde a laissé le plus de traces. Auguste

Sibour alla loger via Porta-Pinciana, palazzo Guarnieri; c'est là que l'attendait M. l'abbé Martin de Noirlieu; les deux amis eurent une même demeure.

Monseigneur Sibour aimait à parler de l'enthousiasme religieux de sa jeunesse, lorsqu'il fit connaissance avec l'Eglise de Saint-Pierre, avec Saint-Jean-de-Latran et Sainte-Marie-Majeure, avec le Colysée et les catacombes, avec les grandes images chrétiennes de la ville éternelle; il trouva un sérieux profit pour sa foi et son instruction dans l'étude assidue des antiquités catholiques qui abondent aux bords du Tibre. Il apercevait mieux la chaîne puissante des traditions; plus il allait ou fond, plus il apprenait à condamner les communions séparées. Rome, ce grand livre toujours ouvert, et où il y aura toujours à lire, murmurait chaque jour à son âme pieuse d'utiles et de nouveaux enseignements. Nourri des souvenirs de l'histoire, épris des chefs-d'œuvre classiques, il visitait souvent les monuments où respire la majesté des siècles; il portait ses pas au mont Palatin et au Forum, à Tusculum et à Tibur. La fréquentation des bibliothèques était une de ses habitudes. Son goût des arts le conduisait et le ramenait plus d'une fois au musée du Vatican, et à ces collections précieuses qui ne sont jamais fermées au voyageur; les ateliers des meilleurs peintres, des meilleurs sculpteurs recevaient parfois ses visites; il aimait les artistes et les artistes l'aimaient. Il y en avait deux, originaires d'Allemagne, avec lesquels l'abbé Auguste Sibour entretenait d'étroites relations, d'abord, à cause de leur talent, ensuite, à cause de leur dévouement à l'art religieux : ils préludaient à leurs œuvres, et, depuis ce temps, leurs noms ont conquis une belle célébrité : c'étaient Overbeck et Veit.

Mais ce qui passait avant tout dans les pensées et les occupations accoutumées de l'abbé Auguste Sibour, c'était la théologie toujours si supérieurement représentée à Rome, c'était la méditation des devoirs du sacerdoce que l'on comprend mieux dans la ville des pontifes. Il ne prenait de la société romaine que ce qui convenait à la gravité de son état. Il avait l'honneur d'être reçu chez quelques éminences ; le cardinal della Sommaglia l'encourageait avec une bonté particulière. Le jeune abbé se préparait aux ordres sacrés. Il passa surtout les deux premiers mois de 1818 dans de pieuses habitudes. Il choisit pour sa retraite la maison des jésuites. Sa ferveur croissait aux approches du jour solennel. Il fut ordonné sous-diacre par l'archevêque Frattini, vice-gérant du cardinal-vicaire, le Samedi Saint, dans l'église de Saint-Jean-de-Latran, et diacre par le même prélat, dans la même basilique, le samedi des Quatre-Temps après la Pentecôte. L'archevêque de Chalcédoine, Mgr Zen, plus tard nonce à Lucerne, l'ordonna prêtre, le 14 juin, dans la chapelle particulière du cardinal-vicaire : c'était le cinquième dimanche après la Pentecôte. En moins de trois mois, l'abbé Auguste Sibour avait reçu tous les ordres ; il appartenait désormais à l'Eglise par d'indissolubles liens : les promesses qu'il fit alors, il les a tenues. Ce fut dans l'église française de la Sainte-Trinité-du-Mont, le jour de la Sainte-Trinité, qu'il célébra sa première messe. Il eût pour prêtre assistant son ami, M. l'abbé Martin de Noirlieu. On remarqua avec quelle dignité et quel sentiment profond le nouveau prêtre offrit le Saint-Sacrifice.

Son séjour à Rome se prolongea peu ; il eut cependant le dessein d'y rester plus longtemps, car au mois d'août 1818, il consentit un moment à se charger, pour l'hiver, de l'éducation d'un enfant qui portait un des beaux noms de la Pologne; la mère de cet enfant, la comtesse Marie Potocka, bonne chrétienne et femme distinguée, s'en réjouissait; l'abbé Auguste Sibour changea de résolution. Il s'était prêté à cette pensée sur les instances de M. l'abbé Martin de Noirlieu qui, lui-même, voulait bien donner des soins à l'éducation des fils du prince Gagarin, alors passagèrement établi à Rome, et devenu un peu plus tard ambassadeur de Russie près le Saint-Siége. La princesse Gagarin était catholique; la douce piété, les bonnes manières, la conversation de l'abbé Auguste Sibour lui plaisaient; il passa un mois à Albano avec la famille Gagarin; les douceurs de la villegiatura se mêlaient pour lui à la joie de ne pas se séparer de M. l'abbé Martin de Noirlieu, qui était l'ami de la maison.

Il y avait dans l'intimité de la comtesse Potocka et

de la princesse Gagarin, un respectable ecclésiastique, instruit, fort sensé, très-attaché à ses devoirs, l'abbé Girollet ; obligé de fuir devant les sanglants orages de notre pays, il avait passé plus de vingt-cinq ans en Pologne, occupé d'une éducation. Puis il avait suivi à Rome la comtesse Marie Potocka, heureuse de lui confier son enfant ; c'était lui qu'il s'agissait de remplacer auprès du jeune Wenceslas Potocki ; il souhaitait retrouver sa liberté et bénissait Dieu de laisser son cher élève en de dignes mains. En se séparant des deux familles auxquelles son cœur demeurait attaché, l'abbé Girollet demandait au ciel deux choses, la première, que son *bon petit Wenceslas*, comme il l'appelait, rencontrât un maître sur qui sa mère pût se reposer en toute confiance, la seconde, que le prince Gagarin embrassât la vraie religion. Il espérait beaucoup de la présence d'un jeune prêtre catholique dans une famille russe, dont le chef gardait des préventions contre l'Eglise romaine. Mais il craignait que le prince Gagarin, qui voulait retenir ses enfants dans la communion grecque, ne se défiât des inspirations de M. l'abbé Martin de Noirlieu ; il craignait également que celui-ci ne se crût obligé par sa propre conscience de dire son sentiment sur l'Eglise russe. M. l'abbé Girollet écrivit des bains de Lucques, d'où il comptait rentrer en France, une lettre à M. l'abbé Martin de Noirlieu, où nous avons trouvé l'expression de ses pieuses inquiétudes. Il joignait à cette lettre un document dont la grave autorité pouvait, s'il en était besoin, tranquilliser le prince Gagarin et M. l'abbé Martin de Noirlieu lui-même. « La question traitée « dans cet écrit, disait l'abbé Girollet, a été agitée « en Angleterre, l'an 1792, à l'occasion de quelques « prêtres français qui s'étaient chargés d'éducations « particulières. Quelques-uns de leurs confrères, « animés d'un zèle outré, prétendaient qu'un prêtre « catholique ne pouvait se charger de l'éducation « d'un enfant, sans s'obliger à l'élever dans la re- « ligion catholique. La cause fut portée devant les « évêques français, réunis à Londres, qui donnèrent « la décision que je vous envoie et qui m'a été re- « mise à Amsterdam par l'archevêque de Tours, « au moment où on désirait me confier l'éducation « d'un jeune homme. » Les évêques français, avec une prudence éclairée, avaient décidé qu'un prêtre catholique pouvait se charger de l'éducation d'un enfant protestant, sans l'instruire dans la religion catholique, si telle était la volonté des parents. La règle de conduite tracée par nos prélats, porta d'heureux fruits de propagande en Angleterre. En lisant les lignes où le bon abbé Girollet de- mande à Dieu, avec tant de ferveur, la conver- sion de la famille Gagarin; nous pensions au pieux et docte jésuite de ce nom, neveu du prince dont il est question dans les pages précédentes ; il nous semblait que les prières affectueuses du prêtre fran- çais étaient pour quelque chose dans la conquête de cette âme qui édifie le temps présent par de si hautes vertus, et fait espérer au monde le magnifique spectacle de la Russie rentrée dans l'unité de la foi. Le vénérable abbé Girollet, devenu chapelain d'une des terres du prince de Talleyrand, y a doucement fini sa vie un peu avant 1830.

Ainsi que nous l'avons dit, l'abbé Auguste Sibour, après avoir reçu la prêtrise, ne prolongea pas son séjour à Rome comme il en avait eu d'abord le dessein; il repartit pour Paris, le 27 septembre 1818, espérant bien que la Providence lui ferait la grâce de revoir encore cette ville de Rome, qu'il aimait d'un profond amour et où son cœur avait goûté, plus fortement qu'en d'autres lieux de la terre, les douceurs ineffables de la contemplation. Il retournera à Rome comme évêque, et ses peintures et ses récits nous y ramèneront avec lui.

Le premier poste qu'il occupa à Paris fut celui de vicaire de la paroisse des Missions-Étrangères; cette paroisse avait pour curé M. l'abbé Desgenettes dont le nom s'est mêlé, depuis cette époque, à de saintes œuvres.

Notons ici des souvenirs auxquels plus tard l'abbé Auguste Sibour resta si affectueusement fidèle. En 1817, par l'intermédiaire d'une femme à qui le génie de la charité inspira la première pensée des sœurs garde-malades, il connut un de ces hommes dont le mérite, ignoré du public, ne se révèle que dans le cercle de la famille et le cercle des intimes amitiés ; ce Français, né à Saint-Domingue et fils d'un chevalier de Saint-Louis, cet homme d'une âme très-chrétienne, très-ferme et très-indépendante, d'un esprit méditatif et d'un jugement sûr, d'un goût vif pour les lettres, d'un enthousiasme passionné pour les génies du dix-septième siècle, et qui, lui-même, eût été écrivain s'il avait eu moins peur d'écrire après Bossuet, c'était M. Bérard des Glajeux, mort plein de jours en 1854 ; il apprécia tout d'abord les qualités solides, l'esprit doucement évangélique de l'abbé Auguste Sibour ; il l'aima. M. Bérard des Glajeux avait un fils dont l'éducation occupait constamment sa pensée ; ce fils, devenu plus tard digne de son père, successivement auditeur à la cour royale de Paris en 1821, substitut au tribunal de première instance en 1823, substitut à la cour en 1826, avocat-général en 1829, démissionnaire en 1830, a eu l'honneur de défendre nos princes dans leurs intérêts privés, lorsqu'il ne lui était plus permis, au nom de l'ordre public, de soutenir leurs droits ; il lui a été ainsi donné de prendre part, comme avocat, au mémorable arrêt de la cour d'Orléans, qui maintenait dans le domaine de Chambord son auguste possesseur, s'estimant heureux d'inscrire son nom au bas de ce monument de la haute indépendance de la magistrature.

M. Bérard des Glajeux mettait donc sa gloire et son devoir dans une direction assidue des études de son fils; pour donner à ces études plus de mouvement et d'intérêt, il réunissait quelques jeunes gens qui suivaient comme « son cher Hippolyte » les cours de droit; ces jeunes gens avaient des conférences mêlées à des exercices littéraires; l'abbé Auguste Sibour y apportait sa part de lumière et de travail, relevée par la double autorité du prêtre et d'un âge plus mûr; il avait sa place marquée au foyer de M. Bérard des Glajeux, on le considérait comme de la famille; des liens d'une charmante commensalité s'établirent; l'archevêque de Paris se plaisait à les rappeler, bien longtemps après, en bénissant dans sa chapelle le mariage des filles de celui que par fois encore il appelait tendrement du nom d'*Hippolyte*. La douceur qui était comme le fond de l'âme de l'abbé Auguste Sibour, lui donnait un penchant secret pour Fénélon; dans ses discussions avec le père de son jeune ami, partisan très-déclaré de Bossuet, on remarquait quelque chose de l'ingénieuse souplesse et du suave langage de l'archevêque de Cambrai. C'était le temps de la Société des Bonnes Études par où passèrent des hommes qui ont honoré leur pays. Notre jeune abbé, sans y paraître autrement que comme auditeur, prenait un vif intérêt à des travaux inspirés par la vérité religieuse et les saines traditions. Les pélerinages à Jérusalem étaient rares alors; on n'entendait pas parler des lieux saints aussi fréquemment qu'aujourd'hui; l'abbé Auguste Sibour visitait avec un plaisir religieux, toujours nouveau, le célèbre abbé Desmasures, qui ne se montrait jamais avare de ses chaudes peintures et de ses pieux récits.

Le nouveau vicaire des Missions-Étrangères ne tarda pas à avoir besoin de repos. Il avait plus de zèle que de force, plus d'énergie que de santé; il souffrait de temps en temps de la poitrine. Déjà, à Rome, ses amis lui recommandaient des ménagements. Aux premiers jours du mois de mai 1820, il alla demander de la santé à un pays aimé, aux soins affectueux et aux douces distractions du foyer domestique; le cardinal de Talleyrand-Périgord, archevêque de Paris, lui donna la permission de passer au Pont-Saint-Esprit le temps nécessaire pour son rétablissement; dans cette permission, écrite sur parchemin, à la date du 1er mai 1820, le cardinal parle de notre abbé comme « d'un sujet « qu'il considère très-particulièrement pour son « mérite et sa vertu. » M. de Talleyrand-Périgord ne s'imaginait pas assurément que ce jeune vicaire des Missions-Étrangères serait l'un de ses successeurs sur le siége de Paris.

La vie de l'abbé Auguste Sibour se partageait entre le Pont-Saint-Esprit et Saint-Paul-Trois-Châteaux; la maison de ses pères appartenait encore à sa famille. Ses souvenirs de Paris et de Rome n'ôtaient aucun charme aux lieux où s'était écoulée son enfance; quand on a derrière soi l'image de grandes choses, on retrouve avec un sentiment plus vif les chemins où l'on a marché aux jours où notre pensée naissante ne s'étendait pas au-delà d'un étroit horizon. Les inspirations de la piété tenaient une grande place dans ces vacances que prenait notre jeune prêtre fatigué ; une retraite pastorale devant avoir lieu, il écrivit au supérieur du séminaire de Viviers, M. Vernet, pour lui demander la permission de s'y rendre ; le supérieur lui répondit du Bourg-Saint-Andéol, à la date du 12 août 1820, par un petit billet où la gaîté de l'esprit se mêle à la gravité sacerdotale, et où perce le bon souvenir que le séminaire de Viviers avait gardé des premiers pas ecclésiastiques du jeune Sibour :

« Je vous verrai, Monsieur, avec bien du plai-
« sir à notre retraite, et s'il ne faut qu'une cham-
« bre au nord pour vous convertir, vous allez y
« être le plus fervent de tous. Messieurs les Pa.
« risiens ne sont pas ceux qui en ont le moins
« de besoin. Aussi je suis bien assuré que déjà
« vous faites la préparation éloignée. Je vous tiens
« quitte, pourvu qu'en sortant de la retraite, vous
« disiez de bon cœur : j'aime le bon Dieu comme
« je le faisais lorsque je sortis du séminaire de
« Viviers. »

Les amis que le vicaire des Missions-Étrangères avait laissés à Paris, lui adressaient d'affectueux reproches sur le peu de soins qu'il prenait de sa santé ; ils lui fesaient un devoir de s'abstenir de tout travail, et de se condamner pour un temps à un repos absolu, afin de se mettre en mesure de rendre à la cause religieuse tous les services qu'on pouvait attendre de sa fervente activité. L'un de ces amis, homme du monde, ne pût cacher son chagrin, en apprenant que le jeune prêtre, auquel il eût voulu imposer un doux et bienfaisant régime, s'était enfermé dans un séminaire pour y suivre les sévères exercices d'une retraite; il se plaignait de le voir ainsi oublier sa débile nature, l'épuisement de ses forces, et finissait par lui dire en termes charmants : « Avec ce train de vie, vos amis n'ont plus rien à « espérer de vous que des prières dans le ciel. »

Des lettres toutes spirituelles arrivaient aussi à celui qui, dans son court passage à la paroisse des Missions-Étrangères, avait touché bien des âmes, et enseigné le droit chemin à de jeunes destinées; des personnes pieuses s'affligeaient de son absence, regrettaient sa direction, soupiraient après son retour.

Ceux à qui pesait la séparation, les âmes dont il était le guide, eurent la joie de le revoir à la fin de l'année 1820. Mais ce ne fut plus aux Missions-Étrangères qu'il exerça le ministère sacré; il devint vicaire de Saint-Sulpice; le vénérable M. de Pierre en était le curé. La paroisse Saint-Sulpice ne garda pas longtemps l'abbé Auguste Sibour; nous le retrouvons en avril 1821 au Pont Saint-Esprit où le ramène une santé qui résistait peu aux fatigues sacerdotales. M. l'abbé Martin de Noirlieu obtint pour son ami une position où il devait trouver plus de temps pour l'étude et moins de fatigue que dans une paroisse; il le fit nommer aumônier du collége Royal de Saint-Louis; M. Nicolle, recteur de l'Académie de Paris, lui annonça sa nomination à la date du 4 juillet 1821. A peine eut-il paru au collége, que maîtres et élèves se sentirent disposés à l'aimer; après sa première instruction tous l'aimaient. Le nouvel aumônier avait ce qui plait à la jeunesse : la distinction des formes, l'élan du cœur, la chaleur communicative, l'élégante suavité de la parole. Il ne resta qu'un an dans cette maison : le collége le regretta. Pourquoi ne fesait-il que passer dans ces positions diverses qu'il occupait? C'est qu'il supportait mal l'apreté des hivers de Paris, c'est surtout que la passion de l'étude le dévorait chaque jour davantage et qu'il aspirait à des jours plus libres. Aumônier du collége Royal de Saint-Louis, il était moins retenu qu'aux Missions-Étrangères ou à la paroisse Saint-Sulpice, mais il souhaitait de plus complets loisirs.

Ses désirs s'accomplirent à la suite du rétablissement du siège de Nîmes. Mgr Petit-Benoit de Chaffoy, vénérable évêque de l'ancien régime, voulant l'attacher à son église épiscopale, lui proposa un titre de chanoine. L'abbé auguste Sibour accepta les offres de l'évêque de Nîmes comme une espérance de santé meilleure sous le ciel du midi et comme la perspective d'une liberté certaine pour l'étude. Ses lettres de chanoine sont du 7 décembre 1822. Nîmes occupe une importante place dans la vie de monseigneur Sibour; il y est resté dix-sept ans. C'est un grand espace dans la courte existence humaine.

## CHAPITRE TROISIÈME.

—

TRAVAUX ET PRÉDICATIONS DE L'ABBÉ AUGUSTE SIBOUR DANS LE DIOCÈSE DE NÎMES ; IL ÉCRIT UN ESSAI D'APOLOGIE POUR LE CLERGÉ EN 1828 ; PENSÉE ET RÉSUMÉ DE CET ESSAI ; LA GUERRE AU PARTI PRÊTRE DANS LES DERNIÈRES ANNÉES DE LA RESTAURATION.

Lorsqu'on est jeune et assez bien doué pour sentir tout ce qui manque et vouloir connaître tout ce qu'on ne sait pas, c'est un véritable bonheur que le loisir ; les nécessités de la vie, quand la vie est à faire et qu'il faut s'ouvrir un chemin, tantôt vous enlèvent à vos penchants et à vos goûts, tantôt vous condamnent à produire, en imposant silence au désir d'amasser ; heureux les jeunes hommes, heureux les jeunes prêtres qui ont le temps de lire et qui peuvent tout à leur aise nourrir leur intelligence! L'abbé Auguste Sibour, une fois membre du chapitre de Nîmes, eut ces félicités d'esprit; il goûta les enchantements de l'étude et les goûta sans mesure; il lut beaucoup et la plume à la main, c'est la plus utile manière de lire, à moins qu'on n'ait une mémoire qui ne laisse rien échaper; notre littérature lui était connue, nos grands écrivains lui étaient familliers; son ardeur se porta sur les livres saints où la vérité est déposée et sur les pères de l'église qui en sont les commentateurs immortels; parmi ces vastes et féconds génies qui résument les vieux siècles chrétiens et représentent en quelque sorte la religion dans sa sève, il en est un vers lequel il se tourna avec une prédilection marquée et dont il ne se lassa jamais d'étudier les œuvres : saint Augustin. Une telle préférence est déjà une distinction d'esprit. Si on a pu dire de la lecture de certains auteurs que c'est avoir profité que de savoir s'y plaire, il y a bien assurément une noble marque dans un goût très-vif pour cet admirable évêque d'Hippone qui a laissé la plus lumineuse trace dans l'obscure immensité des questions divines.

Le cœur de l'abbé Auguste Sibour était de ceux où brûle le feu de la charité; il ne put longtemps garder pour lui seul ce qu'il puisait aux sources sacrées. Il prêcha, non pas seulement à Nîmes, mais encore en divers lieux du diocèse. Mgr de Chaffoy le plaça à la tête des missions, composées de prêtres désignés par l'évêque. Le souvenir de ces missions ne s'est pas effacé; leur jeune chef, à qui une santé meilleure permettait de suivre toutes les ardeurs du zèle, ne resta pas au dessous d'une tâche difficile; il porta le poids de cet apostolat avec beaucoup de ferveur et de courage, avec un énergique et saint dévouement. Il savait parler à l'esprit quant il le fallait, mais le plus souvent il parlait au cœur, et c'est par là qu'il obtenait de consolantes victoires. Les missions de St-Hippolyte, d'Uzès et d'Alais furent surtout marquées par des succès religieux. Que d'âmes touchées et ramenées! que de gens du monde rentrés dans le devoir! nous avons vu quelques uns de ces témoignages d'un retour à la foi et à la pratique chrétienne; l'expression en est émue; le bonheur d'être remonté aux pures régions de la vérité et de la paix se mêle à une reconnaissance profonde envers l'instrument libérateur que Dieu a choisi. Dans les lieux où catholiques et protestants sont en présence, ceux-ci reviennent peu; les deux camps se mesurent, se regardent d'un œil ennemi, et la violence des passions ôte à la vérité son empire. Les protestants du Gard aimaient et respectaient l'abbé Auguste Sibour; ils rendaient hommage à la sincérité élevée de son zèle, à son savoir, à l'aménité de sa parole, mais ils demeuraient séparés de l'unité. C'est de 1824 à 1830 que l'abbé Auguste Sibour prêcha le plus; il donnait ainsi à ce qu'il appelait un ministère de charité, les plus belles années de sa jeunesse.

Ceux qui ont vécu dans les dernières années de la Restauration, se rappellent avec quelle perversité habile s'était organisée une entreprise de calomnies contre les ministres de la religion; une certaine presse qui se disait particulièrement amie de la liberté, et qui n'en voulait que pour elle et pour ce qu'elle représentait, donnait un triste spectacle; chaque jour elle attaquait sous les noms de faction dévote, de congrégation, de jésuitisme, de parti prêtre, quarante mille Français qui, pour être patients, charitables, dévoués aux saintes œuvres, n'en étaient pas moins citoyens; elle guettait des pas et des discours pour les commenter à sa façon; elle dénonçait sur de vaines apparences, elle se moquait, elle insultait, elle inventait; ce n'était pas la persécution par la prison ou le bourreau, ce qui n'a qu'un temps et finit vite, mais la persécution par la raillerie et le mensonge, plus odieuse, plus intolérable que l'autre; les prêtres n'étaient pas livrés aux horreurs du cirque, mais au long supplice d'une flagellation quotidienne devant un public ameuté. Ils avaient quelque choses des victimes des premiers temps de l'Eglise, dont on couvrait de miel la face et le corps, et qu'on exposait, sous les ardeurs du soleil, à la piqûre des mouches.

L'abbé Auguste Sibour n'assistait pas sans affliction à cette guerre déloyale et misérable; membre du jeune clergé, partisan très-avoué de la monarchie constitutionnelle, il crut pouvoir élever utilement la voix pour combattre d'injustes accusations ; il écrivit, en 1828, un *Essai d'apologie* qu'il destinait à la publicité et qui est resté en manuscrit. C'est l'œuvre inégale d'une pensée chrétienne, indépendante et ferme. Un résumé rapide de ce travail peut présenter quelque intérêt.

Les sociétés européennes doivent tout au christianisme ; la propagation de sa doctrine n'est que l'histoire de l'affranchissement successif des nations et de la mise en liberté des peuples ; la religion n'a pas enfanté la liberté par une action impétueuse, violente, mais par une action mesurée, calme, douce comme celle de la Providence (1). La France, dans les développements de sa civilisation et de sa force, offre surtout le spectacle d'une nation qui naît du souffle chrétien. Nos rois, fils aînés de l'Eglise, ont été les instruments de cette grandeur. Louis XVI, quand la tempête est venue l'emporter, faisait pour la liberté ce que Louis XIV avait fait pour la gloire. Nos rois ont fondé la monarchie constitutionnelle. L'inspiration chrétienne, ayant présidé à l'enfantement des belles destinées de notre pays, il semble

---

(1) En note nous lisons : « Bergier fait observer que l'esclavage était le droit commun de toutes les nations dans les siècles de la philoso- « phie. Si Jésus-Christ, par ces lois, avait attaqué de front ce droit pré- « tendu, il aurait autorisé la résistance des empereurs à l'Evangile : et « aujourd'hui nos philosophes l'accuseraient d'avoir attenté au droit pu- « blic de tous les peuples. — Il n'est pas facile, même à Dieu, de con- « tenter des philosophes. » Ce dernier trait est charmant.

qu'on devrait entourer de vénération et d'amour les ministres d'une religion si heureusement féconde pour nous ; mais non, une fureur incompréhensible, entretenue par des gens à qui parfois il arrive d'être gens d'esprit, s'acharne sur les prêtres ; on ne les tue pas, on désole leur patience. « Après tout, » s'écrie le jeune chanoine de Nîmes avec un accent d'apôtre, « qu'est-ce donc que la mort sur un échafaud pour un prêtre fidèle ? C'est son triomphe ! »

L'auteur ne veut ni attaquer ni calomnier son temps ; il croit même les mœurs meilleures qu'autrefois, mais il déplore les ardents efforts d'un parti pour verser l'opprobre sur les prêtres. Et pourquoi cette guerre aux prêtres ? Qu'ont-ils fait ? Ne se montrent-ils pas toujours fidèles à leur mission, toujours dignes de respect ? Après avoir peint leur pieuse et laborieuse vie, « Les voilà, » dit l'auteur, « ces grands coupables ! ils sont harcelés par la calomnie, et ils meurent sous le poids des œuvres saintes. » Les prêtres catholiques sont les privilégiés de l'injure et de l'espionnage des journalistes attentifs ; on laisse en paix les ministres des cultes réformés. Mais quand même dans notre clergé il se rencontrerait exceptionnellement des hommes qui méconnaîtraient gravement leurs devoirs, le clergé de France serait-il déshonoré pour cela ? « Ah ! si un astre défaillant tout à coup vient à ne plus offrir qu'un aspect sinistre, nierez-vous pour cela la magnificence des cieux et leur constante harmonie ? »

Le parti qui poursuivait les prêtres s'attachait à les présenter comme ennemis du gouvernement constitutionnel; il soutenait même que tels étaient les principes de l'Eglise catholique. L'auteur répond avec vigueur et logique à cette accusation. Il développe une série de propositions sur l'autorité souveraine et s'inspire évidemment de la *politique tirée de l'Ecriture sainte*, de Bossuet; il s'exprime avec sagesse sur les formes du pouvoir et les devoirs des peuples; il établit, ce qui est incontestable, que la religion catholique se prête à tous les régimes, que Jésus-Christ n'est pas venu sur la terre pour déterminer telle ou telle forme de gouvernement, mais que les principes de l'Eglise catholique la rapprocheront toujours du gouvernement qui l'éloignera le plus et de l'anarchie et de la tyrannie. » Grâce à Dieu, dit-il, nous avons dans les Bour-
« bons une trop bonne nature de rois pour craindre
« jamais la tyrannie; mais puisqu'un Bourbon lui-
« même a voulu nous donner dans la charte un sûr
« garant de l'avenir, nous dirons avec saint Thomas,
« qu'il est bien de constituer l'Etat de telle sorte
« que difficilement le monarque trouve l'occasion
« d'opprimer ses sujets : *Disponenda est regni gu*
« *bernatio, ut regi jam instituto tyrannidis sub-*
« *trahatur occasio*; qu'il est bien de tempérer même
« son pouvoir de manière que jamais il ne puisse
« dégénérer en tyrannie: *Simul etiam sic ejus tem-*
« *peretur potestas, ut in tyrannidem de facili*

« *declinari non possit* (1). Voilà le premier plan de
« gouvernement constitutionnel, je crois, qu'un
« grand homme, un grand théologien, un grand
« saint, un père de l'Eglise en un mot, donnait à un
« roi pieux dans le treizième siècle, et qu'un roi très-
« chrétien, au dix-neuvième siècle, a réalisé parmi
« nous. »

Quant à un prétendu désir du clergé de voir rétablir les priviléges d'autrefois et ce qu'on appelle l'ancien régime, l'auteur déclare qu'il a fréquenté tous les rangs de la hiérarchie sacerdotale, qu'il a vu des évêques et des prêtres à Paris comme en province, qu'il a quelquefois reçu le secret de leurs pensées les plus intimes, et que jamais, depuis 1814, il n'a entendu une parole ecclésiastique qui appelât le retour à un passé aboli. Il n'a pas rencontré non plus dans les rangs du clergé l'ambition politique qu'on lui suppose. Quelques archevêques, il est vrai, ont été appelés à la chambre des pairs, mais la pairie n'était pas attachée à leur siége, et dès lors il n'y avait plus faveur pour le clergé. « Après cela, dit l'auteur,
« on songera qu'on ne cesse pas d'être citoyen pour
« être évêque ou prêtre. La charte aurait-elle donc
« déclaré que le sacerdoce sera une incapacité univer-

---

(1) Opusc. 20. De regimine principum : ad regem cypri.

Il n'est pas inutile de faire observer que saint Thomas n'était pas un plébéien. Il était issu de la maison des comtes d'Aquin, l'une des plus nobles et des plus anciennes du royaume de Naples.

« selle dans l'Etat, et qu'un sacré caractère équivau-
« dra à une infamie ? »

L'abbé Auguste Sibour, abordant la question de la vente des biens nationaux, explique l'attitude apparante d'une portion de l'ancien clergé qui, sur ce point, semblait faire cause commune avec la noblesse ; le prêtre et le noble avaient été frappés des mêmes mains, et l'exil avait abreuvé des mêmes amertumes ceux qui n'étaient pas tombés sous la hache des bourreaux. L'auteur ne tempère pas assez ses jugements sur l'émigration qui fut, sans doute une faute, mais une faute de gens d'honneur. Il expose le droit du pape de sanctionner religieusement la vente des biens de l'Eglise ; ce droit, le clergé de France ne l'ignorait point et en regardait l'exercice comme parfaitement légitime. Ce n'était pas la première fois qu'une question semblable se présentait. Le chanoine de Nîmes cite le pape Jules III qui, en 1544, par l'intermédiaire du cardinal Polus, chargé de réconcilier l'Angleterre avec l'Eglise romaine, donna droit de possession légitime à tous les détenteurs des biens de l'Eglise. Il cite le pape Clément XI qui, en 1712, promit à Auguste II, roi de Pologne, d'user de cet expédient pour la partie de la Saxe soumise à sa domination, dans le cas d'un retour à l'unité romaine ; et, en effet, Clément XII, un peu plus tard, rendit un décret en exécution de la promesse de son prédécesseur. Enfin, l'auteur rappelle qu'en 1750, Benoît XIV, s'autorisant de ces exemples, usa de son pouvoir suprême à l'égard des propriétés ecclésiastiques de la Dalmatie, qui avaient appartenu aux Turcs, et que des chrétiens avaient acquises illégitimement. La ratification que fit Pie VII, ajoute l'auteur, n'était donc pas une chose inouïe dans l'Eglise, et sa conduite, comme celle de ses prédécesseurs, était fondée sur le principe que le chef de la communauté peut commander de tels sacrifices pour la sauver ou de grands troubles ou d'une ruine probable.

Le jeune apologiste fait entendre que si des membres du clergé, sous la Restauration, ont pu ne pas témoigner un violent amour pour la charte, la faute en est bien un peu à la façon dont une certaine presse la commentait; ils étaient effrayés de tout ce qu'on voulait en faire sortir. L'auteur passe en revue les grands chefs d'accusation de cette époque : les missions, les congrégations, les jésuites, les séminaires, l'ultramontanisme. Ces dénominations, que nous transcrivons ici avec tristesse d'esprit, nous reportent à un temps où la lutte contre le pouvoir prenait tous les déguisements, où même des hommes distingués descendaient au niveau des passions les plus misérables, où, par suite d'un mot d'ordre trop fidèlement suivi, l'innocence était traînée aux gémonies. Ah! nous en convenons, il y eut des fautes commises par les missionnaires sous la Restauration; la chaire chrétienne et les saints cantiques n'auraient pas dû envelopper dans le même dogme la foi religieuse et l'auguste race des Bourbons, mais ces torts qui furent l'œuvre regrettable d'intentions pieuses et loyales, empêchaient-ils que le principe même des missions ne fît partie de l'essence de la doctrine évangélique avait-on oublié ou ne savait-on pas que saint Vincent de Paul, Bossuet et Fénelon avaient fait des missions en France? Une association religieuse, établie par un saint prêtre, et qui ne datait pas de la Restauration, mais de l'Empire, abritait quelques centaines de jeunes gens, à Paris, contre les dangers d'une grande ville; ceux qui en étaient membres vivaient plus régulièrement que d'autres, visitaient les hôpitaux, les prisons, les greniers et les mansardes de la pauvreté; l'ambition, prenant les dehors de la piété, se faufila dans leurs rangs; il y eut des hypocrites qui se confessèrent dans l'espoir de mieux arriver aux places : le crime de ces faux dévôts pouvait-il déshonorer le clergé? Un congréganiste était-il nécessairement un animal malfaisant, et lorsque trente millions de catholiques en France ne savaient pas ce que c'était que la *congrégation*, était-ce bien de désigner tout catholique sous le nom de congréganiste? Et les jésuites, bon Dieu! la langue française a épuisé à leur égard les formes de l'injure et de la haine. Ils allaient souffler sur le flambeau de la civilisation et nous faire retomber dans la nuit! Les révolutionnaires, acharnés contre eux, les représentaient un poignard à la main et mettant en péril la vie des rois; ah! si tels eussent été les desseins des jésuites, ceux qui les accusaient auraient été peut-être assez disposés à les laisser faire.

Nous ne partagerions pas l'avis exprimé dans l'écrit, qui est sous nos yeux, sur le mémoire adressé au roi par l'épiscopat français au sujet de l'ordonnance royale du 16 juin 1828, mais nous adopterions les lignes où l'auteur relève l'accusation d'ultramontanisme porté contre le clergé. Il n'est plus question aujourd'hui du pouvoir direct ou indirect que le pape tiendrait de Dieu même sur le temporel des rois. Reprochera-t-on au clergé de croire « que le pape,
« dans l'ordre spirituel, comme administrateur su-
« prême, et en fait de discipline, est au-dessus des
« règles et des traditions de l'Eglise universelle?
« Dans tous les cas, Bonaparte le croyait aussi, té-
« moin le concordat; et pourtant on l'accuse peu
« d'ultramontanisme. Le crime d'ultramontanisme
« consiste-t-il à prétendre que dans un concile gé-
« néral, s'il y a scission entre le pape et le concile,
« l'autorité du concile doit céder à l'autorité du pape?
« Enfin, peut-être le crime est-il de prétendre que
« l'infaillibilité accordée par Jésus-Christ à son Eglise
« pour la conservation de l'intégrité de la foi réside
« essentiellement dans le pape? Mais l'ultra-libéra-
« lisme s'inquiète-t-il bien et de l'infaillibilité de l'E-
« glise et de l'intégrité de la foi? La question le tou-
« che-t-elle de savoir si le jugement doctrinal du
« souverain pontife est de lui-même irréformable, ou
« s'il ne le devient qu'après le consentement tacite

« du reste de l'Eglise ? Voilà pourtant toutes les in-
« sultes qu'on peut imaginer contre les quatre arti-
« cles de la déclaration gallicane, propres à former
« le corps de ce grand délit, à constituer le crime
« affreux d'ultramontanisme. »

Nous ignorons pourquoi l'abbé Auguste Sibour renonça à publier ces *Essais d'apologie ;* avec quelques modifications ou adoucissements qu'un ami expérimenté n'aurait pas manqué de conseiller, cette œuvre d'un jeune prêtre également dévoué à l'autorité et à la liberté, eût pu être d'un bon secours à l'Eglise de France, à cette époque où chaque ministre de la religion était travesti en suppôt de la tyrannie.

## CHAPITRE QUATRIÈME.

L'ABBÉ AUGUSTE SIBOUR EST APPELÉ A PRÊCHER DEVANT LE ROI ; SON SERMON DE LA CÈNE. — IL PRÊCHE A AIX LA STATION DU CARÊME EN 1831 ; IMPIÉTÉS ET VIOLENCES DE CETTE ÉPOQUE ; APPRÉCIATION ET FRAGMENTS DES SERMONS DU PRÉDICATEUR ; C'EST A AIX QU'IL FAIT CONNAISSANCE AVEC LE JEUNE ABBÉ LÉON SIBOUR, SON COUSIN.

Le jeune chanoine de Nîmes avait interrompu ses travaux de missionnaire pour défendre l'honneur du sacerdoce ; sa tâche remplie, il reparut dans les chaires.

Dans ses prédications, il ne cherchait que le bien des âmes ; il y trouva par surcroît une renommée. Elle alla plus loin que la ville et le diocèse qui connaissaient sa parole. On sut à Paris avec quel succès l'ancien aumônier du collège de St-Louis occupait la chaire chrétienne dans le département du Gard. On lui proposa la station du carême de 1830, à la chapelle royale des Quinze-Vingt, pour prêcher ensuite à la cour la station du carême de 1831. Le chanoine de Nîmes, s'excusant sur sa faiblesse, commença par refuser ; le grand aumônier de France, cardinal prince de Croy, dans une réponse à la date du 7 janvier 1830, disait que la modestie de son langage lui avait inspiré un plus vif désir « de le désigner au « roi pour annoncer la parole de Dieu devant lui », et qu'il comptait sur son zèle pour les deux stations, dont l'une, celle des Quinze-Vingt, se composait de neuf sermons, et l'autre, celle de la cour, se composait de dix-neuf sermons. « Je sens, ajoutait le grand « aumônier, le sacrifice que j'impose aux Eglises où « vous deviez prêcher, mais votre dévouement aux « intentions du Roi, et l'importance de la mission qui « vous est confiée, sont des raisons légitimes qui « justifient votre acceptation et la rendent conforme « aux vues de la Providence. » Le chanoine de Nîmes se rendit aux désirs du grand aumônier, prêcha le carême aux Quinze-Vingt, et, selon l'usage, prononça le sermon de la Cène devant le Roi.

Nous avons entendu dire à des contemporains que la station du carême de 1830 aux Quinze-Vingt fut remarquée, et que le sermon de la Cène obtint un grand succès. Charles X, cet aimable prince, d'un cœur si haut et d'une foi si douce, se montra charmé du prédicateur de Nîmes, de sa parole suave, noble et touchante, de la dignité de son maintien, d'une sorte de grâce sérieuse répandue sur sa personne. La cour se promettait un bon carême pour 1831, mais l'abbé Auguste Sibour devait être le dernier prédicateur de ce roi qui avait rendu la Grèce à la liberté et se préparait à donner Alger à la France; le vent du malheur allait souffler sur l'illustre auditoire du 8 avril 1830. Quelles furent les leçons entendues et goûtées par cette société si brillante et si française près de disparaître sous un ouragan de haines imméritées? Ce furent des leçons de charité et d'humilité. La charité et l'humilité! grandes vertus par lesquelles le christianisme a conquis l'univers, vertus inconnues à la terre avant l'avènement du Fils de Marie, et que la terre ne gardera dans leur vérité qu'en gardant l'Evangile.

Le prédicateur du 8 avril 1830 fit voir que le chrétien doit être tout à la fois l'image de la Providence par la charité, et l'image de Jésus-Christ par l'humilité; il avait raison de penser qu'il y a ici de quoi flatter l'ambition des plus belles âmes, car chaque homme est ainsi appelé à devenir en quelque sorte l'émule de la Divinité elle-même. Devant cette royale famille qui a fait la carte de la France et que les révolutions ont crucifiée sur le calvaire de l'injustice, le prédicateur disait qu'il ne fallait jamais se lasser de faire du bien : Jésus lava les pieds à celui-là même qui le trahissait. C'est surtout par la bienfaisance, ajoutait l'orateur, que le Christianisme rend la majesté sacrée aux yeux des peuples et la fait aimer comme une belle imitation de la puissance qui gouverne le monde.

L'orateur peignait éloquemment l'action de la charité chrétienne au milieu des sociétés humaines. Il montrait ensuite la charité dans son caractère universel, faisant luire son soleil sur les bons et les méchants, à l'exemple de la divine Providence.

« Flamme céleste ! dit l'orateur, qui sort du sein de
« Dieu pour répandre sa vivifiante chaleur dans le
« cercle immense de la création, elle ne connaît ici-
« bas ni circonscription de lieux, ni diversité d'opi-
« nions, ni opposition de cultes, ni distinction même
« de vice et de vertu. Le genre humain tout entier
« est dans ses tendres sollicitudes. Si quelque chose
« a pour elle un plus doux attrait, c'est la misère,
« car partout où la misère habite on est sûr de la
« trouver; et le Juif comme le Romain, le Scythe
« comme le Grec, l'injuste, enfin, comme le juste, la
« verront apparaître au jour du malheur : tous re-
« çoivent, au besoin, de son assistance généreuse :
« *Solem suum facit oriri super bonos et malos.*
« Alors même que sa main ne peut plus s'ouvrir
« pour répandre des bienfaits, sa bouche laisse échap-
« per encore des consolations divines, et son visage
« seul, toujours rayonnant de bienveillance, réjouit
« les âmes oppressées ; tel que le soleil lui-même,
« souvent de tous les êtres le seul dans la nature,
« qui semble sourire au malheureux. Elle ignore

« également et les bizarreries de l'humeur, et les
« saillies du tempérament, et les caprices de l'ima-
« gination ; son action est calme, mesurée, cons-
« tante comme celle de la Providence : *Solem suum*
« *facit oriri*.....

Rien n'est comparable, dans l'harmonie morale, au bel accord de la charité et de l'humilité. Ces deux caractères essentiels du christianisme sont inséparables; l'un ne va pas sans l'autre; saint Augustin a remarqué que c'est de l'orgueil que part la plus prompte violation de la charité. L'humilité qui, en tant que vertu, n'a pas de mots qui l'exprime dans les langues anciennes, est le secret des plus douces bienveillances du cœur humain. Le prédicateur du roi, dans la seconde partie de son discours, établit à quels signes se reconnaît la véritable humilité et fait ressortir toute la sublimité de l'abaissement volontaire. L'humilité n'est pas la vertu des âmes faibles et timides, mais des âmes fortes et courageuses.

« Quel courage de foi, quelle grandeur d'âme, en
« effet, ne suppose pas dans le chrétien ce cours non
« interrompu de victoires sur le plus indomptable
« de nos ennemis domestiques, l'orgueil, qui semble
« naître, grandir, se fortifier avec nous, pour s'em-
« parer ainsi de tous les âges de la vie humaine?
« Ah! on peut bien le vaincre, mais on ne peut le
« faire mourir; après même que nous avons rendu
« le dernier soupir, il paraît encore tout vivant dans
« la pompe de nos funérailles; et il n'achève vérita-

« blement d'expirer que sous la pierre du tombeau.
« Cependant, voyez comme il tourmente notre vie!
« d'autant plus dangereux tyran qu'il n'a, aux appa-
« rences, rien de hideux, comme les autres vices,
« qu'il sait cacher son injustice sous les dehors les
« plus beaux, et qu'il nous flatte agréablement,
« alors même qu'il nous tourmente; habile à se mul-
« tiplier sous toutes les formes, à combien d'artifi-
« ces n'a-t-il pas recours afin de tromper notre
« vigilance? le plus souvent inaperçu, il se glisse
« jusqu'à la racine de nos œuvres pour les infecter
« de son venin mortel, en corrompant nos pensées,
« nos sentiments, nos intentions les plus secrètes!
« il se fait des armes contre nous de nos vertus mê-
« mes, et semble conquérir à son profit tous les do-
« maines de la gloire. Prééminence des talents,
« supériorité de la valeur, domination du pouvoir,
« charges et dignités, honneurs et distinctions hu-
« maines, combien ne lui préparez-vous pas de nom-
« breux et faciles triomphes! je me trompe : c'est
« bien plutôt ici, ai-je voulu conclure, que l'humi-
« lité chrétienne remporte ses plus éclatantes victoi-
« res, et montre tout ce qu'elle peut inspirer de force
« et de grandeur d'âme au fidèle. »

Le chanoine de Nîmes prêcha à Aix la station de carême qu'il devait prêcher à la cour. Le siége était vacant, il portait le deuil de Mgr de Richéry, prélat d'un caractère honoré et d'une piété profonde, pour lequel la révolution de 1830 eut de mortelles douleurs ; l'église d'Aix allait avoir pour premier pasteur Mgr Raillon, esprit délicat et fin, archevêque lettré, auteur d'une Histoire de saint Ambroise, restée inédite et qu'on devrait arracher aux ténèbres injurieuses du portefeuille. Mgr Raillon occupait auparavant le siège de Dijon ; il avait choisi pour un de ses grands vicaires dans l'ancienne capitale de la Bourgogne un prêtre d'un bon jugement et d'un esprit modéré que les dignités ecclésiastiques attendaient, et qui, plus tard décoré de la pourpre romaine, devait monter sur le siège de Paris ensanglanté par l'immolation de monseigneur Sibour.

Cette ville d'ancien parlement et de vieille noblesse avec ses traditions d'étude, de goût et d'esprit, plaît aux prédicateurs en renom ; ils y trouvent des cœurs chrétiens et des intelligences qui comprennent. L'auditoire de la Madeleine est la réunion brillante de ces empressements religieux et de ces curiosités lettrées. Ce fut là que se fit entendre pendant la sainte quarantaine, en 1831, l'abbé Auguste Sibour.

A cette époque, les passions hostiles hurlaient contre le sacerdoce catholique ; le cratère de 1830 fumait encore, et la lave bouillonnante menaçait surtout les autels ; c'était le temps des croix abattues et des églises pillées ; quelques heures d'impétuosité sauvage et de tempête venaient de jeter à bas l'archevêché de Paris ; Mgr de Quelen, ce doux Athanase, coupable de n'avoir pas mis sa main dans la main d'une révolution qui insultait à ses croyances religieuses et politiques, cachait sa sainte vie pour ne pas donner à l'enfer quelque horrible tentation.

Au milieu de cette brûlante atmosphère de révolte continue et de haine anti-chrétienne qui enveloppait Paris et les départements, l'abbé Auguste Sibour annonça les vérités de la religion sans les faire fléchir. La dignité mesurée de son langage ne blessait, ne provoquait personne, mais il gardait la sainte audace de l'apôtre et laissait aux enseignements de la foi toute leur sévérité. Il présenta les doctrines de l'Évangile dans l'harmonieuse beauté de leur ensemble, parla d'abord de Dieu et de la Providence, puis du Verbe fait chair, de la divinité du christianisme, du caractère essentiellement raisonnable de notre foi, et de l'impossibilité logique de n'être pas catholique quand on se disait chrétien. Il exposa les devoirs que la religion nous prescrit, et la certitude du bonheur ou du malheur éternel qui suit la soumission ou l'infidélité aux lois divines.

Dans un sermon sur les effets de la doctrine évangélique, le prédicateur de Nîmes se représentait l'homme à peine jeté au milieu de la création, tourmenté de son propre cœur, effrayé de lui-même, ignorant peut-être le secret de sa vie, incertain de sa future destinée, seul dans l'immensité de son âme comme au sein d'une vaste solitude. « D'où vient-il?

« et où va-t-il ? disait l'orateur ; « comment a pu naître
» ce désir infini d'aimer ? qui lui donnera de pleine-
» ment le satisfaire ? à qui portera-t-il son inépuisable
» affection ? O félicité ! s'écrie-t-il... et dans son trans
» port il se précipite à sa recherche, intrépide, infa-
» tigable, inébranlable aux coups du sort, lui-même
» lassant plutôt la fortune : c'est un irrésistible as-
» cendant qui l'entraîne, auquel il se livre, et ni la
» faim, ni la soif, ni les piéges, ni les terreurs, ni
» l'abîme ouvert sous ses pas, ni la mort suspendue
» sur sa tête n'arrêteront son impétueuse ardeur.
» Au loin, un fantôme brillant lui apparaît : c'est la
» gloire... ô qui que vous soyez, dit-il, est-ce vous
» que je dois aimer et qui ferez mon bonheur ? le
» fantôme, en lui tendant les bras et l'attirant à soi
» par ses douces flatteries, est forcé néanmoins de
» s'écrier : non, ce n'est pas moi que tu dois ai-
» mer, ni qui puis faire ton bonheur. — J'irai donc,
» je me livrerai aux utiles travaux des arts, aux la-
» borieuses occupations de l'agriculture, je traver-
» serai les mers, je verrai un ciel nouveau, je re-
» chercherai la richesse, c'est par elle que je serai
» heureux. Il a trouvé la richesse qui lui a répondu :
» Non je ne saurai te satisfaire. — Enfin, les beautés
» mortelles charment ses yeux... peut-être lui don-
» neront-elles le rassasiement de son âme ; dites si
» c'est vous ? les beautés mortelles se sont tues ; mais
» la volupté entourée des affreux dégoûts, des cui-
» santes amertumes et des tribulations du cœur, ré-

» pondant pour elles, s'est écriée : Non, ce n'est pas
» moi! — Cependant, voici la religion qui, à son tour,
» lui tient ce langage : O homme, tu ne trouveras ici-
» bas rien que de faible, d'incertain, de périssable
» pour ton cœur avide d'amour et d'immortalité;
» porte tes regards dans les cieux, contemple celui
» par qui tu es, aime ses perfections, partage son
» éternité, jouis de sa félicité suprême, etc. »

Le ton de ce morceau rappelle les belles stances de Delille sur l'immortalité.

Les révolutions qui enflent le cœur de l'homme lui persuadent qu'il s'affranchira de tout joug, de toute règle, de toute loi, mais parmi les lois auxquelles il n'échappera pas, quelque terrible effort qu'il fasse, il en est une, celle du trépas, qu'il sera toujours utile de lui rappeler. Plus d'un sermon de l'abbé Auguste Sibour resta dans le souvenir de son auditoire d'Aix; on garda surtout une impression profonde d'un sermon sur la mort où la beauté du langage se mêlait aux accents touchants du prédicateur. Il disait qu'il ne fallait pas fuir la pensée de la mort, que nous ne serions jamais bien instruit que par elle, car elle possède le secret de notre existence et tient pour ainsi dire les deux fils de nos destinées : la mort éclaire le présent et l'avenir. « Etes-vous sage!
» faites-vous en une amie pour ce dernier jour; et
» loin de reculer d'épouvante, osez la regarder en
» face, vous entretenir avec elle, vous la rendre fa-

» milière et bonne : elle est douce à quiconque veut
» recevoir ses enseignements. »

L'orateur chrétien, conduisant ses auditeurs sur les pas de la mort, les plaçait auprès d'elle sur l'extrême limite du temps et de l'éternité ; de ce point d'élévation il leur montrait comme deux empires, celui des choses qui passent et celui des choses qui demeurent. La mort mettait à découvert la profonde vanité de l'homme, le néant des biens auquel il s'attache. C'est là un sujet par où a passé et repassé l'éloquence de la chaire ; mais ces sortes de tableaux remuent aisément l'âme humaine, pour peu que le prédicateur aille au fond des choses et que l'expression monte à la hauteur de ces formidables pensées. Rien n'égale la richesse de nos livres saints pour peindre la brièveté de la vie : ce n'est qu'un jour et la dernière heure est venue ; c'est le vaisseau qui fend les ondes sans laisser de trace, c'est la flèche qui part et atteint le but avant que l'œil ait pu l'apercevoir ; c'est l'aigle impétueux fondant sur sa proie, c'est la nuée fugitive, la vapeur qui se dissipe, l'ombre qui décline, le faible souvenir d'un songe, l'eau qui s'échappe.

« Comment se reposer dans la vie ? » disait le prédicateur de Nîmes ; « partout on nous la montre
» sans durée, sans consistance ; et l'Église qui a cou-
» tume d'inscrire les noms des vivants et des morts
» sur le même registre, semble nous avertir encore
» de sa fragilité : le point de notre existence est pour

» elle inaperçu : ceux-ci sont aux demeures souter-
» raines, et nous nous y acheminons. C'est ce qui fai-
» sait dire à saint Augustin que nous sommes des ma-
» lades en continuelle agonie. Nous mourons lorsque
» nous croyons vivre, et chaque jour, chaque heure,
» chaque instant, nous avance vers le terme fatal.
» Enfin, je me représente l'homme paraissant à la vie
» comme un faible athlète, forcé d'entrer en lutte
» avec la mort ; et la mort, dès ce moment, compte
» la suite non interrompue de ses victoires jusqu'à ce
» qu'elle l'écrase dans le tombeau. C'est le sort
» commun des hommes : les uns succombent plus
» tôt, les autres plus tard, mais tous périssent :
» le monde n'est qu'une représentation de longues
» funérailles. Cependant, ce spectacle qui devrait
» les remplir d'épouvante, les laisse calmes au milieu
» de leurs réflexions et de toutes leurs chimères.
» Que dis-je ? Ils se réjouissent, se donnent des fêtes,
» se couronnent de fleurs ; on dirait que rien n'est
» incertain dans leur destinée, qu'ils sont en pos-
» session pour jamais de la vie.... Elle (la mort) ne
» vous accorde aucun moment, elle hâte, elle préci-
» pite ses pas, vous courez avec elle ; et vous riez
» vous chantez, vous promenez vos regards sur les
» vains objets qui s'offrent à vous, sans prévoir que
» sera le terme de votre course ! Elle remplit le
» monde de ses terribles éclats, vous êtes témoins des
» renversements qu'elle opère, ses menaces vien-
« nent à vous de toutes parts, vous ne sauriez lui

» échapper, et cependant vous n'êtes pas plus émus
» que si une force invincible vous mettait à l'abri de
» ses coups ! D'où tirez-vous cette inconcevable assu-
» rance ? Auriez-vous fait marché avec la mort ? »

L'orateur chrétien n'épargne aucune des formes sous lesquelles les menaces de la mort ont coutume d'apparaître dans le monde ; peut-être ceux qui l'écoutent n'éprouveront ni émotions salutaires, ni tremblements de cœur ; ce sera un prodige d'insensibilité ; mais l'orateur connaît bien un autre prodige, celui de l'homme visitant avec une froide indifférence et quelque chose de pis, les sombres asiles qui sont comme le palais de la mort.

« Permettez, dit-il, que je vous conduise dans
» ces funèbres catacombes, visitées chaque jour
» par la curiosité désœuvrée, plus, hélas! que par la
» piété sensible. Avancez, mes frères, et suivez à la
» pâle lueur d'un flambeau, sous des voûtes humides,
» périlleuses, ce long et étroit souterrain enchevêtré
» de mille sentiers où s'égare sans retour l'imprudent voyageur qui a perdu la trace du guide ; vous
» trouverez, au centre de ces ténébreuses régions,
» un vaste et affreux réduit où sont accumulés les
» ossements des générations qui nous précèdent :
» c'est le royaume de la mort. Là reposent des
» enfants ravis à la tendresse maternelle, de jeunes
» hommes moissonnés dans l'âge des brillantes espérances, des épouses adorées, des vieillards qui
» comptaient encore sur la vie. Là dorment en paix

» de plus saintes victimes livrées un instant à la rage
» des enfers, mais heureuses d'être sorties du com-
» bat, remportant la palme du martyre, touchants
» objets de nos regrets et de notre amour en atten-
» dant qu'ils le soient de notre culte! Dans cet affreux
» séjour, vous ne verrez rien qui rappelle les illu-
» sions de votre vanité ; les distinctions même par
» lesquelles l'homme cherche à immortaliser son
» néant ont disparu : chaque dépouille n'est plus
» recélée dans un tombeau; elles sont mêlées, igno-
» rées également. Toutes les extrémités des conditions
» humaines se trouvent là réunies en confusion.....
» Deux amis s'étaient dit, en s'embrassant, un dou-
» loureux adieu ; ils voulaient mourir ensemble. La
» mort les avait cruellement séparés, la mort les a
» rapprochés à leur insu ; leurs têtes sèches et blan-
» chissantes, reposent l'une sur l'autre, et elles ne
» tressaillent pas, et ces yeux ne se raniment pas,
» et leurs bouches ne prononcent plus le nom de
» l'amitié, elles ne font plus entendre des paroles
» aimables, ni les salutaires conseils, ni les célestes
» consolations. Tout se tait. Une seule voix, au
» milieu du silence éternel, une voix inconnue,
» terrible, une voix qui se fait entendre sans bruit,
» semblable à celle de l'apparition où Éliphaz sentit
» ses os ébranlés, toutes ses chairs froissées, et qu'on
» ne peut comparer qu'à un faible et étrange mur-
» mure, porte secrètement dans l'âme la tristesse,
» le désordre et l'effroi. Des inscriptions funèbres,

« tracées sur l'uniforme blancheur des murs, sont
« comme les réponses de la mort aux questions que
« vous ferez sur la vie; vous vous recueillerez, mes
« frères, en les méditant; vos cœurs seront saisis; à
« peine oserez-vous laisser échapper le souffle ; vous
« serez fatigués, oppressés de vos propres réflexions
« et vous vous hâterez de revenir au séjour des
« vivants. Mais, lorsque, regardant le flambeau que
« vous tiendrez à la main, vous vous direz : mon
« existence tient à cette étincelle, elle peut s'éteindre
« à chaque instant, et je puis avec elle trébucher
« dans les piéges de la mort...; à cette pensée, mes
« frères, vous éprouverez toutes les terreurs de l'âme
« au bord d'un abîme inconnu... Hé bien ! j'ai vu des
« libertins profaner ce redoutable asile, je les ai vus
« insulter à la mort, couvrir ces ossements de
« lubriques et sacriléges plaisanteries, sans craindre
« que ces ombres endormies ne se levassent tout-à-
« coup pour demander vengeance d'un tel crime. »

On le voit, l'abbé Auguste Sibour est écrivain. Il a de l'imagination, du nombre, une pureté élégante, de la fermeté, de l'énergie. Il écrivait ses sermons, les apprenait par cœur, et disait avec beaucoup d'action et d'onction; il charmait l'esprit, touchait le cœur, remuait les entrailles; tout auditeur l'écoutait comme un ami et s'abandonnait à sa parole; ceux qui ne l'ont entendu que depuis son épiscopat, n'ont eu aucune idée de son talent oratoire, et ont pu se croire le droit de le nier; Mgr Sibour ne pouvait plus, sans une extrême fatigue, demander à sa mémoire les services d'autrefois ; le recueillement et la prière étaient sa seule préparation ; il parlait toujours d'abondance, tout entier livré aux inspirations de son âme de pasteur, plus occupé d'édifier que de bien dire, plus voisin de la prolixité que de la précision, s'inquiétant peu des redites pourvu qu'il eût l'espoir de se faire mieux comprendre, et ne s'apercevant pas qu'il était long lorsqu'il croyait n'être que pieusement et doucement paternel. Mais il n'en fut pas ainsi dans les vingt premières années de sa vie sacerdotale ; aidé d'une mémoire qu'il avait rendue fidèle à force de ténacité, il disait bien ce qu'il avait bien écrit.

L'abbé Auguste Sibour, si doux pour les autres, était sévère pour lui dans la pratique des prescriptions chrétiennes ; les fatigues de la chaire épuisent promptement les forces ; les prédicateurs du carême sont affranchis des privations imposées aux fidèles ; ceux qui vécurent dans l'intimité de l'abbé Auguste Sibour, durant sa station prêchée à Aix, nous disaient que, malgré le poids d'un ministère très-laborieux, il observait rigoureusement le jeûne et l'abstinence, et nous avons su qu'il en a été toujours ainsi.

Le carême de 1831 devint comme une date bien chère au cœur de celui à qui ces pages sont consacrées. Il y avait à Aix un jeune ecclésiastique, sorti depuis quelque temps du séminaire, mais non encore engagé dans les ordres, dont on remarquait la piété aimable, les goûts studieux, le charmant esprit, et l'air distingué : c'était M. l'abbé Léon Sibour, alors attaché au secrétariat de l'archevêché; il se présenta chez le prédicateur qui portait le même nom que lui; la parenté était éloignée, mais les deux cœurs et les deux esprits allaient se rapprocher; le prédicateur et le secrétaire se reconnurent comme cousins; et, ce qui vaux mieux, en se rencontrant ils venaient de se retrouver, comme il arrive à deux âmes heureuses de s'unir et s'unissant pour toujours. Plus jeune de quatorze ans, M. l'abbé Léon Sibour ne marchait point dans la vie d'un pas aussi assuré que son cousin, mais celui-ci aima dans le jeune secrétaire une vive intelligence sous le voile d'une douce réserve, quelque chose à la fois d'entreprenant et de modeste, un sentiment vrai des choses élevées, et, par-dessus tout, la bonté, cette bonté, parure divine de l'homme ici-bas, puisqu'elle ne peut être qu'un reflet de Dieu. L'abbé Auguste Sibour devait y être sensible plus qu'un autre, car jamais la bonté n'a plus habité dans une âme que dans la sienne. Ainsi commença une amitié dont le temps et les événements devaient resserrer les liens, et à laquelle Dieu réservait l'insigne honneur de servir utilement la cause de l'Église.

## CHAPITRE CINQUIÈME.

M. DE LA MENNAIS ET L'AVENIR; SYMPATHIES DE L'ABBÉ AUGUSTE SIBOUR POUR LES DOCTRINES DE L'AVENIR; SON UNION AVEC LE PARTI LÉGITIMISTE DE NÎMES, DEVENU AVANT TOUT PARTI CATHOLIQUE — RÉUNIONS HEBDOMADAIRES, LEUR ORIGINE, LEUR CHARME ET LEUR INTÉRÊT; LES HABITUÉS DE CES RÉUNIONS. — FERMETÉ DES JUGEMENTS DE L'ABBÉ AUGUSTE SIBOUR SUR LES SOUVENIRS D'ORIENT DE M. LAMARTINE; SON APPRÉCIATION DE M. REBOUL; SON DISCOURS SUR LA FEMME CHRÉTIENNE OPPOSÉ A LA FEMME SAINT-SIMONNIENNE; IL EST NOMMÉ VICAIRE CAPITULAIRE PENDANT LA VACANCE DU SIÉGE DE NÎMES, APRÈS LA MORT DE MGR DE CHAFFOY.

A l'époque où nous a conduit le récit d'une pieuse vie, il y avait un prêtre célèbre qui, armé d'un journal, s'était mis en tête de gouverner l'Église universelle et de refaire le monde; ancien écrivain royaliste à côté de M. de Châteaubriand et de M. de Bonald, il avait déserté dans son cœur la cause monarchique avant même la chute de la Restauration, et la révolution de 1830 avait fait éclater tous les bouillonnements de sa pensée ; défenseur encore fidèle de la religion catholique, il était comme en travail des conséquences que portaient certains principes établis dans ses œuvres antérieures ; toutes les aspirations de son ardente poitrine allaient à la démocratie, qui était pour lui l'infaillibilité du genre humain représentée par l'infaillibilité du pape ; toutes les flammes sorties de 1830 brûlaient dans cette âme singulièrement préparée aux embrasements, et au fond de laquelle les moindres mèches devaient allumer des incendies ; ce journaliste qui se donnait une mission prodigieuse, croyait entendre les gémissements des peuples l'appelant à leur secours, un bruit vaste et lointain de chaînes secouées ou brisées ; il pensait être le libérateur des nations et envoyait ses articles commes des boulets à tous ceux qui tentaient d'arrêter les progrès de la révolution ; les sceptres l'embarassaient peu ; il les mettait en pièces, en dispersait au loin les débris ; il creusait des fosses pour tous les rois, pour toutes les dominations, et, soufflant la vie dans une sorte de vallée d'Ézéchiel, il ressuscitait de chaque côté en Europe les nationalités. Cette dictature de fantaisie qu'il s'était arrogée dans le monde politique, il l'exerçait aussi dans le monde religieux ; il fallait que le clergé de France regardât comme non avenus les concordats, renonçât au budget qui représente une indemnité annuelle en échange des milliards enlevés à l'Église ; il fallait conquérir, et au plus vite, toutes les libertés religieuses et tout d'abord la liberté d'enseignement ; il fallait abolir législations, traditions, coutumes, tout ce qui pouvait empêcher ou diminuer l'union directe, exclusive, profonde avec le chef de l'Église universelle : le lecteur a nommé le prêtre et le journal qui entreprirent cette croisade de renouvellement et de révolution. L'*Avenir*, fondé le 16 octobre 1830, fut comme le roulement du tonnerre avec une resplendissante succession d'éclairs.

Sous un chef dont le prestige religieux était si grand, avec des collaborateurs comme MM. Lacordaire, de Montalembert et Gerbet, dont les talents divers et pleins de sève promettaient des fruits magnifiques, l'*Avenir* devait inévitablement frapper les imaginations, surtout dans les rangs du jeune clergé. Ce journal renfermait des énormités qui, présentées séparément, eussent été énergiquement repoussées par la masse des ecclésiastiques, mais le vrai et le faux se mêlaient dans ses agressions quotidiennes; à côté des violences anarchiques, se rencontraient des indignations légitimes, des aspirations généreuses, les accents de la justice et les plus purs élans de la foi. C'est ce profond amour pour l'Église qui touchait, remuait, ravissait, et faisait passer sur des doctrines étranges. Les suaves nuages de cet encens d'adoration devant les autels catholiques, voilaient de graves excès, et puis le souffle orageux de la liberté agitait alors toutes les âmes; il se faisait sentir dans le sanctuaire ; on se disait que puisque chacun voulait être libre, l'Église, chargée d'entraves, pouvait bien le devenir aussi : les rédacteurs de l'*Avenir* rêvaient, au profit des institutions catholiques dégagées de tout lien avec les puissances temporelles, des triomphes rapides et une grandeur jusque-là inconnue.

Ce journal fascina la plupart des membres du jeune clergé de notre pays ; excusable faiblesse ! le but était une chimère, et une dangereuse chimère, mais quelle séduisante beauté dans les apparences ! et comment se défendre contre tant d'éloquence, contre les enchantements du langage ? L'abbé Auguste Sibour fut des premiers conquis ; le fond ardent de sa nature où naissaient aisément les plus vives et les plus nouvelles impressions, le libéralisme de ses idées, ses études et ses plaintes personnelles sur l'asservissement de l'Eglise de France dans les législations modernes, tout en lui le disposait à une adhésion soudaine aux doctrines de l'*Avenir*. Il correspondit avec ce journal et lui fournit des travaux, sans toutefois que son nom parût jamais ; il n'aurait pas voulu blesser ni affliger son vieil et respectable évêque, dont les traditions, les goûts et les sentiments anathématisaient la feuille de M. de La Mennais. Le pieux et noble vieillard qui gouvernait l'Eglise de Nîmes disait quelquefois : « J'ai deux maîtresses, l'E- « glise gallicane et la famille des Bourbons, je compte « les garder jusqu'au tombeau ; » or le journal de M. de La Mennais ne laissait debout rien de ce qu'on appelait le gallicanisme, et, malgré les souvenirs bourbonniens du *Conservateur*, balayait dans une commune poussière la race d'Henri IV et de Louis XIV comme toutes les races de rois. L'abbé Auguste Sibour traduisit pour l'*Avenir* une partie du traité de saint Thomas, *de regimine principum ;* sous le titre de *Recherches théologiques sur l'origine et l'amissibilité du pouvoir,* il rassembla ensuite, dans un petit cahier que nous avons lu, une série d'autorités (1) en faveur de la souveraineté du peuple ; c'est beaucoup d'érudition pour des questions bien dangereuses ; il y a là des citations de théologiens dont nous ne voudrions pas armer les peuples mécontents.

Nous n'avons pas à raconter la suspension de l'*Avenir* après treize mois de publication, le voyage à Rome de MM. de La Mennais, Lacordaire et de Montalembert, la condamnation de leurs doctrines, la rebellion du maître, la belle soumission des deux jeunes disciples ; il nous suffit de dire que du moment où le Pape eût parlé, l'abbé Auguste Sibour, prêtre avant tout et toujours bon prêtre, s'inclina ; tout fut fini pour lui dans ces questions ardentes après l'encyclique de Grégoire XVI, le 16 août 1832. Il en eut connaissance à Montpellier, pendant qu'il y suivait, avec deux amis, les exercices d'une retraite pastorale. Un ecclésiastique, ayant reçu dans le cours

---

(1) ce petit recueil de citations a été imprimé, sans nom d'auteur, dans les conférences de M. l'abbé Gerbet.

de cette retraite un exemplaire de l'Encyclique *mirari vos*, fut très-pressé d'en donner lecture à l'abbé Auguste Sibour, et à quelques amis qui partageaient ses opinions; le chanoine de Nîmes l'écouta avec une émotion profonde et pleine de respect ; le prêtre qui lisait tout haut l'Encyclique et qui nous a révélé ce trait, doit être ici entendu dans la scrupuleuse exactitude de son langage : « à peine eus-je terminé
« que, prenant la parole et se tournant vers ses
« amis, *nous nous sommes trompés*, dit-il ; *la pre-*
« *mière chose que je ferai en rentrant à Nîmes, ce*
« *sera d'aller trouver mon évêque et de lui déclarer*
« *que je reconnais que nous avons eu tort. Non ju-*
« *dices contra judicem.* »

Quel vif sentiment d'admiration dévouée il avait témoigné à M. de Lamennais ! combien il aimait son génie! avec quelle chaleur persistante il le défendait! Lorsque les catholiques mettaient encore leur confiance dans cet écrivain qui leur réservait de si douloureux mécomptes, l'abbé Auguste Sibour lui disait dans une lettre : « Oh! monsieur, ne vous lais-
« sez ni abattre ni aigrir. Vous savez ce que c'est
« que les passions humaines : elles s'amassent comme
« les eaux d'un torrent. C'est d'abord quelque chose
« d'imperceptible dans le cœur, chacun croyant
« n'agir que d'après sa conscience. Puis toutes ces
« petites passions réunies courent sur vous : et ce
« sont des flots de mensonges, d'outrages, de calom-
« nies, sans que, après tout, on puisse trouver un

« grand coupable en remontant à la source. Il faut
« donc y voir Dieu uniquement, qui n'a permis ce
« déchaînement de passions violentes que pour l'é-
« preuve de votre vertu, et comme contre-poids à ce
« qu'il vous a donné de lumière. Dieu veut que le
« génie soit humble, humble et doux comme le
« maître : *quia mitis sum et humilis corde.* »

Humble et doux ! c'est ce que ne fut jamais M. de Lamennais, et c'est pourquoi il a roulé au fond de l'abîme. Dans ses beaux jours, il avait appelé l'orgueil, « la volupté de l'intelligence, » comme s'il en eût déjà secrètement savouré les dangereuses douceurs ; ces voluptés d'un genre à part, il les a désirées ; Satan lui en verse à pleine coupe, et, parce qu'il en a bu jusqu'à la plus complète ivresse, il cesse de se reconnaître lui-même et de reconnaître Dieu. L'abbé Auguste Sibour versa des larmes sur cette belle intelligence tombée de la hauteur des cieux.

Ses sympathies pour l'*Avenir* ne l'avaient pas empêché de se rapprocher du parti qui représentait à Nîmes les croyances politiques vaincues en 1830, et voici pourquoi. A chaque vent de révolution qui se lève, le sol de Nîmes devient brûlant ; le bouillonnement des passions religieuses s'y mêle au triomphe des opinions. Le renversement des croix plantées sur les places publiques de cette ville par les missionnaires de 1825, avait suivi la chute de la vieille royauté ; nous ne rappellerons pas les sanglantes scènes qui accompagnèrent ces outrages adressés au bois sacré de la rédemption des hommes; nous dirons seulement que dès lors les Nîmois se partagèrent en catholiques et en protestants, plus encore qu'en légitimistes, orléanistes et républicains. La ville présentait surtout l'aspect moral de deux camps religieux. Or, tout catholique était légitimiste, et il ne se rencontrait de catholiques que dans les rangs royalistes. L'abbé Auguste Sibour s'unit à eux; nous devons ajouter que, même en politique, il y avait des pensées communes entre lui et les légitimistes du Gard, car ce royalisme populaire s'attachait à des idées de liberté semblables, en certains points, aux doctrines mêmes de l'*Avenir*. Aussi quand les légitimistes de Nîmes fondèrent en 1832 la *Gazette du Bas-Languedoc*, l'abbé Auguste Sibour fit partie du comité de direction, et plus d'une fois de bons articles s'échappèrent de sa plume. Ces luttes pour la défense des intérêts religieux le rapprochaient de plus en plus de tout ce qu'il y avait à Nîmes d'hommes honorables et distingués dans les rangs monarchiques. Il était à la tête de ce qu'on appelait le mouvement catholique dans le département du Gard; Nîmes recevait de ces vaillants efforts réunis une sorte d'éclat et d'autorité que n'avaient pas des cités voisines d'une plus grande importance.

Les réunions du comité de la Gazette du Bas-Languedoc inspirèrent à des hommes qui se plaisaient et s'honoraient, le désir de se retrouver souvent; l'abbé Auguste Sibour était le lien tout trouvé de ces jeunes intelligences qui avaient le goût des bonnes et des nobles choses et l'amour du travail. Il occupait, rue Madeleine, à côté d'un miroitier, un très-modeste logement où l'on remarquait la simplicité de sa vie. Sa bibliothèque seule attirait les yeux; il y régnait un ordre qui fut toujours inséparable de ses habitudes. Les matières d'histoire, de théologie, de philosophie, de littérature etc., étaient rangées en corps séparé, et tous ces livres, l'abbé Auguste Sibour les avait lus. C'est là, nous ne dirons pas dans son salon, mais dans sa chambre, qu'il commença à réunir un petit nombre d'amis. Il y en avait un qu'il connut pour la première fois après la révolution de 1830 et auquel il s'était aussitôt profondément attaché : M. Reboul. Ce fut pour entendre les vers du boulanger poëte que s'ouvrit d'abord à quelques intimes la chambre de l'abbé Auguste Sibour. Il ne s'agissait pas uniquement de goûter dans sa primeur une belle poésie et d'être admis aux confidences d'un génie qui essayait son vol; les sincères amitiés doivent au talent quelque chose de plus que l'admiration, elles lui doivent des avertissements et des conseils. Le génie c'est Dieu qui le donne; il se produit avec plus ou moins d'effort, de succès et de perfection selon les degrés de culture et les conditions extérieures de l'existence; il est un secours qui lui est bon pour remplir toute sa destinée, c'est l'assistance d'une expérience lettrée, d'un goût délicat, d'un esprit poli. L'abbé Auguste Sibour fut pour M. Reboul ce bon et utile ami qui vous demande de retoucher et d'effacer, qui fait la guerre aux tâches et aux ombres, qui veut que vous soyez tout vous même et qui exige de votre talent tout ce qui est en sa puissance; le poëte boulanger a reconnu lui-même ce qu'il avait gagné, en fait de conduite et d'art, à des conseils persévérants et dévoués. Et disons à sa louange qu'il se montra toujours docile parce qu'il fut toujours sans orgueil. Pendant que M. Reboul travaillait à son poëme intitulé : *le Dernier Jour*, il consultait souvent l'abbé Auguste Sibour sur la tradition, le dogme, tout l'ensemble des choses religieuses auxquelles il pouvait toucher en passant; il abritait sa conscience catholique sous l'autorité du prêtre éclairé.

Un autre homme dont la studieuse jeunesse annonçait une sérieuse destinée, profitait des conseils de l'abbé Auguste Sibour à l'époque de ces réunions naissantes; c'était M. Ferdinand Béchard; il avait fait sa connaissance, dès 1824, chez un vieil et digne prêtre, l'abbé Mitié, sorti plus pieux et plus ferme du feu de la persécution; ce prêtre vénéré qui se plaisait à écouter l'abbé Auguste Sibour, lui disait souvent : vous serez évêque. M. Béchard avait déjà commencé à éprouver la grâce du chanoine de Nîmes, la solidité de son savoir et l'élévation de ses vues, en lui lisant un mémoire sur la Législation religieuse envoyé en 1828 à la société de la morale chrétienne présidée alors par M. Guizot; ce mémoire renfermait des idées libérales et des vœux de réforme intérieure qui répondaient aux sentiments du chanoine. Plus tard, le même écrivain, avant de publier son Essai sur la Centralisation Administrative, le soumettait à son examen et recueillait avec reconnaissance ses sages critiques. Nous lui avons entendu raconter d'un accent ému les souvenirs de ce temps, ses longues visites à un auditeur toujours bienveillant, les conversations instructives qui donnaient de l'élan à son esprit et du courage à ses jeunes années ; il trouvait, nous disait-il, d'autant plus à gagner aux entretiens du chanoine qu'il y avait dans sa nature un besoin d'épanchement et de doux prosélytisme; il s'était aperçu aussi bien vite que l'un des traits les plus saillants de son caractère, c'était un heureux besoin de faire valoir les qualités et les travaux de ses amis.

A partir de 1835, le petit cercle intime s'étendit ; cet humble logement de la rue Madeleine, ou plutôt cette humble chambre, devint une fois par semaine, le soir, de 8 h. à 10 h., le rendez-vous d'une quinzaine d'hommes, tous avec des côtés remarquables et tous attachés à la foi catholique. On y discutait, tantôt les hautes questions du jour agitées dans la presse et à la tribune, tantôt des points de philosophie ou de morale ; la littérature avait son tour ; on causait des genres et du style, des écoles et des conditions du beau; chacun s'exprimait en toute liberté ; on écoutait très-attentivement la lecture d'un travail, et l'on était fort à son aise pour en dire fraternellement son avis. M. Reboul récitait les vers fraîchement éclos des loisirs de la semaine ; il recherchait, non point les applaudissements qui ne lui manquaient jamais, mais les observations par lesquelles on corrige et on achève. Nous n'avons connu ces réunions que par les récits de ceux qui en ont fait partie ; quel inépuisable et délicieux échange d'idées, de remarques et d'impressions ! on s'instruisait, on se modifiait, on se complétait. Les graves pensées, l'imagination, l'esprit, tout avait son moment. L'abbé Auguste Sibour qui, plus d'une fois, préparait des questions pour les livrer au petit aréopage, provoquait doucement ses amis selon leurs aptitudes particulières et mettait ainsi en lumière les dons et les connaissances de chacun. Son tact, sa grâce et sa bonté répandaient le charme le plus vrai sur ces réunions dont il était le président accompli. On ne se souvient pas qu'il ait jamais froissé personne ; il n'était guère entouré que de légitimistes dans ces réunions qui se succédaient avec un charme toujours nouveau, et jamais de sa bouche ne partit un mot amer contre une opinion qu'on savait n'être pas la sienne. Quelqu'un qui ne l'eût pas connu et qui l'eût jugé par le choix de ses relations intimes l'aurait pris pour un légitimiste, et du reste c'est dans le camp monarchique qu'il devait trouver jusqu'à la fin et par-delà sa mort, ses plus fidèles amitiés.

Parfois, dans ces délicieuses réunions de la rue

Madeleine, il se montrait avec un talent de discussion qui enlevait la petite assemblé. Un jour, un jeune Fourriériste, très-épris des idées du maître et plein de confiance dans leur invincible valeur, fut invité à exposer son système devant la réunion de la rue Madeleine ; il commença avec beaucoup d'aplomb, continua avec assurance et puis s'embrouilla au point de ne plus pouvoir rien exprimer de clair ni se comprendre lui-même ; il finit par s'arrêter au milieu d'une sorte de nuit profonde où il ne se retrouvait plus ; l'abbé Auguste Sibour, prenant alors la parole et s'adressant au fourriériste, lui donna l'explication de son propre système qu'il cherchait inutilement, et, à chaque développement, il lui demandait si c'était bien cela qu'il avait voulu dire, et le fourriériste s'empressait de déclarer que c'était bien cela, « eh bien, monsieur, dit l'abbé Auguste Sibour, « voici ce que nous répondons. » Et sa réponse vive, serrée et d'un bon sens vigoureux écrasa le fourriériste. « Il fut enlevant » nous disait un des témoins à vingt ans d'intervalle.

Nous regardons ces charmantes assemblées de la rue Madeleine comme de précieux souvenirs pour les hommes qui ont été là. Nous rappellerons leurs noms, en priant qu'on nous pardonne s'il en est que nous omettions. Nous avons déjà cité M. Reboul, ce poëte qui, s'étant toujours respecté, oblige qu'on le respecte, et dont le talent n'est jamais plus fort que lorsqu'il s'inspire des cieux ou de ce qu'il y a de plus beau sur la terre :

la fidélité; nous avons prononcé le nom de M. Béchard, qui a noblement marqué sa place par de savantes études administratives, pleines de vues larges et généreuses, par les luttes de la tribune, les lumières du jurisconsulte et le talent de l'avocat; nous citerons maintenant le docteur Martin, capacité médicale qui tourna le dos aux distinctions comme d'autres les poursuivent, homme modeste et compatissant qui recherchait les pauvres plus que la renommée, mort, il y a un an, laissant derrière lui une belle trace d'honneur et un parfum de vertu; M. l'abbé d'Alzon, âme de séraphin dépaysée sur la terre et qui semble ne tarder à remonter vers le ciel que pour y conduire plus d'âmes avec lui; M. Roux-Ferrant, homme de foi et de savoir, auteur d'ouvrages très-dignes d'estime; M. Alphonse Boyer, brillant avocat, une des gloires du midi; M. Eyssette, si distingué et si chrétien, qui fut directeur de la *Gazette du Bas-Languedoc*, président de la première conférence de saint Vincent-de-Paul établie à Nîmes, et qui remplit aujourd'hui les fonctions de juge à Largentière; M. Remacle, devenu l'un des habitués de l'abbé Auguste Sibour, à l'époque où la rédaction de la feuille légitimiste et catholique du Gard le retenait à Nîmes; M. Curnier, intelligence financière et qui devait être un jour le neveu de celui dont la douce autorité plaisait à tant de gens de cœur, d'étude et de foi; M. du Lac, déjà fervent catholique en ce temps là, et, depuis plusieurs années, lutteur habile dans le journalisme religieux ; M. Valat, avocat, homme de droiture, de cœur et d'esprit ; M. Auguste Demians qui a eu l'honneur de siéger à l'assemblée nationale; M. Germain, auteur d'une histoire de l'église de Nîmes, maintenant professeur à la faculté des lettres de Montpellier; M. Germer Durand, archéologue de mérite, aujourd'hui préfet des études au collége de l'Assomption à Nîmes; M. Monnier, mort professeur dans cette maison et mort comme un saint. Tous ceux dont nous venons d'inscrire les noms ont pu ne pas montrer la même fermeté politique en poursuivant leur route à travers les révolutions, mais tous sont restés chrétiens. L'influence sacerdotale du pieux ami qui les réunissait, a porté bonheur à leur foi.

Du reste la parole de l'abbé Auguste Sibour n'était pas seulement bonne à entretenir les saintes croyances; elle y ramenait avec les plus suaves et les plus pénétrantes ardeurs de la charité. Il est des voiles que nous nous garderons de soulever, mais on a gardé à Nîmes l'impression d'une conversion éclatante dont nous pouvons rappeler le souvenir. Un jeune homme, M. Laporte de Belviala, étudiait en droit à Paris quand la révolution de 1830 déchaîna à la fois tous les orages et toutes les erreurs; riche des dons de l'intelligence mais sans expérience et sans guide, il avait roulé de système en système jusqu'au point de tomber dans les dernières régions du faux; revenu au pays natal, il était ouvertement panthéiste. L'abbé

Auguste Sibour ne put voir ce jeune homme si trompé et si sincère, sans un tendre intérêt et une compassion profonde; il le prit avec amour, lui démontra ses erreurs par une suite de raisonnements irrésistibles et en fit un chrétien et un fervent chrétien. Si bien que M. Laporte de Belviala embrassa l'état ecclésiastique et fit pieusement le voyage de Rome où il reçut les ordres sacrés. Mais Dieu ne voulut pas que le jeune converti devint à son tour l'instrument du salut des autres; frappé d'une maladie qui ne lui a pas permis d'exercer le saint ministère, il s'est résigné à une vie de retraite et de souffrance, en attendant que celui qui est le maître de nos jours l'inonde, par delà le temps, de ces flots de lumière ineffable dont on n'aperçoit ici-bas qu'un rayon.

## SUITE DU CHAPITRE PRÉCÉDENT.

—◦⊱☙☸❧⊰◦—

Toute défaillance religieuse était pour l'abbé Auguste Sibour une douleur ; lorsque M. de Lamartine, ce poète qu'il avait tant aimé, publia ses *Souvenirs d'Orient*, brillant et triste témoignage de son abandon de la foi chrétienne, le chanoine de Nîmes en fut véritablement malheureux. Il prenait ce livre, le lisait, le relisait, marquant les passages douteux, les passages mauvais, tournant et retournant les phrases pour chercher à les atténuer ou à les absoudre, et puis, quand la justification devenait impossible, se promettant courageusement de les dénoncer à l'attention, dans la mesure de publicité qui pouvait lui être donnée. Il voulait prévenir un public religieux accoutumé à lire de confiance l'auteur des *Médita-*

*tions* et des *Harmonies*. C'est ce qu'il fit au mois de mai 1855 dans une appréciation (1) où un sentiment de tristesse se mêle à toute la fermeté du prêtre.

L'abbé Auguste Sibour commençait par peindre les désolations d'esprit et de cœur qu'on éprouve à ces rencontres qui brisent violemment nos sympathies. « Il me semble d'abord, disait-il, que la
« meilleure partie de notre âme s'en va ; puis, long-
« temps vous êtes triste : c'est *le deuil comme d'un*
« *fils unique*, pour me servir de l'expression
« sacrée... » il ajoutait que « le prêtre, sous la di-
« rection des premiers pasteurs et en second ordre,
« avait le devoir de prémunir, contre les scandales
« de la doctrine ou des mœurs, les enfants de Dieu
« confiés à sa sollicitude. » Il donnait en ces termes raison de la sévérité de son langage : « Lorsque le
« prêtre parle, appuyé sur l'ancre de la foi, inter-
« prète des sacrés oracles, sa parole, involontaire-
« ment, devient haute comme le ciel qui lui prête
« son autorité. Alors, ce n'est plus, dans cette polé-
« mique religieuse, ce que vous appelleriez ailleurs
« insulte au génie, malice de critique, réprimande
« d'écolier ; c'est l'objurgation sévère empruntée aux
« prophètes, c'est l'ironie terrible, prise sur les
« lèvres de Dieu même (2). » Mais l'appréciateur ne confondait pas l'erreur avec la personne : « S'il se

---

(1) *Gazette du Bas-Languedoc*, 31 mai 1855.
(2) Ego quoque in interitu vestro ridebo, et subsannabo.

« trouvait quelque chose de blessant dans mes paro-
« les, le trait va droit à l'erreur, en même temps
« que la charité divine, pleine de larmes, enveloppe
« le génie tombé de toutes ses tendresses, deman-
« dant au ciel de rouvrir ses yeux à la grande lumière
« de la foi, qui l'éclaire sur les vrais intérêts de son
« salut et de sa gloire. »

Nous venons de relire ces pages d'examen que nous avions lues il y a vingt ans; nous avons été frappé de leur vivacité lumineuse, de leur vigoureuse rectitude et d'une certaine finesse achevée, traversée de temps en temps par de piquantes saillies. On sait quelle part M. de Lamartine donne à l'instinct: il compare son âme au bronze qui a reçu son empreinte du balancier; vous avez beau le tourner et le retourner dans vos doigts, il garde cette empreinte; il en est ainsi de l'âme et de l'esprit de M. de Lamartine; chez lui l'instinct est *prompt, fort, instantané, inflexible*; si vous lui demandez, qu'est-ce que l'instinct? il vous répondra que c'est la *raison suprême, mais la raison innée, la raison non raisonnée;* le génie aussi est *instinct et non logique et labeur.* L'abbé Auguste Sibour regrettait de ne pas trouver dans M. de Lamartine un système à combattre, car il en eût attaqué le principe, et l'édifice eût croulé; mais il n'est pas aisé d'avoir prise, par la raison, sur un homme qui ne reçoit d'impression que par l'instinct et fait profession de ne croire qu'à l'instinct. Pourtant le chanoine de Nîmes relève très bien cette étrange parole que le génie est *instinct*

*et non logique et labeur.* « C'est la raison raisonnée,
« dit-il, c'est la logique, traversant le prisme de l'i-
« magination, qui donne le vrai, dont le beau est la
« splendeur. C'est elle qui, dans les arts, est la base
« et la règle tout à la fois de l'instinct, qui coordonne
« ses inspirations pour en faire un vaste ensemble,
« qui produit l'unité dans la variété et la variété dans
« l'unité, qui fait en un mot les chefs-d'œuvre,
« c'est-à-dire tout ce que nous possédons de *souve-*
« *rainement beau.* Donc sans elle point de génie :
« c'est le contraire de ce que vous dites. Qu'admi-
« rons-nous en effet dans l'Iliade d'Homère, dans
« Saint-Pierre de Rome, dans le Jugement de Michel-
« Ange, dans le Laocon, ou dans l'Apollon du Belvé-
« dère? n'est-ce pas la toute-puissance de logique qui
« a constitué chacun de ces chefs-d'œuvre en son
« être? »

Le chanoine de Nîmes montre ensuite ce qui doit
advenir de l'instinct, isolé de la raison et de la logique, et comment « l'homme de l'instinct se trouve
« dès lors aussi varié dans ses croyances, *en lui pures*
« *sensations*, que le monde extérieur qui l'atteste ».
Par là il explique, avec des citations à l'appui, pourquoi, dans les *Souvenirs d'Orient*, M. de Lamartine
apparaît successivement « indifférent, déiste, scep-
« tique, croyant, panthéiste, chrétien, musulman,
« catholique, saint-simonien »

On sent, dans les jugements de ce prêtre, une peine
profonde de voir les questions philosophiques et chré-

tiennes, traitées et résolues par ceux qui n'en ont aperçu que la surface, et les sérieuses vérités apportées à la terre servir de jeu à l'imagination de l'homme et de pâture à ses flottantes fantaisies. L'abbé Auguste Sibour, inflexible contre l'erreur, mais toujours doux pour les hommes, gardait l'espoir du retour en face de tous les égarements, et quand la Providence lui fit une autre situation, il laissa voir bien plus encore les trésors de son immense charité. L'écrivain de grand talent, dont le chanoine de Nîmes signalait, en 1855, les premières déviations religieuses, demeura dans le cœur de l'archevêque de Paris ; le prélat lui avait fait, au fond de son âme, comme un sanctuaire de prière et d'amour, d'admiration triste et d'espérance persistante. Maintenant qu'il prie de plus haut, puisse-t-il obtenir de Dieu que le poète de *l'Hymne au Christ* reprenne le chemin de cette Église où il a *tout appris*!

Peu de gens savent avec quelle sûreté de goût, quel bon sens littéraire, quelle délicatesse de pensée et quel sentiment profond de l'art l'abbé Auguste Sibour jugeait les œuvres de l'esprit et comprenait la poésie. Ses devoirs de prêtre lui laissèrent rarement le loisir d'écrire de ces morceaux où le critique et l'artiste se révèlent, et lorsqu'il lui arrivait de publier quelque chose de ce genre, ses pages, confiées à un journal de province, n'obtenaient qu'un retentissement limité. Ses trois articles (1) sur la

---

(1) *Gazette du Bas-Languedoc*, 5 juillet, 31 juillet et 4 août 1856.

poésie au dix-neuvième siècle, à propos du premier volume de M. Reboul, mériteraient d'être conservés; il retrace d'abord avec des touches d'une habile netteté et d'une belle couleur les diverses époques de la poésie, et lui assigne son caractère et sa destinée dans les temps chrétiens; il dit ce qu'elle a été depuis cinquante ans sur les pas du *Génie du Christianisme* et des *Martyrs;* il apprécie dans leurs inspirations et leur forme les quatre poètes qui, avec une puissance inégale, ont représenté parmi nous cette ère nouvelle : MM. de Lamartine, Victor Hugo, Turquety et Reboul. Personne n'a mieux jugé que lui le boulanger poète dont le premier il avait compris la haute nature et pressenti le souffle :

« Alors Dieu vous fera admirer une de ces natu-
« res pleines de spontanéité, fortes et énergiques,
« parce que la main de l'homme ne les a ni tour-
« mentées ni affadies; une nature qui n'aura pas sans
« doute la facilité de production d'une terre soumise
« à toutes les méthodes de culture artificielle, mais
« qui aura une sève plus ardente et plus concentrée,
« une végétation plus originale, des fruits plus savou-
« reux bien qu'un peu âpres quelquefois, des fleurs
« charmantes de couleur et de simplicité. Organisa-
« tion susceptible d'impressions profondes et réflé-
« chies, les travers de la société ou les contradictions
« du monde l'auraient armé du fouet de la satire,
« si la religion d'amour, soufflant dans son âme la
« bienveillance et le pardon, ne lui faisait chanter des

« chants célestes. Enfant docile de la foi, c'est d'elle
« qu'il recevra, comme par illumination, cette phi-
« losophie sublime d'où s'échappent des flots de
« poésie... Il ne disserte pas longuement et savam-
« ment sur tous les sujets des connaissances humai-
« nes ; mais sur chacune d'elles, surtout si elles s'ap-
« pliquent aux arts, il laissera échapper de ces idées
« qui sont comme les éclairs du génie. Exprimons
« d'une autre façon notre pensée, cherchons une fi-
« gure : Ce sera un instrument mélodieux, animé
« d'un soufle céleste, dont on n'aura qu'à interroger
« les touches, pour entendre des notes ravissantes
« dans tous les tons et sur tous les modes. »

Et encore : « M. Reboul, dans ses pièces philoso-
« phiques, n'a pas, en général, ces formes harmo-
« nieuses et comme tout à fait de bon ton, cette
« phrase souple et ondulée, cette manière enfin aris-
« tocratique, s'il m'est permis de hasarder le mot,
« des princes de la poésie moderne. La pensée du
« boulanger poète, plus franche, plus à l'aise et
« moins drapée, se montre saillante et nerveuse,
« sous une forme transparente, tantôt d'une exquise
« pureté, tantôt d'une rudesse naïve : curieux en-
« semble de traits simples et fiers, sublimes et fami-
« liers, qui composent cette nature plébéienne etc...
« Ainsi que dans la poésie antique et à la manière de
« la Bible et d'Homère, M. Reboul jette l'image dans
« la phrase plutôt que dans le mot, c'est-à-dire qu'il
« est plus riche en comparaisons qu'en métaphores;

« le seul volume qu'il vient de publier offre plus que
« vous n'en trouverez en dix volumes de poésies
« modernes, de ces comparaisons fortes et originales,
« prises du monde de la réalité, dont il a touché,
« manié, pour ainsi dire, les objets avant de les tein-
« dre de ses couleurs poétiques. »

Voilà une façon de faire de la critique littéraire qui va au fond, qui rend compte des choses et les met en relief avec précision, qui peint ce qui est et rien autre ; on sent un esprit accoutumé à la contemplation du beau, à l'étude de la forme, accoutumé aux œuvres et à la langue des arts ; un esprit qui avait passé par les curiosités immortelles de Rome et qui mettait sa joie à retrouver souvent la Maison Carrée.

On pense bien que les portes de l'Académie du Gard s'étaient bien vite ouvertes à l'abbé Auguste Sibour. Il y fit quelquefois des lectures. On se souvient encore de son discours lu dans la séance publique annuelle du 29 août 1857, sur le principe chrétien de l'émancipation de la femme, opposé à la théorie saint-simonienne. Dans ce discours très soigné, très pur, d'une élévation soutenue, et qui porte, comme tout ce qu'il a écrit, la trace sérieuse de la méditation, l'abbé Auguste Sibour montre la femme réhabilitée par la vierge de Nazareth, cessant d'être l'esclave de l'homme pour devenir son amie et sa compagne avec des droits égaux, s'élevant en dignité et en gloire, entourée de respect et d'honneur au sein des sociétés modernes ; puis, en présence de la femme chrétienne, fille du Christ et de Marie, il fait voir la femme libre, fille de Saint-Simon, et la comparaison n'est pas à l'avantage de l'entreprise du nouveau dieu. Vraiment, quand on songe que des doctrines, comme les doctrines saint-simoniennes, se sont produites sérieusement, en plein dix-neuvième siècle, en plein soleil de civilisation chrétienne, on est stupéfait; et le fou rire remplace l'indignation au souvenir de ces jeunes émancipateurs du monde allant chercher leur idéal de liberté dans les lointains pays de la servitude musulmane et finissant par abdiquer leurs rêves, leurs desseins libérateurs et aussi quelque peu leur dignité aux pieds d'un pacha!

A peu de semaines de la séance académique où l'abbé Auguste Sibour rendait hommage à la dignité de la femme chrétienne, le vénérable évêque de Nîmes quittait le monde et allait recevoir dans le ciel le prix d'une longue vie de fidélité religieuse et de vertu. Nous n'avons point à nous occuper ici de son administration religieuse représentée par son grand vicaire, M. Larèche, auquel l'abbé Auguste Sibour fit une constante opposition; celui-ci était apparemment soutenu et avait pour lui au moins la moitié du chapitre puisqu'on le nomma vicaire-capitulaire du diocèse pendant la vacance du siége. Nous avons la preuve (1) que le chapitre de Nîmes, en donnant à l'abbé Auguste Sibour les pouvoirs de vicaire-

---

(1) Extrait du registre du chapitre de Nîmes.

capitulaire, voulut aussi saisir cette occasion de donner à un de ses membres un témoignage général de sympathie profonde. On louait son affection vraie et sincère pour ses confrères, son obligeance empressée à leur égard, ses délicates prévenances envers ceux d'entre eux que l'âge ou les infirmités empêchaient d'accomplir tous leurs devoirs. Il fut chargé du mandement et remplit cette tâche avec délicatesse et mesure. Mgr Cart, qui succéda à Mgr de Chaffoy, resta plusieurs mois sans prendre possession de son siége, et l'administration capitulaire se prolongea quelque temps. Quoique deuxième vicaire-capitulaire, l'abbé Auguste Sibour exerçait une influence prépondérante; on lui rendit cette justice qu'il ne fit servir son autorité qu'à l'accomplissement du bien. Il lui était permis de croire que Mgr Cart l'associerait à son gouvernement du diocèse, mais le nouvel évêque, tout en reconnaissant la piété et le haut mérite de l'abbé Auguste Sibour, ne crut pas devoir le prendre pour grand-vicaire à cause de son opposition connue, éclatante à la précédente administration. Il lui préféra M. l'abbé d'Alzon, qui, lui-même, en donna la nouvelle à celui dont le cœur pouvait bien éprouver, à cet égard, quelque peine. L'abbé Auguste Sibour, avec une généreuse noblesse d'âme, se jeta dans les bras de son ami, bénit le choix qu'on faisait de sa personne, ne laissa aucun scrupule à sa délicatesse, et ne lui témoigna qu'un attachement plus vif. Mais, dès ce moment, il lui fallait évidemment d'autres destinées.

## CHAPITRE SIXIÈME.

NOMINATION DE L'ABBÉ AUGUSTE SIBOUR AU SIÉGE DE DIGNE. — LES INSTITUTIONS DIOCÉSAINES, LEUR IMPORTANCE, LEUR RETENTISSEMENT, LEUR SUCCÈS DÉFINITIF.

En 1836, l'abbé Auguste Sibour et M. l'abbé Léon Sibour, alors secrétaire général de l'archevêché d'Aix, allant ensemble de Nîmes au Pont-Saint-Esprit, s'entretenaient des besoins de l'Église de France et de la situation que lui avait faite le régime du concordat et des articles organiques; tout en reconnaissant les services rendus par une main puissante et réparatrice, ils trouvaient regrettable et défectueuse la législation qui réglait les rapports de l'Église avec l'État; le spectacle des libertés politiques, fruits heureux du régime constitutionnel depuis la chute de l'Empire, ramenait avec tristesse leur pensée sur les servitudes de l'Église ; ils souhaitaient pour elle le droit commun et demandaient à Dieu et au temps un terme à ces vices dont ils étaient vivement frappés. Examinant ensuite le régime intérieur de l'Église de France, les deux cousins y apercevaient des imperfections et des lacunes ; il leur paraissait que les rapports des différents ordres qui composaient la hiérarchie pouvaient être établis d'une manière plus conforme à ce droit commun ; que l'inspiration évangélique et la perfection du gouvernement de l'Église s'éloignaient d'un régime d'où l'arbitraire n'était pas suffisamment exclu ; que la concentration du pouvoir entre les mains épiscopales, toutes paternelles qu'elles soient, donnait prétexte à des récriminations ; que les règles sont la garantie des supérieurs autant que de ceux qui leur sont soumis, et que la situation présente avait produit au sein du clergé secondaire un malaise d'un caractère sérieux. « Il y aurait là beau-« coup à faire » disait le chanoine de Nîmes après avoir résumé son sentiment, « mais, pour parler et « agir utilement il faudrait être évêque. » — « Vous « le serez, » lui répondit son cousin.

Trois ans après, le 30 septembre 1839, le chanoine de Nîmes était appelé au siége de Digne, en remplacement de Mgr Miollis, prélat qui a laissé dans les Basses-Alpes une renommée de sainteté, de charité et de bonhomie rustique. Mgr Miollis a laissé aussi une renommée de courage religieux, car au Concile national de 1811 les violences de la politique impériale ne purent rien obtenir de son invincible fermeté. Son successeur fut sacré dans la métropole d'Aix, le 25 février 1840 ; il reçut l'onction épiscopale des mains de l'archevêque d'Aix, Mgr Bernet, pontife pieux, d'un caractère modéré, d'un esprit prudent, élevé au cardinalat trois mois avant sa mort, et à qui la pourpre romaine servit tout juste de suaire. Un désir délicat et touchant était entré dans le cœur de Mgr Sibour; il aurait voulu avoir pour évêque consécrateur son vieux prédécesseur démissionnaire, mais ce pieux désir ne put s'accomplir. La cérémonie du sacre, toujours si solennelle, emprunta à la présence de plusieurs pontifes un éclat particulier ; sans compter les deux évêques de Nîmes et de Fréjus, prélats assistants, et l'évêque d'Ajaccio, on y voyait l'archevêque de Babylone, l'évêque de Tripoli de Syrie, vêtu avec toute la splendeur orientale : chose curieuse, ce dernier titre épiscopal d'Église asiatique, porté par un prélat d'outre-mer, présent au sacre de Mgr Sibour, était réservé à ce cousin bien aimé, alors professeur d'histoire ecclésiastique, dont le cœur et les prières entouraient le nouveau pontife ! Mgr l'évêque d'Alger avait été retenu en mer, l'évêque de Marseille et les évêques démissionnaires de Marseille et de Digne avaient été empêchés. Dix pontifes eussent assisté au sacre sans les contretemps. Deux cents ecclésiastiques de Digne, des prêtres de Nîmes en grand nombre étaient là. Nous nous trouvions de passage à Aix, au retour d'un voyage à Rome, et nous assistâmes au sacre du nouvel évêque de Digne. Il nous semble encore le voir traversant la métropole de Saint-Sauveur, nu tête, en rochet et en camail, tenant son bonnet carré dans ses mains jointes, s'avançant vers le chœur d'un air noble et doux, plein d'une ferveur touchante et portant sur son visage je ne sais quelle sublime tristesse; « Monseigneur, lui dis-je le soir, vous aviez l'air « d'une victime qu'on mène à l'autel. » « Une vic- « time! » me répondit-il avec un sourire mélancolique : « Ah! c'est bien cela. Qu'est-ce qu'un évêque, « sinon une victime? » Cette parole du jour du sacre était une prophétie. Le dimanche suivant, le nouveau prélat officiait pontificalement dans la cathédrale de Nîmes, et, après l'office solennel, le chapitre allait lui offrir d'affectueuses félicitations et lui exprimait ses vœux pour le succès de son auguste et saint ministère.

Si jamais il se rencontra au fond du cœur de Mgr. Sibour un désir d'être élevé à la dignité épiscopale, ce fut aux heures où, repassant dans son esprit les graves défauts de la nouvelle constitution de l'Eglise de France après les orages qui avaient tout balayé, il se sentit le courage de mettre la main à l'œuvre et de se dévouer à une utile et laborieuse réformation.

Une fois évêque de Digne et en quelque sorte en possession du droit de parler et d'organiser, il consacra tous les loisirs que lui laissait l'administration de son diocèse à l'accomplissement d'une pensée longuement méditée et toujours poursuivie. Le cousin ou plutôt l'ami qui avait été son confident sur le chemin de Nîmes au Pont-Saint-Esprit, devint son aide assidu et son conseiller principal; M. l'abbé Léon Sibour donnait à son cher évêque tout le temps qu'il ne donnait pas à sa chaire d'histoire ecclésiastique, à la faculté de théologie d'Aix; une correspondance quotidienne mettait ces deux intelligences en communication, et les mois de vacances du professeur se passaient à Digne. Mgr l'évêque de Digne avait aussi pris l'habitude, durant les derniers temps de son épiscopat, de venir chaque année passer à Aix chez son cousin une partie de la saison d'hiver, quelquefois si rigoureuse dans les Basses-Alpes. L'évêque était là avec toute l'énergie de son âme que rien ne détournait de son but, avec une ardente opiniâtreté de volonté qui ne se reposait pas, avec une activité d'esprit secondée par l'étude continuelle de ses projets, par des recherches persévérantes et par la réflexion; son ami lui apportait le concours d'un savoir solide, d'un esprit fin, prudent et mesuré: ce que l'évêque voulait avec ardeur, avec passion, le professeur le voulait avec précaution et réserve. De ce commerce de deux esprits qui se complétaient l'un par l'autre naquit l'ouvrage intitulé: *Institutions*

*Diocésaines* (1), ouvrage capital et de courageuse initiative qui fut un événement dans l'Église de France. Les objections et les résistances étaient aisées à prévoir ; M. l'abbé Léon Sibour conseillait l'ajournement de la publication des *Institutions Diocésaines* ; l'évêque ne se laissa pas arrêter par les appréhensions de son ami ; il avait vu le bien, ce bien auquel s'étaient longtemps attachées ses plus fortes espérances, et, se croyant au moment de l'atteindre, il se serait reproché comme une faiblesse le moindre retard. Il n'aurait pas reculé d'un pas, dût sa vie en être à jamais troublée. « Si la prudence a ses rè-
« gles, » disait le prélat, « la vérité a ses droits : or,
« selon nous, c'est trop se préoccuper de soi que
« de renfermer au fond de son âme un sentiment,
« dans la seule crainte de le voir odieusement défi-
« guré et travesti par les passions humaines (2). »
Mais un accueil empressé attendait l'œuvre habile et vigoureuse, partie d'une humble cité du fond des montagnes : elle devait être le signal d'un mouvement heureux, et beaucoup d'honneur devait en revenir à l'évêque de Digne.

---

(1) L'édition des *Institutions Diocésaines* est presque épuisée, on trouve difficilement le premier volume. Nous apprenons avec plaisir que Mgr l'évêque de Tripoli s'occupe d'une seconde édition ; c'est un service à rendre à la mémoire de Mgr Sibour, et au clergé de France.

(2) INSTITUTIONS DIOCÉSAINES, avant-propos ; 2 vol. in-8o, 1847 ; L. Repos, libraire-éditeur, 8, rue Cassette, Paris.

L'unité dans la hiérarchie fait toute la beauté de l'Église ; Bossuet a dit de l'Église que « après la divi« nité rien n'est plus beau (1). » Qui dit hiérarchie dit ordre, qui dit ordre dit règle. Qu'il s'agisse des âmes ou des états, la règle est le caractère essentiel de la puissance ; c'est ce qui fait sa vraie force et ce qui lui assure le respect; c'est par là que la puissance est un bienfait. La règle convient surtout au gouvernement ecclésiastique parceque la douceur est inséparable de ce gouvernement. La règle préside à tous les degrés de l'autorité dans ce royaume spirituel, grand comme le monde ; les saints canons que Bossuet appelle les bornes naturelles de la puissance ecclésiastique, gardent une vigueur devant laquelle tout s'incline. Ils sont constamment présents à la pensée du Saint-Siége qui n'en est pas diminué. « Ce n'est pas « diminuer la plénitude de la puissance apostolique : « l'Océan même a ses bornes dans sa plénitude ; « et s'il les outre-passait sans mesure aucune, sa « plénitude serait un déluge qui ravagerait tout l'uni« vers (2). » Le pouvoir des évêques unis au chef visible est légitime et vénérable ; « qu'est-ce que « soutenir l'épiscopat, » dit Bossuet, « que soutenir « la foi et la discipline? » En France, au commencement de ce siècle, quand la religion catholique fut rétablie en même temps que l'ordre se rétablissait,

---

(1) Bossuet, SERMON SUR L'UNITÉ.
(2) SERMON SUR L'UNITÉ.

le pouvoir ecclésiastique prit quelque chose des formes du pouvoir politique, sans cesser toutefois de rester fidèle aux traditions de fraternelle douceur. Mais ce qui avait été accepté, et même ce qui était bien, pour une époque où l'on n'était occupé qu'à relever des ruines, pouvait ne plus l'être ou l'être un peu moins avec des temps nouveaux. Sans doute une marche différente n'eût pas été opportune partout ; nul n'aurait eu le droit de blâmer un évêque à cause de telle ou telle conduite que lui traçait a conscience ; il restait seul juge et le meilleur juge chez lui. Cependant aussi, un évêque, après une sérieuse étude de l'état de l'Église de France, et s'inspirant de ce qui convenait à son propre diocèse, avait parfaitement le droit de régler l'exercice de son pouvoir spirituel, en ne s'écartant jamais des saints canons. L'Évêque de Digne fut ce prélat organisateur dans la limite de son autorité. Son œuvre se résuma par ces deux mots : statuts capitulaires, officialité. Il mit trois ans à préparer ses constitutions capitulaires, et les termina à Rome même, le 1er avril 1843 ; le pape Grégoire XVI les approuva le 15 avril de la même année, et, le 28 août suivant, Mgr Sibour les promulgua à Digne, « le cœur plein de joie et d'espérance, au milieu des témoignages de la reconnaissance du chapitre ».

La grande préoccupation de Mgr Sibour, dans l'intérêt du bien et de l'harmonie, avait été de mettre l'exercice de la juridiction épiscopale au-dessus de ces injustes accusations d'arbitraire que les ennemis du pouvoir des évêques ne lui épargnent pas. Le régime du concordat laissait aux chapitres peu d'autorité, et pourtant, selon l'expression d'un illustre archevêque (1), « dans tous les temps l'Église « a reconnu les chapitres comme une partie essentielle des diocèses », et lorsque l'accord n'a pas existé entre les évêques et ces corps considérables, des faits fâcheux ont marqué la vacance du siége. Mgr Sibour voulut relever la dignité de son chapitre, lui restituer le caractère d'autrefois, l'associer à sa vie épiscopale et à son administration, afin de remplir les meilleures conditions du gouvernement spirituel et de diminuer sa propre responsabilité devant Dieu et devant les hommes. Le chapitre fut pour lui une famille sacerdotale dont il était le père, un sénat où il trouvait toujours des conseillers et des coopérateurs, et, enfin, un corps spécialement chargé d'assurer au culte public la perpétuité et la majesté. Mgr Sibour se montrait ainsi fidèle à l'antiquité sacrée et à la discipline. Il revenait à l'institution primitive à laquelle les passions et les malheurs des temps avaient porté atteinte. La propre autorité du prélat eût suffi à ces constitutions capitulaires ; mais il avait voulu s'assurer de leur parfait accord

---

(1) Mgr de Cicé, archevêque d'Aix, STATUTS CAPITULAIRES DE L'ÉGLISE METROPOLITAINE D'AIX.

avec la discipline de l'Église et les besoins des temps, et avait soumis ses statuts au souverain pontife pour les rendre plus forts et plus vénérables par accumulation de droits (1). L'Évêque de Digne, si attaché du fond des entrailles à l'Église romaine, à l'autorité apostolique « la plus grande qui soit au monde (2), » reçut avec une joie très-vive l'approbation pontificale donnée à son œuvre dans une forme inusitée ; il y eut dans son cœur une émotion profonde et des larmes de bonheur dans ses yeux, quand il lut ces lignes du décret d'approbation : « Sa Sainteté, recon-
« naissant que le R. P. et S. Dominique-Auguste
« Sibour a mis tous ses soins à rendre les statuts
« proposés aussi conformes que possible aux sacrés
« canons et à la discipline de l'Église ; et persuadée
« en même temps que, par l'exécution de cette
« œuvre, ledit S. Évêque de Digne a donné au
« chapitre de sa cathédrale une marque extrême-
« ment recommandable de sa paternelle affection et
« de son estime toute particulière, Sa Sainteté a
« voulu, ici, publiquement, de la manière la plus
« affectueuse, honorer de ses éloges et de son suf-
« frage pontifical, une pareille conduite. »

---

(1) Ut apostolicâ approbatione ac legis robore cumulatè donarentur. Ce sont les termes du décret d'approbation.

(2) Expressions de Mgr Sibour dans sa lettre pastorale pour la promulgation des statuts capitulaires.

Après les constitutions capitulaires, l'officialité. Pour resserrer davantage les liens qui unissent entre eux tous les ordres et tous les membres du clergé d'un diocèse, il ne suffisait pas d'avoir fait revivre le *presbytère* antique et le *sénat* dont parlent saint Ignace, saint Basile et saint Jérôme ; il fallait encore régler l'exercice du pouvoir judiciaire ecclésiastique. L'Évêque de Digne n'oubliait pas que la révolution a supprimé les anciennes officialités ; il n'avait ni l'intention ni le désir de ressusciter ces tribunaux qui furent presque toujours des tribunaux temporels, et qui rendirent peu de services à la discipline et aux mœurs. Il ne prétendait pas davantage à l'exercice de la juridiction arbitrale que l'Église tenait jadis de la confiance des peuples, ni à l'exercice de la juridiction temporelle qu'elle tenait de l'esprit des vieux siècles, de la piété des souverains et des principes du droit public. Mais le prélat, écartant toute idée de retour à des priviléges abolis, s'attachait à la juridiction spirituelle qui appartient de droit divin à l'Église, et où, les causes et les peines, tout est spirituel. L'objet principal du tribunal qu'il établissait, c'était d'assurer le maintien de la discipline et des mœurs dans le corps clérical. Il voulait que de complètes garanties rendissent inattaquables les jugements. Il adopta le principe de la délégation. Pourquoi cela ? Parce que, dans la pensée de Mgr Sibour, l'étendue actuelle des diocèses et la multiplicité des affaires ne laissent pas à l'évêque le temps de remplir les fonctions judiciaires ; parce que l'évêque, étant plutôt père que juge, la sévérité répugne à son cœur, et qu'il est plus enclin à gémir en secret qu'à punir ; parce que ceux qui sont frappés ne manquent jamais d'élever des plaintes et des accusations ; enfin, parce qu'il importe d'entourer de vénération et d'amour l'autorité épiscopale, et qu'il est de son intérêt de ne retenir qu'une part indispensable de responsabilité. « Une des plaies de « notre époque, disait l'Évêque de Digne, c'est le « mépris du pouvoir ; ce mal est entré dans le clergé « et y a fait des ravages. » Mgr Sibour conclut à l'établissement d'une officialité diocésaine, à l'établissement de tribunaux, présidés non par l'évêque, mais par des délégués qui agissent en son nom. « L'autorité épiscopale, dit-il, y gagnera le respect. « On ne pourra plus l'accuser de caprice, de tyran- « nie ; elle y gagnera surtout en amour. L'évêque « ne sera plus que le père de ses prêtres et le pasteur « de son peuple. Cet office de juge, qui le force sou- « vent à frapper aujourd'hui, a de sa nature quelque « chose d'odieux. On voit tous les pouvoirs s'em- « presser de le déposer, quand ils peuvent. Ce que « font les pouvoirs temporels qui ont en main la « force, et peuvent au besoin, ce semble, se passer « de l'amour de leurs sujets ; comment les pouvoirs « ecclésiastiques ne le feraient-ils pas, eux qui ne peu- « vent s'adresser qu'à la conscience et au cœur ? (1) »

---

(1) Officialité. Exercice de la juridiction.

Il fut facile au prélat de prouver que son officialité, quoique ce nom rappelle des institutions effacées, n'avait rien de contraire aux lois nouvelles de notre pays. L'État pouvait bien ne pas reconnaître l'officialité, elle n'était pas pour cela illégale. Le droit de délégation est inhérent au pouvoir épiscopal ; l'évêque délègue l'exercice de sa juridiction contentieuse comme il délègue toute autre part de son autorité. D'ailleurs ce mot d'officialité n'offense les oreilles ni les idées des pouvoirs sortis de la révolution, puisque ce fut à une officialité que Napoléon soumit la question de la validité de son mariage avec Joséphine, et qu'une officialité prononça la sentence favorable à ses desseins.

Mgr Sibour, dans l'organisation de son officialité appelée à juger toutes les causes qui intéressent la foi, les mœurs, la discipline ecclésiastique, n'épargne rien pour que la justice et la vérité demeurent en possession de leurs droits. Il prend des précautions sages et paternelles ; toute liberté d'explication est laissée à l'inculpé ; les moyens les plus étendus, les plus complets de défense sont donnés à l'accusé. On y sent une âme bienveillante qui voudrait ne trouver que des innocents ; une belle conscience de pasteur qui s'efforce de mettre ses délégués en garde contre la précipitation, la passion, l'erreur.

Les statuts capitulaires et l'officialité, c'est-à-dire le pouvoir administratif et le pouvoir judiciaire de l'évêque, soulevaient de grandes, d'intéressantes questions de droit ecclésiastique et d'histoire. Il y avait des matières à éclaircir et des points à discuter, des difficultés à résoudre et des vérités à établir; il fallait des commentaires et une justification à des œuvres épiscopales qui pouvaient rencontrer des contradicteurs. Ce travail de discussion et d'exposition a été fait supérieurement et avec une parfaite mesure de langage dans le premier volume des *Institutions Diocésaines*. Lorsque, parcourant ce premier volume, si fortement inspiré de l'amour de l'Église, on rencontre tant de beaux efforts, tant de soins généreux de la part de Mgr Sibour pour entourer d'honneur, de protection, de garanties le clergé secondaire, on se demande comment la rebellion secerdotale, armée du poignard, a pu le choisir pour victime.

Ne craignons pas de prolonger notre examen de ce livre, qui est le monument de l'épiscopat de Mgr Sibour : passons au second volume, publié trois ans après le premier, et qui renferme le complément même de l'organisation de l'autorité épiscopale : ce complément c'est le pouvoir législatif, le droit de faire des lois pour le gouvernement de l'Église. On comprend qu'il est question des conciles.

Quoi qu'en aient dit les presbytériens, la constitution de l'Église n'est pas démocratique, c'est plutôt, selon le langage de Bellarmin, une monarchie mêlée d'aristocratie. La primauté de Pierre, la distinction des degrés de la hiérarchie et la prééminence de l'épiscopat sont des lois constitutives de l'Église; les opinions contraires sont combattues par tous les monuments de l'antiquité sacrée. L'Église, comme toute société, a besoin de lois qui la régissent; elle a pour législateurs le pape et les évêques qui s'entourent toujours de conseils. L'Église est une monarchie représentative; les conciles généraux ont été les modèles des états-généraux, comme les conciles provinciaux ont été les modèles des assemblées provinciales. Le rôle des conciles est magnifique dans l'histoire du catholicisme. La délibération ne se montra jamais dans le monde avec autant de gravité et de lumière, de grandeur morale et de véritable majesté. Mgr Sibour, tournant le dos au terrain des opinions et se plaçant uniquement sur celui des vérités, détermine la place qu'occupent les conciles dans la constitution de l'Église. Il établit que les conciles en général sont une conséquence nécessaire de cette constitution, quoique, dans un sens, ils n'en fassent pas partie essentielle; il fait voir qu'ils sont quelquefois d'une nécessité morale, sinon absolue, pour le bon gouvernement de l'Église, et qu'ils sont de droit divin et de droit ecclésiastique. L'étude des rapports des conciles avec l'État, dans les trois premiers siècles et au moyen âge, l'amène au droit public actuel. L'ardent amour du prélat pour la liberté de l'Église lui a inspiré des jugements qui, selon nous, ne sont pas tout à fait équitables à l'égard de l'ancienne monarchie; et ici nous le trouvons d'accord avec une école catholique, dont les penchants sont peu vifs pour le passé de notre pays. Ces jugements tiennent peut-être moins au fond même de la pensée qu'à la forme, et ne nous semblent pas d'ailleurs en complète harmonie avec le chapitre II, intitulé : *Du droit public du moyen âge sur les Conciles*, ni avec la lettre de l'évêque de Digne à l'archevêque de Paris, dont nous parlerons plus tard. Nous reconnaissons aisément qu'autrefois en France, l'ordre spirituel et l'ordre temporel n'étaient pas assez séparés; nous convenons que l'obligation de recourir à la permission du roi pour les réunions épiscopales a été une triste violation des droits essentiels de l'Église; l'exercice de la juridiction ecclésiastique rencontrait souvent des entraves; les parlementaires ne rêvaient que contraintes, et, entre leurs mains, l'autorité royale était comme un instrument de servitude contre le pouvoir spirituel. Nous ne voudrions pas ressusciter ce qui a péri avec les anciennes institutions françaises, et recommencer, dans nos temps nouveaux, l'alliance trop étroite de l'Église et de l'État; nous aimerons toujours mieux pour l'Église beaucoup de liberté que beaucoup de protection; mais, l'histoire à la main, nous demanderons qu'on parle un peu moins de son oppression quand il s'agit de sa situation sous l'ancienne monarchie. Sous nos trois races, le pouvoir spirituel et le pouvoir temporel, pleins de confiance l'un dans l'autre, se mêlaient sans embarras, abandonnaient quelque chose de leurs droits réciproques, et ont pu traverser de longs siècles avec grande gloire et grand profit pour la religion. Les papes n'auraient pas dit de la France, que c'est « un royaume chéri et béni de Dieu, » si les rois de France avaient été les oppresseurs de l'Église. Les papes au contraire ont donné aux rois très-chrétiens des louanges qu'ils n'ont accordées à aucun des autres princes de l'univers. Au temps de nos rois, l'Église a toujours joui de la liberté d'association, de la liberté de posséder, de la liberté des conciles provinciaux et des synodes; lorsque l'influence des parlementaires est parvenue à interrompre la tenue des conciles provinciaux, on a vu le triomphe d'opinions abusives; mais ces opinions ne sont jamais devenues des lois. Les Conciles provinciaux, malgré ces éclipses de liberté, étaient toujours de droit commun, et lorsque, parmi nous, leurs effets salutaires ont manqué au gouvernement de l'Église, elle a toujours, jusqu'à un certain point, repris ses droits par les assemblées du clergé.

Que les écrivains catholiques français veuillent donc bien adoucir la sévérité de leurs jugements à l'égard de ce qu'ils appellent les *gouvernements absolus* du temps passé: nous ne voyons pas que l'Église ait beaucoup gagné avec ce qu'on appelle les *gouvernements libres*. De nos jours l'Église, plus séparée du temporel, a perdu une force extérieure dont elle peut se passer: une plus grande force morale lui est promise; mais il lui faut sa liberté.

Nul n'a travaillé plus que Mgr Sibour à conquérir cette liberté. Il expose très-énergiquement, d'après les principes constitutionnels, le droit pour les évêques de se réunir en concile; il combat vaillamment les fausses conséquences qu'on a voulu tirer de l'article 16 du Concordat; il met en poussière l'article 4 de la loi du 18 germinal an X, qui porte que : « aucun concile national ou métropoli« tain, aucun synode diocésain, aucune assemblée « délibérante n'aura lieu sans la permission expresse « du gouvernement. » Le prélat, après avoir prouvé, en termes invincibles, le droit épiscopal de tenir des Conciles provinciaux, met en lumière l'importance de leur rétablissement et trace avec de vives couleurs un tableau des avantages religieux qui doivent en sortir. Il fait appel à ses vénérables collègues, les excite à secouer les chaînes qui les retiennent dans un isolement mortel, à user d'un droit essentiel qui leur appartient. Tous ces chapitres sont pleins d'élan, de vigueur et d'éloquence; ils sont bien d'un évêque. Mgr Sibour, que les principes religieux ont toujours trouvé inflexible, ne recule pas devant la perspective des plus redoutables extrémités :

« Mais, dit-il, si, malgré la pureté d'intention
« des évêques ainsi mise au grand jour; si, malgré
« leur droit démontré et malgré tous ces ménage-
« ments apportés dans son usage, les dispositions du
« gouvernement restaient, ce qu'on les suppose,

« hostiles ; si, à défaut du droit qu'il n'a pas, il avait
« abusivement recours à la force, que faudrait-il
« faire ? ce qu'il faudrait faire : se souvenir alors des
« premiers siècles de l'Église, et opposer la constance
« inébranlable de la foi à toutes les entreprises de la
« politique ; donner au monde l'exemple salutaire
« d'une résistance légale à l'oppression ; dénoncer
« l'abus de la force au pays, aux chambres, à tous
« les tribunaux ; attendre la victoire de Dieu et
« même de la justice humaine ; enfin, s'il le fallait,
« descendre de nouveau dans les catacombes, s'as-
« sembler en secret, malgré les oppresseurs de la
« liberté et de la conscience ; se réunir au nom du
« droit divin, au nom de la loi de l'Église, au nom
« même de la loi fondamentale du pays, et à défaut
« d'autre paix, alors, goûter au moins celle que
« donne la pensée d'un grand devoir accompli. »

Dans la bouche de l'évêque de Digne ce n'était pas
là de la déclamation ; aucune considération humaine,
rien au monde ne l'eût arrêté sur le chemin du devoir ecclésiastique ; il avait une piété intrépide, un
grand sentiment de ce que Dieu demande à ses ministres sur la terre : la persécution ne l'eût pas fait
broncher.

Ce savant et beau travail sur les conciles se ter-
mine par un *Traité des Synodes ou Conciles Diocésains*, lesquels ont pour but la correction des mœurs et
le maintien de la discipline. Tous les saints évêques
s'y sont attachés avec un soin persévérant. L'évêque

de Digne recommande à ses prêtres, et il a raison, les discours synodaux de Massillon où le zèle du pasteur se mêle à une connaissance si profonde du cœur humain. Il donne son réglement synodal et en expose les motifs. L'organisation diocésaine se trouve ainsi achevée.

Nous avons indiqué, tout à l'heure, de quelle façon Mgr Sibour entendait les Articles organiques dont on s'armait pour disputer aux évêques le droit de se réunir; on sait que les articles organiques sont des dispositions législatives qu'il plut au Premier Consul d'ajouter comme annexe au concordat, à l'insu du souverain pontife. Pie VII protesta contre ces articles *rédigés sans sa participation*, et le cardinal Caprara, dans une dépêche adressée au ministère des relations extérieures, se plaignit de *ce code ecclésiastique* établi *sans le concours du Saint-Siége* (1). La protestation du pape et les réclamations du légat n'ont pas empêché le gouvernement français de se saisir de cette arme toutes les fois que la fantaisie lui en a pris. Bien avant la publication de son travail sur les conciles, l'Evêque de Digne avait eu occasion d'attaquer de front la législation de l'an X, si contraire aux droits de l'Église. Au mois de mars 1844, il se rencontra parmi nous un ministre des cultes (2), qui, à propos d'un mémoire de

---

(1) 8 août 1803.
(2) M. Martin (du Nord), lettre du 8 mars 1844.

Mgr Affre, concerté entre le saint archevêque et des suffragants, déclara dans un langage inouï que, par suite de la loi du 18 germinal an X, *le concert au moyen d'une correspondance*, était interdit aux évêques; l'archevêque de Paris répondit au ministre comme il devait repondre; il soumit ensuite la question à l'Épiscopat français, et parmi les réponses qui lui furent adressées, on remarqua beaucoup celle de l'Evêque de Digne.

Mgr Sibour, avec une pleine connaissance de la matière, avec beaucoup de logique et d'élan, démontra la nouveauté de ce délit *par concert*, la nullité radicale des articles organiques comme traité et comme loi, et tout ce qu'il y avait de contradiction entre cette oppression de l'Église et les libertés politiques étalées de toutes parts. « Eh quoi! » disait-il aux hommes du pouvoir constitutionnel, « vous « voulez donc que la religion seule n'ait rien gagné « depuis quarante ans! » Il n'y a pas eu de plus grand coup porté aux articles organiques que la lettre de l'évêque de Digne à l'archevêque de Paris. Elle lui mérita les remercîments des plus illustres défenseurs de la liberté de l'Église; l'un d'eux lui écrivait (1) : « Elle (cette lettre) m'a appris plusieurs choses que « j'ignorais, et m'a donné, comme à tous les catho- « liques qui la liront, une nouvelle preuve de votre

---

(1) Le P. Lacordaire.

« zèle, de votre fermeté et de votre devouement apos-
« toliques. Il me semble que l'Église de France entre
« enfin dans la seule voie qui pouvait la conduire à
« la conquête de ses libertés divines, et la lier heu-
« reusement à tout le nouvel ensemble des choses
« humaines. Sans doute cet ordre nouveau a ses
« désavantages et ses périls ; mais il ne dépend pas
« de nous qu'il en soit autrement, et tout notre
« devoir se borne à tirer parti du temps, quel qu'il
« soit, au profit de l'éternité. »

Quand on écrira l'histoire de l'Église de France au dix-neuvième siècle, il ne sera pas possible de passer sous silence les *Institutions Diocésaines*; il faudra les signaler comme une vaillante et belle tentative, comme une date importante ; on mesurera la valeur de l'œuvre à l'impression qu'elle produisit. Il semblait que de simples règlements disciplinaires, partis d'un coin des Basses-Alpes, n'étaient pas faits pour beaucoup retentir ; mais ces règlements tenaient à une situation pleine de périls et de maux, et qui compromettait les intérêts essentiels de la religion ; il était évident que l'évêque de Digne venait d'accomplir quelque chose de considérable ; les témoignages publics et particuliers d'adhésion et aussi les contradicteurs ne lui manquèrent pas. Tout effort pour changer une situation rencontre des résistances, et souvent par les inspirations les plus diverses. L'œuvre de Mgr Sibour marquait fortement une tendance à l'amélioration dont l'état de l'Église de

France avait besoin ; le gouvernement goûta peu cette idée, parce qu'elle était un acheminement vers une plus forte organisation, et que l'état de choses précédent lui convenait mieux. Quelques objections se produisirent au sein des catholiques, elles portaient moins sur le fond que sur l'opportunité. L'évêque de Digne, en tête de son deuxième volume, publia des *Réflexions*, où il examinait dans tous leurs détails les difficultés soulevées. On y trouve des pages d'une charmante élégance, d'une aimable sincérité, d'une parfaite modération ; ce travail est un modèle de discussion.

Parmi les prélats qui avaient exprimé des doutes sur l'heureux effet des *Institutions Diocésaines*, il y en eut un qui adressa à l'évêque de Digne un mémoire étendu, véritable étude des questions agitées ; Mgr Sibour y répondit avec reconnaissance, avec un soin empressé. On aime à voir deux évêques, épris à un égal degré de l'amour du bien, s'éclairer mutuellement, se modifier, s'instruire et s'édifier l'un l'autre dans la recherche de ce qui doit le plus contribuer au bon gouvernement des âmes. L'évêque de Digne se montrait toujours prêt à accepter la lutte lorsqu'il s'agissait de la vérité ; il avouait cependant que c'était pour lui une grande consolation de n'avoir affaire qu'aux adversaires du dehors ; il aimait avant tout et voulait conserver « la paix domestique. » « Quant « aux combats avec les ennemis de l'Église, » disait-il avec ce cœur apostolique qui ne le quitta jamais, « nous savons qu'ils sont dans notre devoir

« comme dans notre destinée, et nous ne les refu-
« sons, ni ne les refuserons jamais. » Mgr Sibour,
dans la suite de son épiscopat, n'eut plus à combattre
pour les *Institutions Diocésaines*; dans sa lettre au
ministre des cultes, le 3 décembre 1846, il disait en
parlant de ses Institutions : « Quand elles seront
« mieux connues, elles seront mieux appréciées. Je
« crois que dans vingt-cinq ans des institutions ana-
« logues existeront partout. » Il a fallu un terme
moins long pour que cette espérance fût accomplie.

## CHAPITRE SEPTIÈME.

DIGNE. — ARRIVÉE DE M${}^\text{gr}$ SIBOUR A DIGNE ; SA PREMIÈRE LETTRE PASTORALE. — NÉCESSITÉ DE LA SCIENCE POUR LE PRÊTRE. — VISITES PASTORALES DANS LE DIOCÈSE BAS-ALPIN. — RÉUNIONS LITTÉRAIRES ET SAVANTES A L'ÉVÊCHÉ DE DIGNE.

Nous avons tout d'abord voulu présenter dans son ensemble l'œuvre des *Institutions Diocésaines*, notre récit en a un moment souffert ; rétablissons donc et l'ordre et les dates.

La petite ville de Digne, chef-lieu du département des Basses-Alpes, est toujours la cité dont César a dit : *inter quatuor montes posita* (placée entre quatre montagnes). Lorsqu'on y arrive par la vallée de la Bléone, le premier aspect en est pittoresque et charmant; bâtie en amphithéâtre sur la colline de saint Jérôme, et couronnée par sa vieille cathédrale, elle a la rivière à ses pieds, tout autour la verte ceinture de son boulevard, à droite et à gauche des hauteurs escarpées qui l'étouffent, ou, si on veut, qui semblent la défendre comme des bastions terribles; derrière la cité apparaissent, magnifiquement échelonnées, des montagnes dont on voit blanchir au loin les sommets neigeux. Tout ce qui l'environne est d'une grandeur sévère sans tristesse, parce que les arbres et les prairies étendent presque à chaque point la richesse de leurs manteaux. Ces montagnes abritent la ville contre le nord et font une douceur de température qui vaut au pays une grande abondance de fruits. Digne est comme un lieu perdu loin du monde et doit tout à ceux qui l'habitent; les deux choses qu'on y trouve avec le plus d'intérêt, c'est la gloire de Gassendi, le pâtre de Champtercier, c'est la vieille église de Notre-Dame, classée parmi les monuments historiques. Mais on n'a pas besoin d'être soutenu par les merveilles des arts et les vestiges éclatants de la civilisation pour se dévouer au bien sur la terre; dans cet humble coin des Alpes, la charité a eu son monument élevé comme par miracle; cent mille francs, rapidement recueillis au milieu d'un pauvre petit pays, grâce au zèle pieux d'un prêtre (1),

---

(1) M. l'abbé Gariel, curé de Digne.

ont servi à construire le superbe hospice des orphelins.

C'est dans cette cité bas-alpine qu'arrivait, au mois de mars 1840, l'ancien chanoine de Nîmes, devenu le premier pasteur d'un diocèse qu'on dirait séparé de l'univers. Il emmenait avec lui, en qualité de premier grand-vicaire, un de ses amis les plus chers, M. l'abbé Meirieu, qui avait professé la théologie au séminaire de Nîmes, avec beaucoup de science et de pénétration. Le nouvel évêque, parti d'Aix, suivit une charmante vallée arrosée par la Durance et puis par la Bléone; le chemin d'Oraison et des Mées le conduisit à la ville épiscopale à travers le plus beau pays des Basses-Alpes. Ses airs de dignité et de bonté souriante conquirent bien vite la population entière; il y avait comme un contraste entre ces montagnards et la grâce élégante de leur nouvel évêque; mais, dès le premier jour, Mgr Sibour fut au milieu d'eux comme un ancien ami.

Il s'était fait précéder à Digne par une lettre pastorale qui déjà le révélait et qui portait la date du jour de son sacre. Le prélat, avant de se mettre à l'œuvre pour l'accomplissement du ministère pastoral, avait demandé à Dieu de lui ouvrir dans les livres sacrés, quelque grande source d'inspiration, où il lui fît puiser tout à la fois et ces pensées divines qui emportent les âmes aux régions de la vérité et de l'amour, par-dessus les opinions humaines, par-dessus les passions, et ces paroles de vie qui charment ici bas les douleurs et les infortunes, ou plutôt qui enchantent les maux du temps jusqu'à former de ces maux même un prélude des joies de l'éternité. Au moment de s'adresser à son troupeau pour la première fois, le pasteur cherchait une de ces sentences de l'Esprit-Saint, pleines de clartés, qui illuminent subitement toute la destinée de l'homme et la conduite du chrétien, un de ces *abrégés du Verbe* (1), dont parle saint Paul, c'est-à-dire une parole où se concentrent, afin de passer plus vite dans les âmes, toutes les lumières et les sublimités, toutes les miséricordes et les tendresses, toutes les consolations et les suavités de l'Evangile ; il cherchait enfin une formule divine des devoirs, un mémorial en un mot qui devînt le texte inépuisable de son enseignement, et qu'il pût graver dans les cœurs comme sur le sceau de ses armes. Il relut alors, dans la première Epître aux Corinthiens, le chapitre si sublime d'amour, où l'Apôtre *parle le langage même des anges*, et qu'il résume ainsi : *trois grandes choses me restent dans la terre d'exil : la foi, l'espérance et la charité ; mais la plus excellente des trois c'est la charité.* Après ces mots l'évêque n'eut plus à tourner la page, son âme était satisfaite, sa devise était trouvée. On sait s'il y est resté fidèle.

---

(1) Verbum breviatum. Ad Rom. 9, verset 28.

Dans cette première lettre pastorale, il développait le sens de ces trois sublimes choses: la foi, l'espérance et la charité. L'arbre sacré de la religion lui apparaissait là tout entier et dans sa pleine magnificence avec sa racine et sa tige, avec ses rameaux où pendent des fruits de vie. La racine, disait-il, qui plonge dans les profondeurs de l'être de Dieu, où l'arbre puise la vie, c'est la foi ; la tige qui s'élève de la terre au ciel, pour y porter nos pensées et nos desseins, c'est l'espérance ; et le fruit d'immortalité qui fait vivre les âmes et prospérer les sociétés, c'est la charité. S'inspirant de l'enseignement des plus beaux génies chrétiens, il présentait la foi comme le commencement de la vision de Dieu et de la possession éternelle de Dieu. La foi propose à l'espérance des conquêtes magnifiques, et l'espérance, grandissant à ces promesses, élève nos affections et nos désirs jusqu'à ces hauteurs divines, dilate nos âmes sans mesure devant ces gloires surnaturelles, ranime nos languissantes vertus par la vue de ces ravissements, et nous fait d'avance, en quelque sorte, citoyens du ciel. Notre espérance ne saurait être confondue, car elle a un gage plus vaste que le ciel lui-même, une garantie qui la place au-dessus de toutes les certitudes, je veux dire la charité d'un Dieu fait homme pour nous sauver, nous misérables hommes, terminant une vie toute d'amour par le sacrifice du Calvaire. Cette charité, « fleur de la foi et fruit de l'espérance

« éprouvée, » sanctifie nos désirs, enfante les œuvres héroïques, et toutes les vertus l'appellent avec acclamation leur reine : *major autem horum est charitas.*

Le nouvel évêque achevait sa lettre en rendant hommage à son prédécesseur, démissionnaire ; le siége épiscopal de Digne lui paraissait à la fois plus cher et plus terrible, à cause de l'auréole de sainteté qu'y avait laissée un représentant aussi vénérable de la charité chrétienne ; cette vertu mère avait mis dans le cœur de Mgr Miollis la foi et le zèle des fondateurs même de l'église de Digne, leur courage intrépide, leur apostolique simplicité, leur vie austère comme la croix, leur piété suave comme l'Evangile ; « nous l'avons vu cet auguste prélat, chargé d'ans et de travaux, disait Mgr Sibour, et notre courage s'est ranimé sous son regard et à sa parole. » Le diocèse de Digne, un pauvre pays de montagnes, entendra désormais un beau langage d'évêque auquel il n'était pas accoutumé.

Mgr Sibour, dans une lettre datée du 23 mars, adressée à son bien-aimé cousin, et où son voyage et son arrivée à Digne sont brièvement racontés, disait que le premier acte de son ministère à Digne avait été un baptême ; un enfant était né le jour de l'entrée du prélat dans la ville, et l'usage voulait que l'évêque le baptisât : l'évêque ne voulut contester ni le droit ni l'usage.

Dans cette lettre toute d'intimité, il parlait à son

cousin de son palais épiscopal, qui était vaste mais mal distribué, de la pauvreté et de la nudité de sa chambre d'évêque : cette chambre n'avait pas de glace ; « en sorte, disait-il, que lorsque je veux « ajuster mon rabas, il faut que je coure dans le « salon. Non-seulement le saint évêque, mon prédé- « cesseur ne demandait rien en fait d'ameublement, « mais il repoussait encore ce qu'on lui offrait. La « cathédrale n'est pas bien; c'est plutôt une église « de village, mais les fidèles y sont fervents : voilà « qui vaut mieux. Ils ont fait éclater à mon arrivée « un esprit de foi qui m'a beaucoup consolé… l'acte « par lequel j'ai constitué le chapitre mon conseil, « a été accueilli avec la plus grande faveur. »

Dès le 31 mars 1840, l'évêque de Digne marquait son administration par une vive exhortation à l'étude, adressée à son clergé; en lui transmettant les sujets des conférences ecclésiastiques pour l'année, il lui témoignait le dessein de favoriser dans ses rangs le développement de la science sacrée. Il disait que le prêtre, pour remplir toute l'étendue de la mission divine, doit se placer à la tête des peuples comme la lumière du monde. Notre prélat regardait comme insuffisant le temps consacré dans les séminaires à l'instruction des clercs; il répétait souvent que les besoins de l'église réclamaient une étude plus prolongée de la science divine, et c'est en vue de suppléer aux inévitables imperfections de l'éducation cléricale, qu'il établit des examens pour les jeunes prêtres de son diocèse. Pendant les cinq premières années qui suivaient leur élévation au sacerdoce, les ecclésiastiques subissaient annuellement un examen devant une commission présidée par l'évêque. L'Ecriture Sainte, le dogme, la morale, le droit canonique, l'histoire, faisaient le fond du programme sur lequel il fallait répondre. Cette obligation d'étudier, imposée aux jeunes prêtres dans les paroisses, tenait leur intelligence en haleine, occupait leur cœur et remplissait la solitude de leurs jours.

Le nouvel évêque de Digne ne laissera échapper aucune occasion de stimuler le zèle de ses prêtres, de les exciter à l'étude de toute chose par le spectacle même de l'immense activité de l'esprit contemporain; il voudra que le clergé ne recule devant aucun effort pour ressaisir dans le royaume des intelligences son autorité d'autrefois; il demandera que les ministres de la religion ne restent jamais en arrière dans la carrière du savoir, et que, se saisissant de tout progrès réel, ils le fassent servir à la manifestation de la vérité religieuse. Lui, si doux, deviendra sévère alors dans son langage. Comme tous les censeurs, il assombrira ses tableaux pour mieux frapper l'imagination et pour atteindre à son but. Il ne craignait pas d'exagérer ce qui manquait à ses prêtres en matière de science. Plus il désirait les voir marcher et grandir, plus il leur reprochait de ne pas amasser ces trésors de savoir qui, unis aux trésors de piété, sont la vraie gloire du sacerdoce. Lorsque le Pape, dans son encyclique sur les corps religieux, leur demanda de cultiver, au milieu du silence du cloître, non-seulement les sciences sacrées mais encore les sciences profanes, l'évêque de Digne fit remarquer à ses prêtres ce signal donné du Vatican. Il leur dit que le diocèse des Basses-Alpes leur offrait comme les tranquilles loisirs d'un cloître, et qu'ils devaient mettre à profit pour l'étude la paix de leurs vallées.

Le 1er mai 1840, Mgr Sibour annonçait sa première visite pastorale dans son diocèse: « A peine
« donc avons-nous vu les montagnes se dépouiller
« de leurs neiges et nos vallées commencer à verdir,
« qu'il nous a semblé entendre, de la bouche du
« chef suprême de l'Eglise, ce commandement que
« Dieu lui-même adresse dans le ciel à son fils en
« l'envoyant sur la terre, selon l'interprétation du
« sens prophétique des paroles de Jacob: *Allez et*
« *voyez si tout va bien pour vos frères et pour le*
« *troupeau; et rapportez moi ce qui se fait* (1). Et
« notre âme a tressailli de joie, et nous avons disposé
« toutes choses pour le voyage, et nous voilà prêt
« à courir où notre cœur nous a devancé. Oui, bien-
« tôt nous vous verrons, nos chers coopérateurs, dans

---

(1) Genèse, 36, 14.

« vos presbytères, dans vos églises, dans le champ
« même où paît le troupeau ; car tel est notre des-
« sein : nous voulons visiter successivement tous les
« points de notre diocèse, pénétrer dans les lieux
« les plus écartés, franchir les pas les plus difficiles,
« gravir avec vous les montagnes pour aller trouver
« nos fidèles dans leurs foyers, et leur apporter,
« avec les paroles de la foi, les bénédictions du
« ciel. » L'évêque conjurait instamment les curés, à
qui il devait demander l'hospitalité, de le recevoir
avec la plus grande simplicité ; il *exigeait rigoureusement* qu'il n'y eut qu'un seul service *très-modeste*
dans les repas qui lui seraient offerts ; il priait les
curés de ne faire aucune invitation pour le *soir de son
arrivée*, afin qu'il eût toute liberté de s'entretenir
avec eux et de connaître à fond leurs œuvres, leurs
besoins, leurs peines.

On ferait un volume avec le touchant récit des visites pastorales de Mgr Sibour, dans les Basses-Alpes.
Il allait le plus souvent à cheval ou à dos de mulet,
franchissant les torrents, gravissant les sentiers es-
carpés, s'avançant à travers les précipices, longeant
les abîmes ; nulle aspérité de chemin ne l'arrêtait :
bon pasteur, il voulait connaître toutes ses brebis,
et voulait que toutes ses brebis le connussent. La
vallée de Barcelonnette, la portion la moins acces-
sible des Basses-Alpes, n'effraya point son zèle. Il
visita ainsi des paroisses qui, depuis cent cinquante
ans, n'avaient pas vu d'évêque. Quel empressement

respectueux de la part de ces populations si chrétiennes! On venait à sa rencontre en habits de fête, on s'agenouillait en sa présence, la joie était sur tous les fronts, les pauvres oubliaient qu'ils étaient pauvres, les cabanes paraissaient sourire; la visite de l'évêque était comme une visite du bon Dieu, et le ciel semblait toucher la terre. Que l'évêque était bon! qu'il était père! tous pouvaient l'approcher et tous recueillaient de ces mots dont le souvenir remplit longtemps les cœurs simples et purs. Le langage qu'il leur parlait en chaire n'était plus le beau langage, mais celui des humbles et des petits. Avec quel bonheur, à son retour, le prélat racontait les traits de naïveté religieuse ou de foi profonde qui l'avaient le plus ému! Combien un jour il fut touché de ces mères descendant des plus hauts sommets avec leurs enfants dans le berceau, pour venir chercher sa bénédiction à son passage! O montagnes si séparées des bruits du monde et des tempêtes humaines, vous avez donné des joies bien douces à celui que vous ne reverrez plus!

La première fois que le nouvel évêque de Digne s'était adressé aux âmes confiées à ses soins, il les avait conviées à la contemplation des trois grands principes d'où découle toute la vie chrétienne; en prenant la parole aux approches du premier carême où il lui fut donné de faire entendre sa voix de pasteur, il développa les principaux caractères des quatre vertus que les livres saints ont proclamées si *utiles à la vie humaine;* ces vertus, les seules règles possibles de nos sentiments, de nos pensées, de nos actions, sont la prudence, la justice, la force, la tempérance. L'évêque devient moraliste et moraliste chrétien, et cette philosophie qui mène à l'heureuse immortalité de la vie future, est aussi la meilleure sauvegarde des intérêts et de la paix de la terre.

Après les joies de la conscience, les joies les plus vives de Mgr Sibour étaient celles de l'amitié; il en savourait les délices. Il voulut retrouver quelque chose de ces plaisirs de cœur et d'esprit qu'il goûtait au sein des réunions de Nîmes, dont nous avons retracé une bien faible image.

Mgr Sibour rapportait tout à une fin sérieuse, à une fin utile; retenir des amis chez lui pendant huit jours, avec toutes les douceurs de l'hospitalité, sans marquer les heures par de mutuels et profitables échanges, c'est ce qu'il n'aurait jamais fait; il eût craint devant Dieu je ne sais quel reproche d'un temps perdu. Le prélat désirait que chacun, en pareil cas, payât de sa personne pour l'instruction commune, et laissât pour ainsi dire tomber son offrande dans l'urne d'or d'un utile entretien. C'était d'ailleurs une imitation de la coutume des anciens, qui lisaient peu et conversaient beaucoup; de là le dialogue, cette forme de prédilection dans leurs œuvres.

Quelques amis, arrivés de divers points du midi,

se trouvaient donc à l'évêché de Digne, au mois d'août 1841; la cité bas-alpine fournissait sa part; pendant une semaine on se réunissait très-exactement deux fois par jour, de trois heures à cinq heures, et puis le soir (1). L'aimable et vénéré président, connaissant les aptitudes, le mérite particulier de tous ses invités, indiquait les matières au fur et à mesure, désignait celui auquel telle ou telle tâche revenait, et après le développement d'une question, un débat libre s'établissait. L'évêque frappait à la porte de l'esprit de tous ceux qui étaient là, encourageait, excitait ou retenait tour à tour; son attention vigilante ne se ralentissait jamais; les mouvements les plus divers, les nuances les plus fugitives d'une discussion se retraçaient sur sa phisionomie, et la fine bienveillance de ses sourires commentait tous les discours. Voici un homme du barreau qui, dans une série de considérations substantielles, compare les législations, caractérise le droit romain, marque l'influence du christianisme sur les lois; il est instructif et intéressant, et le prélat, en l'écoutant, se croit encore à Nîmes; un autre, qui a atta-

---

(1) M. l'abbé Léon Sibour, aujourd'hui évêque de Tripoli, qui avait assisté à quelques-uns de ces entretiens, les a fort agréablement racontés dans des lettres publiées par les *Annales des Basses-Alpes* (a). Elles sont adressées à une charmante femme d'esprit, M<sup>me</sup> A. de S.-S., nièce d'un ancien et pieux archevêque d'Aix.

(a) Ces *Annales* renferment une partie de l'Histoire des Basses-Alpes, en 8 vol. in-8, éditées par *E. Repos*, libr.-édit., 8, rue Cassette, à Paris.

ché son nom à la question des enfants trouvés, parle d'économie politique avec science et bon sens. Un médecin de Digne, dont le cabinet d'histoire naturelle offre la principale curiosité de la ville, et qui est un savant de parfaite modestie et de bon aloi, résout avec autorité les problèmes qui touchent aux Basses-Alpes, aux dialectes variés et à l'histoire de la Provence. Un jeune prêtre, venu d'Aix, accoutumé aux controverses géologiques, soutient, non sans esprit et sans aplomb, les systèmes qui plaisent le plus à ses convictions ou à ses fantaisies; ce chanoine, théologal du chapitre de Digne, écoute plus volontiers qu'il ne parle; mais si vous le mettez sur le terrain de la langue hébraïque et des psaumes immortels échapés à la harpe du roi prophète, vous ne tarderez pas à admirer la profondeur de ses études (1).

Un jeune homme qui remplissait à cette époque les modestes fonctions d'inspecteur primaire avec une énergie apostolique dont les Basses-Alpes ont gardé le souvenir, et que nous n'avons pas le droit de louer parce qu'il nous touche de trop près, raconte avec une imagination encore embrasée des

---

(1) Mgr Sibour donna de grands encouragements à M. le chanoine Bondil, pour ses travaux de linguistique, sa *Traduction des Psaumes* et la publication du *Dernier Jour du Rédempteur* dont le prélat avait accepté la dédicace. (Édités par *E. Repos*, libraire-éditeur, 8, rue Cassette, à Paris.)

feux de l'Orient, les souffrances et les merveilles du désert et l'incomparable grandeur des ruines de Palmyre.

M. Reboul n'était pas là, il n'avait pas pu se rendre à Digne, regrettant toujours l'éloignement du confident utile de ses inspirations; mais la poésie obtenait son tour dans les réunions de l'évêché de Digne. Les Basses-Alpes avaient alors pour préfet un ancien rédacteur du *Constitutionnel*, occupé d'une traduction en vers de la *Pharsale*, œuvre capitale d'un jeune romain qui sut mourir après avoir mal vécu, génie plus déclamateur qu'éloquent, mais génie véritable qui garde à travers les siècles ses inégales beautés. Ce préfet, homme de goût et de talent, se montrait fort assidu aux réunions de l'évêché; il y communiquait des fragments de sa traduction de Lucain, et ses vers d'une pure et noble expression donnaient grande envie que le travail entier s'achevât; par les efforts heureux d'un aussi habile interprète, Lucain se relevait du mal qu'ont fait à sa gloire les faibles traductions de Brébœuf, de Laharpe et de Marmontel.

La littérature, dans ses genres divers et à ses diverses époques, fournissait matière à d'inépuisables discussions. On sait la querelle des anciens et des modernes au dix-septième siècle; quelque chose de pareil se produisait dans la petite assemblée bas-alpine; le littérateur préfet, plus sévère pour les révolutions littéraires que pour les révolutions politiques, s'agenouillait peu devant la poésie du dix-neuvième siècle, et ses admirations d'homme de lettres finissaient où commençaient surtout ses admirations politiques : les deux Chénier marquaient les limites de son enthousiasme littéraire de ce côté-ci des temps ; encore donnait-il le pas à Joseph sur André. Les prédilections ont beau jeu dans une telle carrière ; mais la muse nouvelle avait des amis dans ces réunions ; que dis-je des amis ? des adorateurs, l'un entre autres qui dépassait les plus fervents disciples des maîtres harmonieux de ce temps par une sorte d'anéantissement religieux devant la splendeur de leur génie. Cet ardent ami de la poésie contemporaine, doux dans ses manières, pieux dans sa foi, un peu bizarre dans ses goûts, intrépide dans ses admirations, était un jeune écrivain de Lyon, à qui nous devons d'utiles travaux sur les premiers siècles du christianisme ; il est mort depuis deux ans, laissant une mémoire honorée, et ce que nous disons ici ne diminuera pas notre respect pour son souvenir. Il adorait donc la poésie nouvelle et l'adorait avec ce caractère de passion qui ne permet pas de reconnaître les défauts de l'objet aimé et les prend même pour des perfections ; il va sans dire qu'il était exclusif. Pour lui les poètes de notre âge étaient des navigateurs qui avaient découvert un monde plus riche, plus brillant que l'ancien, et sur leurs pas il s'enivrait du parfum des fleurs de ces forêts longtemps inconnues. Il défendait le nouveau monde et ses beautés contre le littérateur préfet, qui s'obstinait à nier les étoiles de ce firmament récemment aperçu.

Il y eut un moment où la réunion fit effort pour définir la *poésie intime*; plusieurs amateurs essayèrent de dire leur mot, et quelques-uns avec tant soit peu d'incrédulité à cet endroit; un Bas-Alpin de la petite assemblée, d'une physionomie innocemment originale, épris des champs comme Virgile, et parfois regrettant de n'avoir pas vécu au temps de Ciceron, qui l'*aurait compris*, disait-il, entreprit tout à coup une définition de la poésie intime; on s'attendait naturellement à des paroles de sa part; mais, au grand ébahissement de la réunion, après une préparation grave et lente, il se borna à des gestes muets qui allaient de la terre au ciel et ne parurent pas résoudre très-clairement le problème poétique. Le jeune écrivain lyonnais, qui semblait avoir toute autorité pour trancher la question, tira de sa poche un in-32, renfermant les poésies qui faisaient particulièrement ses délices, et, frappant sur le volume, il dit d'un ton d'oracle, que le premier et le dernier mot de la poésie intime étaient là. Il ouvrit le volume, lut une pièce de vers qu'il croyait l'idéal du genre; et lorsqu'il eut achevé, la poésie intime était enterrée.

Entre les ténacités classiques du préfet et l'enthousiasme sans mesure du lyonnais, il y avait place pour une appréciation équitable; ce sentiment qui n'exclut que le mauvais et le laid, et embrasse le bon et le beau partout où on les rencontre, avait pour représentant le secrétaire de l'évêché, esprit nourri, curieux et fin, réservé dans la simplicité de ses formes et conciliant dans ses jugements.

En parlant des réunions hebdomadaires de Nîmes, nous avons cité le trait du jeune fourriériste qui, admis à s'expliquer, resta court dans l'énoncé de sa doctrine, et passa forcément le rôle d'initiateur au président, bientôt vainqueur du système; les réunions de Digne eurent aussi leur fourriériste. Un de ces rêveurs à qui il avait pris fantaisie de vouloir refaire le genre humain, y exposa sa théorie sociale; il n'eut besoin de personne pour expliquer sa pensée, mais il aurait eu besoin de s'appuyer sur de meilleures raisons pour l'accréditer; son système était pourtant du fourriérisme mitigé; il abolissait la propriété individuelle, mais n'abolissait pas absolument le mariage, tout en étendant beaucoup le principe de la communauté. L'économiste judicieux qui était là, répondit aux chimères phalanstériennes par les belles et fécondes réalités chrétiennes. Sept ans plus tard, les utopistes devaient se produire à la tribune de l'Assemblée nationale, et l'on se rappelle quelle pauvre figure ils y ont faite!

Ainsi les lettres et les sciences, représentées par l'amitié, allaient rompre la monotone gravité de la vie épiscopale; et le mouvement contemporain se rencontrait dans une pauvre région éloignée; les goûts d'un prélat aimé et sympathique à tout noble effort, amenaient, dans une humble cité des montagnes, les enchantements de l'esprit.

Quelques jours après la dispersion des amis réunis dans la demeure épiscopale pour goûter ensemble les joies du cœur et les plaisirs de l'intelligence, Mgr Sibour, conviait la pauvreté de ses diocésains à s'associer à l'œuvre admirable de la propagation de la foi, cette œuvre qui fait du moindre d'entre nous un missionnaire pour l'expansion de l'Évangile aux pays lointains. Il adressa au ministre des affaires étrangères un exemplaire de son écrit pastoral, accompagné d'une lettre où il signalait au gouvernement les atroces persécutions exercées contre les apôtres de notre foi dans la Cochinchine ; il demandait qu'on s'efforçât de prévenir, par de justes réclamations, des cruautés nouvelles envers des Français, à la fois missionnaires du christianisme et missionnaires de notre gloire.

## CHAPITRE HUITIÈME.

LA TRANSLATION DES RELIQUES DE SAINT AUGUSTIN A HIPPONE. — MGR SIBOUR SE JOINT A D'AUTRES ÉVÊQUES FRANÇAIS POUR ACCOMPAGNER CES RELIQUES EN AFRIQUE.

L'Église de Digne eut pour fondateurs deux apôtres africains : Domnin et Vincent, et Mgr Sibour avait voué un culte de prédilection au beau génie de saint Augustin. Il répondit sans hésitation à l'appel que Mgr Dupuch adressa à l'épiscopat français, lorsque l'évêque d'Alger, ce pontife qui recevra du temps une justice méritée, eut obtenu de la vieille basilique de Pavie les reliques, dont le retour à Hippone devait être une si touchante et si magnifique fête. La conquête d'Alger par les armes du roi Charles X et la conquête de l'Algérie par le gouvernement de 1830 avaient restitué la lumière évangélique à cette contrée où le christianisme fut si resplendissant ; le nouvel apostolat dans ce pays soumis à notre épée allait être béni par le bras droit de saint Augustin. Il fallait passer les mers à la fin d'octobre, dans la saison des tempêtes ; mais la perspective d'une navigation difficile n'arrêta pas Mgr Sibour : Nous nous demandâmes à nous-mêmes, disait-il, si les deux Africains, nos très-saints prédécesseurs, s'amusèrent à calculer les fatigues du voyage ou à observer les temps, quand, partis peut-être des rives de la brillante Hippone, ils vinrent, le flambeau à la main, nous chercher dans les ombres de la mort, à travers les précipices de nos montagnes ?

L'évêque de Digne se mit donc en route. Toulon était le lieu du rendez-vous des prélats. Quand, le 22 octobre au soir (1842), les saintes reliques arrivèrent, portées triomphalement par l'évêque d'Alger et accompagnées de l'évêque de Fréjus qui faisait les honneurs de son diocèse à l'immortel pontife d'Hippone, les évêques de Marseille, de Digne, de Châlons, de Valence, l'archevêque de Bordeaux, l'évêque nommé de Nevers les attendaient au milieu d'une population immense et frémissante d'enthousiasme religieux. La translation des reliques de Saint Augustin a eu son élégant historien (1), et nous ne son-

---

(1) Voyez les six lettres que M. l'abbé Léon Sibour nous adressa à cette époque, et qui ont paru à la suite de notre *Histoire de saint Augustin*.

geons pas à refaire ce qui est bien fait ; mais le voyage en Afrique fut un beau souvenir dans la vie de Mgr Sibour ; il le raconta, à son retour, dans un remarquable mandement pour l'édification de ceux de ses diocésains qui n'avaient pas pu l'entendre le raconter lui-même de vive voix dans sa cathédrale. Nous devons compte à nos lecteurs des sentiments et des pensées inspirés à l'évêque de Digne par ce pèlerinage sur les pas d'Augustin rentrant en Afrique après une nuit de onze siècles.

Le 25 octobre, les reliques furent portées en grande pompe par quatre prêtres en habits sacerdotaux, de l'église majeure de Sainte Marie au lieu de l'embarquement ; les évêques, un nombreux clergé, les officiers supérieurs de la marine, une grande foule les accompagnait. Le préfet maritime voulut présider lui-même à l'embarquement. La rade de Toulon, toujours si belle, recevait un éclat nouveau de cet appareil religieux et de cette solennité d'un départ qui remuait toutes les âmes. Une élégante chaloupe chargée du dépôt sacré et des prélats, se dirige vers le bateau à vapeur le *Gassendi*.

« Un tel nom, » dit l'évêque de Digne, « un tel nom,
« qui rappelle une des gloires des Basses-Alpes, un
« savant illustre de notre église, un membre de
« notre chapitre, semblait, par d'aussi précieux sou-
« venirs, réclamer pour ce vaisseau, l'honneur de
« transporter les restes d'Augustin en Afrique, et
« pour nous, la consolation de nous trouver sur son

« bord. Nous avions avec nous M. l'abbé Sibour,
« notre cousin et grand vicaire honoraire. Notre
« premier grand-vicaire, le théologal de notre cha-
« pitre, et un de nos secrétaires (1) furent reçus avec
« les vicaires généraux des autres prélats, à bord du
« *Ténare*. Ce navire devait transporter aussi, entre
« autres passagers, pèlerins ou missionnaires, le
« P. Magalon, ancien capitaine de la grande armée,
« actuellement provincial des Frères hospitaliers de
« Saint-Jean-de-Dieu, quelques frères de son ordre
« et une colonie de douze à quinze sœurs de la doc-
« trine chrétienne de Nancy, destinés à Bone, à
« Philippeville et à Alger. »

Le 25 octobre, à une heure et demie, les deux navires quittent la rade; Augustin reparaît sur cette mer qui semble le reconnaître avec un pieux amour, tant les flots sont doux et caressants. Le 27, on naviguait le long des côtes de Sardaigne; on eût voulu relâcher à Cagliari pour déposer, ne fût-ce qu'un instant, les restes de saint Augustin sur le tombeau qui en avait été autrefois le fidèle gardien; mais l'arrivée en Afrique eût été retardée d'un jour, il fallut renoncer à cette intention. « Cherchant alors, » dit Mgr Sibour, « quelque dédommagement à cette priva-
« tion, nous acquittâmes d'une autre manière la

---

(1) MM. Meirieu, Bondil et Nestolat.

« dette de la reconnaissance. La châsse d'or, où
« était la sainte relique, est exposée sur le pont; les
« évêques revêtent les habits sacrés et prennent
« leur mitre; le clergé se range en deux chœurs; les
« marins se pressent autour du religieux spectacle,
« et nous chantons solennellement les vêpres d'un
« docteur-pontife. Cet office terminé, le vénérable
« évêque de Châlons, élevant la châsse, bénit avec
« le bras du saint, d'abord la France, notre douce
« patrie; puis l'Afrique, pays d'Augustin; et enfin
« l'hospitalière Sardaigne qui lui avait donné asile.
« Ce chant des cantiques du Seigneur sous la voûte
« du ciel et au milieu de la vaste mer; cette triple
« bénédiction à laquelle se rattachent de si tou-
« chants souvenirs; toute cette scène, en un mot,
« émeut profondément le cœur. Oh! qu'elle fut vive
« dans le nôtre, l'impression de la grandeur de Dieu
« qui nous avait convoqués sur la face de l'abîme,
« et nous tenait ainsi suspendus, comme médiateurs,
« entre deux mondes, pour les réconcilier par la pro-
« fession d'une même foi et les unir par le lien sa-
« cré de la prière!

« Le soir vint ajouter à cette impression une im-
« pression nouvelle, qui croissait d'instant en ins-
« tant à mesure que la nuit, au-dessus de nos têtes,
« déroulait en silence ses ravissantes merveilles.
« Tous les feux du firmament se réflétaient dans les
« eaux calmes et azurées de la mer, et notre vaisseau,
« fier de son précieux trésor, semblait, échappé de

« ce monde, fuir entre deux cieux étoilés. Voilà,
« nous disions-nous, l'image du chrétien fidèle :
« quelque chose du ravissement des élus se repro-
« duit dans son âme, tant que le vent des passions
« n'y a pas déchaîné la tempête. Lui aussi semble
« alors, ne plus appartenir à la terre, mais flotter
« dans une région supérieure, entre le ciel de la vertu
« et le ciel de la gloire, hâtant sa course vers le port
« de la bienheureuse éternité. »

L'arrivée à Bone, le 28 au matin, fut un spectacle qui n'eut de comparable que le spectacle de la journée du 30. Le canon de la Kasbah tonnait, le son des cloches jetait dans les airs de joyeuses harmonies ; sur le port, un arc de triomphe en verdure avait été dressé ; il portait cette inscription : *A Augustin, son Hippone chérie.* Une foule composée de français, de maltais, d'espagnols, de juifs, de maures, d'arabes, couvrait le rivage. Des embarcations, mises en mer, conduisaient vers le port les passagers laïcs, les vierges de Nancy, les prêtres missionnaires, les grands vicaires et les chanoines en habit de chœur. Puis venaient les prélats revêtus de leurs ornements; l'évêque d'Alger s'avançait ensuite, la mitre en tête, dans une yole qui portait avec les précieuses reliques la statue en bronze de saint Augustin. Les hymnes sacrées retentissaient au loin, et la mer immobile semblait les écouter. On chantait le *Benedictus Deus Israel*, le *Lœtatus sum in his quæ dicta sunt mihi*, le *Magnificat anima mea Dominum*. Les évêques formaient le premier chœur, et toutes les chaloupes répondaient. Les restes d'Augustin touchaient à la rive d'Hippone. Qu'il avait fallu d'événements et de révolutions pour que ce grand proscrit rentrât triomphalement dans sa patrie, si longtemps envahie par la barbarie et l'erreur ! L'exil des restes d'Augustin avait marqué la fin du christianisme en Afrique, leur retour en marquait la résurrection à l'ombre de nos drapeaux.

Au milieu de la place de Bone, on avait élevé un autel décoré de colonnes de verdure, de festons de lauriers roses ; ce fut là que l'évêque d'Alger célébra la messe ; les reliques étaient déposées sur cet autel. Après la messe, Mgr Dupuch, puisant dans son cœur d'apôtre une éloquence à la hauteur d'une scène ausssi solennelle, adressa la parole à l'immense multitude qui couvrait la place, les balcons, les terrasses et jusqu'aux toits de la grande mosquée ; il donna ensuite la bénédiction avec le bras droit d'Augustin, et la même bénédiction fut donnée par chacun des évêques. Le 29, l'évêque de Digne officia dans l'église de Bone, ancienne et misérable mosquée où la veille on avait déposé les reliques. Mgr Sibour parlait souvent de cette messe du 25 octobre, à quelques pas des ruines d'Hippone, comme d'une des plus douces et des plus profondes émotions qu'il eût jamais éprouvées. Dans une allocution religieusement écoutée, il laissa déborder les impressions amassées au fond de son âme ; ensuite il administra la communion et la confirmation à de nombreux fidèles. « Nous, dit-il, nous, successeur de deux pontifes africains, nous prêchions les vérités de la foi dans une ville de l'Afrique ; et nous faisions descendre sur elle les dons du Saint-Esprit ! Nous avions ainsi le bonheur de lui rendre ce que nous en avions reçu. »

L'après-midi du 29 fut consacrée à une visite aux ruines d'Hippone. Parmi ceux qui parcoururent alors le peu qui reste de la cité épiscopale la plus illustre de la terre, personne ne sentit plus vivement que Mgr Sibour le charme pénétrant de tant de souvenirs. Nous avons décrit ailleurs (1) tous ces lieux ; il nous suffira de les indiquer ici. Les pieux visiteurs traversèrent la petite rivière appelée *Abougemma* sur un pont romain, attachèrent leurs regards à ce qu'on leur montra comme étant les débris de la Basilique de la paix, et s'arrêtèrent devant des vestiges considérables, qu'on appelle ordinairement les *citernes* et qui seraient peut-être les restes des thermes de Socius. Nous répéterons ici ce que nous avons dit dans les *Études africaines*, c'est qu'il n'y a pas sur l'emplacement d'Hippone un seul débris auquel on puisse, avec quelque apparente certitude, donner un nom. Mais la destruction qui a passé par là ne rend que plus intéressant et plus sacré ce sol d'Hippone, cette poussière d'une cité où vécut

---

(1) Études africaines ; 2 vol. in-8°.

le plus vaste et le plus puissant génie de l'antiquité chrétienne. Les sept évêques, en quittant ces ruines, le cœur plein des grandes choses du passé et des tristesses de la solitude, se dirigèrent vers une tribu, celle des *Béni-urgine*, où s'offrit à leurs yeux un tableau de la dégradation humaine sous l'étreinte brutale de l'islamisme.

L'évêque de Digne a raconté avec sentiment, poésie et grandeur la fête du 30 octobre, pour l'inauguration de la statue de Saint-Augustin, sur la colline d'Hippone; la procession d'enfants de chœur, de vierges, de prêtres et de pontifes, le long de la mer et des rives de l'Abou-gemma, au chant des psaumes et des cantiques, entre deux haies de soldats, et suivie d'une foule immense de tout âge, de tout sexe, de toute nation. Quatre prêtres, revêtus de riches ornements, portaient les restes bénis de saint Augustin; sur un brancard on voyait une élégante cassette renfermant ses œuvres immortelles, offertes par un libraire de Paris (1): cette cassette était ombragée d'une branche d'olivier, chargée de ses fruits mûrs; « symbole ingénieux, tout à la fois, de l'abon-
« dance des écrits du saint docteur, de l'onction dont
« ils pénètrent les âmes et de la lumière qu'ils répan-
« dent dans l'Église ». La procession s'était mise en marche dès huit heures du matin: « Pendant cette

---

(1) M. Gaume.

marche grave et solennelle, dit Mgr Sibour, l'horizon en face de nous, rehaussé des plus riches teintes de la lumière, varié par les plus beaux accidents de la nature, arrête d'abord notre œil sur le gracieux paysage d'Hippone ; puis, laissant fuir le regard, par delà ses vertes collines, dans un bleuâtre lointain, à travers des montagnes agréablement ondulées, il semble, à la prière d'Augustin, nous ouvrir le portique des cieux. Et nous nous imaginions voir l'Afrique, sortie tout à coup de la captivité de l'erreur, accourir à la suite des pontifes et s'acheminer avec nous, en passant par Hippone, vers les demeures éternelles. Et la mer nous paraissait, comme autrefois au prophète, s'agiter de surprise, et les montagnes tressaillir à l'aspect de la sainte relique, et les collines bondir de joie devant tout ce spectacle ; et notre cœur déborbait de sentiments, et des larmes coulaient de nos yeux, et nous ne trouvions plus d'expression possible pour tant d'émotion que dans les chants inspirés !... Et nous chantions.... »

Le cortége parcourut, sur l'emplacement d'Hippone, quatre stations où chaque évêque eut successivement la consolation d'officier. La station du monument fut la dernière. « Là, maintenant, du haut de ce sanctuaire élevé, » nous laissons parler l'évêque de Digne, « chacun de nous embrassant à la fois les parties diverses du spectacle, sent croître, sans mesure, une impression de la grandeur de Dieu, qui saisit l'âme toute entière par le sentiment et par la vue.

La dédicace de l'autel, le saint sacrifice de la messe, l'élévation de l'adorable hostie, la présence de Jésus-Christ en personne, la parole du pontife, la bénédiction donnée successivement par les prélats, le bras d'Augustin ainsi levé sur Hippone et sur l'Afrique, le chant du *Te Deum* et la musique ; voilà pour le ravissement des cœurs : puis les ornements d'or, les chapes et les mitres resplendissantes, la troupe en grande tenue, son brillant état-major, les costumes, les groupes, les lieux, les arbres, les ruines, la mer, le soleil, voilà pour le charme des yeux ; et toutes ces choses formaient un ensemble si frappant, si varié et si admirable que ni l'orateur, ni le poëte, ni le peintre ne peuvent aspirer au bonheur de le reproduire.

Le plus éloquent des prophètes seul nous semble avoir décrit d'avance les merveilles de ce jour et les merveilles plus grandes encore dont celles-ci ne sont que le présage : « Le désert se réjouira ; la solitude
« sera dans l'allégresse et fleurira comme un lys.
« — Elle germera de toutes parts ; ses hymnes, ses
« transports, témoigneront sa joie ; la gloire du Liban
« lui est donnée, la beauté du Carmel et la fertilité
« de Sâron : reconnaissez la gloire du Seigneur et
« la grandeur de notre Dieu. — Dites aux cœurs chan-
« celants : fortifiez-vous et ne craignez point ; voilà
« que notre Dieu ramènera la vengeance due à sa
« gloire : il vient lui-même, et il vous sauvera. — Les
« oreilles des sourds et les yeux des aveugles seront
« ouverts. — Alors les rochers des déserts seront

« brisés, des fleuves arroseront la solitude. — Là où
« habitaient les serpents, s'élèvera la verdure des
« roseaux. — Et là sera une voie, la Voie Sainte ;
« l'impur n'y passera plus (1). »

Le même jour, les évêques, partant de l'embouchure de la Seybouse, firent voile pour Alger en se retournant bien souvent vers l'horizon d'Hippone. Ils visitèrent la capitale de l'Algérie, quelques villages du Sahel et de la Mitidja, et Blidah sur les dernières pentes de l'Atlas. En revenant d'Alger en France, ils relâchèrent à Palma, pour s'y abriter contre une tempête. Rentrés dans leurs diocèses, nos évêques éprouvèrent les joies profondes des vieux croisés à leur retour ; ils se souvenaient avec délices, racontaient avec ravissement, et ne se lassaient pas de répondre à des questions vingt fois renouvelées : la pensée d'Augustin et l'image d'Hippone ne les quittaient plus. Mgr Sibour laissait souvent son âme errer aux bords de la Seybouse et tout autour de ces ruines devenues moins veuves et moins solitaires depuis qu'elles ont retrouvé quelque chose du grand homme qui fait leur gloire. La translation des reliques de saint Augustin a paru à l'Académie française un assez beau sujet pour son prix de poésie ; la matière était en effet riche et belle ; nulle grandeur n'y manquait. En face de tels spectacles, l'imagina-

---

(1) Isaïe, ch. 35.

tion sent croître ses ailes et s'élance à ces hauteurs d'où l'inspiration descend.

La lettre pastorale de l'évêque de Digne, sur cette fête si chrétienne et si nationale, fut beaucoup lue; les échos de la presse en prolongèrent le retentissement; elle passa la mer, et l'Algérie la connut. Elle charma de longs ennuis sous les tentes de l'Afrique, et charma aussi un moment de grandes infortunes. L'auguste épouse de Charles V, le roi dépossédé, se trouvant aux eaux de Gréoux au milieu de tout ce bruit de gloire qui se faisait autour des restes sacrés du grand pontife d'Hippone, demanda à l'évêque de Digne un exemplaire de sa lettre pastorale. Le prélat, en adressant son écrit à la royale exilée, souhaitait qu'elle oubliât quelques instants, par cette lecture, le poids de ses afflictions; il priait Dieu aussi de mettre fin à des douleurs supportées avec une foi si résignée et un si noble courage.

## CHAPITRE NEUVIÈME.

VOYAGE DE L'ÉVÊQUE DE DIGNE A ROME. — SES DEUX LETTRES PASTORALES SUR ROME. — LETTRE A M. DE CHATEAUBRIAND. — SENTIMENTS EXPRIMÉS PAR L'ÉVÊQUE DE DIGNE EN OFFRANT A GRÉGOIRE XVI UN EXEMPLAIRE DE SA LETTRE A L'ARCHEVÊQUE DE PARIS SUR LES ARTICLES ORGANIQUES ; RÉPONSE DU PAPE.

Dans l'espace de deux semaines, l'évêque de Digne avait quitté ses montagnes, passé les mers, assisté au triomphe d'Augustin et retrouvé les rivages de la France. Vigilant pasteur, il s'éloignait rarement et toujours à regret du troupeau, et ne se serait point permis la moindre absence qui n'eût pas profité à ses ouailles. A la fin de 1842, malgré tant de travaux d'où était sortie une belle et nouvelle organisation, le prélat avait déjà visité presque en entier son diocèse, et nous savons au prix de quelles fatigues, de quels périls s'accomplissaient ses courses pastorales. Mais, à peine revenu d'Afrique, Mgr Sibour méditait un autre voyage; il voulait aller rendre compte au Pape de son administration et soumettre à son jugement ses statuts capitulaires dont nous avons déjà parlé. Dans une lettre, à la date du 27 janvier 1843, où il annonçait à ses diocésains son prochain depart, l'Évêque leur disait qu'en les quittant pour un peu de temps, il ne se séparait pas d'eux, que le père de famille n'oublie jamais ses enfants, et que son cœur le ramène sans cesse au toit domestique. Il partit pour Rome dans les premiers jours de février 1843, avec celui dont le cœur tenait chaque jour plus étroitement au sien, et qui déjà était devenu le confident intime de ses plus secrets sentiments, de ses desseins et de ses espérances.

Lorsqu'on revoit, à vingt-cinq ans d'intervalle, des lieux célèbres et de grandes choses, on ne retrouve pas les impressions et les pensées d'autrefois; on est comme un autre voyageur en présence des mêmes objets; les dispositions de l'âme ont changé, on s'attache toujours à ce qui frappe mais on s'y attache autrement; si dans les lieux où vous revenez il y a deux inspirations, deux mondes distincts, vous choisirez, par une pente toute simple du cœur, ce qui répondra le mieux aux sentiments définitifs de votre nature. Rome a un gigantesque et lointain passé païen qui ne laisse jamais indifférent, mais on s'y applique plus ou moins selon qu'on est plus ou moins chrétien, plus ou moins avancé dans les profondeurs chrétiennes.

En 1817 et 1818, l'abbé Auguste Sibour, durant un séjour de onze mois à Rome, avait cherché et beaucoup aimé les grandeurs catholiques de la ville éternelle, mais sa jeune imagination, nourrie des poètes et des historiens de l'antiquité latine, se tournait fréquemment vers les monuments et les vestiges du paganisme. En 1843, l'Évêque de Digne qui revoyait Rome en évêque, s'accusa en quelque sorte d'avoir mal fait son premier voyage; se faisant même, à cet égard, plus pécheur qu'il n'avait été, il disait que, tout entier alors à ce culte de l'antiquité païenne, auquel on consacre les plus belles années de la vie, il avait étudié Rome seulement sous le rapport humain et périssable, et que le côté divin et immortel avait presque échappé à son attention toujours distraite par les ruines du passé; il se reprochait de connaître trop bien la ville des Césars, tandis qu'il avait à peine entrevu la ville des apôtres et des martyrs. Mais après que les brillants fantômes de l'histoire profane et les poétiques impressions de l'enfance eurent fait place dans son esprit aux grandes considérations de la foi et à ce qu'il appelait des sentiments plus dignes de l'homme; après surtout que l'onction pontificale eut coulé sur sa tête, il conçut un ardent désir de revoir Rome, la patrie spirituelle des chrétiens, la ville royale des pontifes. Ce désir, comme dans Saint-Paul, se mêlait à toutes ses prières. Il aspirait à se prosterner aux pieds du successeur de Pierre et à réjouir son cœur paternel par tout ce qu'il avait à lui raconter de son Église. Il voulait aussi, du point le plus élevé du sacerdoce, non plus se mettre en extase devant les monuments du paganisme, mais contempler les plus belles gloires de la religion, couvrant les plus belles ruines du monde.

Le séjour de l'évêque de Digne à Rome se prolongea deux mois. Les affaires et les intérêts religieux de son Église l'occupèrent tout le temps : il se reposait des affaires par la contemplation et l'étude des saintes curiosités accumulées au bord du Tibre. Nous avons vu, dans des lettres écrites de Rome à cette époque, la vive expression des sentiments que Mgr Sibour inspirait de toutes parts; les membres les plus distingués du sacré collége et de la prélature, les plus brillants salons de la société romaine le recherchaient; on aimait sa piété, sa politesse, la grâce de son esprit, le charme de ses manières. Il plut beaucoup au saint pontife Grégoire XVI, qui l'appelait le *très-digne évêque de Digne.* Ses constitutions capitulaires avaient été le principal but de son voyage; il savait les résistances inévitables qu'elles rencontreraient, et voulait leur donner pour inexpugnable appui l'autorité du pape. Le décret d'approbation du 15 avril 1843 fut rédigé en des termes glorieux pour l'évêque de Digne, en des termes exceptionnels qui avaient la valeur de lettres apostoliques. Mgr Sibour, ouvrant son âme au souverain pontife, ne lui dissimulait pas ses craintes à l'endroit de ses statuts, et Grégoire XVI le rassurait, le soutenait, lui répétait que son œuvre était bonne. Mgr Sibour disait au souverain pontife : « L'article « surtout qui fait du chapitre le conseil réel de « l'évêque ne sera pas bien reçu, on me blamera; » « et le Saint-Père lui répondit : « Le Pape l'ap- « prouve, cela doit vous suffire. Allez, vous avez « donné un bon exemple : j'espère qu'il sera suivi. » Notre prélat demanda au chef de l'Église diverses grâces pour ses prêtres et ses fidèles des Basses-Alpes, et ces grâces furent accordées. Il eut le bonheur d'obtenir les corps de deux martyrs, saint Marc et sainte Prime, qu'on venait de découvrir dans les catacombes. Par ses ordres, ces restes sacrés furent déposés dans la chapelle de l'évêché de Digne qui les a gardés. Un autre don lui fut fait par l'évêque de Porphyre, préposé à la conservation générale des reliques : il reçut une parcelle insigne de la vraie croix. L'évêque de Porphyre était alors Mgr Castellani, sacriste du pape. Mgr Sibour gardait un souvenir reconnaissant des bons offices que ce prélat lui rendit, et, dans ces derniers temps, la mort de Mgr Castellani avait été pour lui une affliction.

L'Evêque de Digne et son cher compagnon ne connaissaient pas Naples; lorsque leurs affaires de Rome furent finies et avant de reprendre le chemin de France, ils voulurent se donner la joie de visiter un des plus magnifiques pays du monde ; ils visitèrent Pompéi et montèrent au Vésuve ; le jour même de leur ascension, le volcan leur donna le spectacle d'une de ses belles colères, jetant des pierres, vomissant des flammes avec un épouvantable bruit. Cette terrible scène de la nature, placée au milieu des gracieuses images du golfe de Naples, frappa nos voyageurs. Caprée et sa grotte azurée, le Pausilippe, Pouzzole, Baia, le cap Misène les intéressèrent et les charmèrent tour à tour ; ils animaient ces lieux des souvenirs de Virgile et de Cicéron, quoique les traces du chantre d'Enée et de l'orateur romain y soient bien effacées. Mais notre prélat n'était allé à Naples que pour son plaisir et ne voulut pas y rester longtemps ; il fit en six jours ce qui eût demandé au moins six semaines. Rome, la ville sainte, la ville des apôtres, des martyrs et des papes, l'attirait toujours.

Quelles sont donc les curiosités saintes, les magnificences chrétiennes que l'évêque de Digne désirait mieux connaître ? lui-même nous l'a appris, car, en annonçant à ses diocésains, le 10 mai 1843, son retour de Rome, il leur promettait un récit de tout ce qui avait délicieusement remué son âme ; il fit ce récit, en deux beaux mandements de carême, le premier à la date du 10 février 1844, le second à la date du 15 janvier 1845. De même qu'on ne se lasse pas de contempler les saintes merveilles de Rome, ainsi un intérêt inépuisable s'attache à leurs descriptions ; ceux qui ont vu se souviennent, les autres s'instruisent. Nous sommes de ceux qui peuvent se souvenir, et nous avouons pourtant que nous ne cessons jamais de nous instruire.

L'évêque de Digne, s'adressant donc à son cher troupeau des montagnes, lui retraçait le règne visible de Jésus-Christ à Rome. Il avait vénéré sur le mont Esquilin, à Sainte-Marie-Majeure, le berceau du Sauveur du monde ; en face de cette pauvre crèche de Bethléem, s'était éclipsée pour lui, durant les trop courts instants de la prière, la splendeur de la Basilique ; il avait oublié, alors, et ses trois nefs qui s'ouvrent comme trois avenues du Ciel pour aboutir au trône de la Divinité, et ses trente-six colonnes de marbre grec, glorieuse dépouille du temple de Junon-Lucine, dessinant les lignes de ces routes de la prière, et son autel papal formé d'une urne de porphyre, couronné d'un baldaquin en bronze, soutenu aussi par quatre colonnes de porphyre, et son plafond à superbes compartiments, doré avec le premier or du Pérou, offert par l'Espagne à la Reine des Anges ; il avait oublié l'antiquité de ses mosaïques et la perfection de ses sculptures et l'éclat de toutes ses pierres précieuses. Notre prélat avait vu la *Table* de la cène eucharistique à Saint-Jean-de-Latran, cette majestueuse basilique, érigée par Constantin et qui porte fièrement sur sa façade le titre d'Église MÈRE ET MAITRESSE DE TOUTES LES ÉGLISES DE LA VILLE ET DU

MONDE ; il avançait, à travers une foule de souvenirs, sous sa grande nef fuyant vers le ciel, au milieu de quatre autres nefs latérales qui l'accompagnent dans de moins riches proportions pour relever plus haut la magnificence de l'ensemble. Là, en signe de la primauté d'honneur de la basilique patriarcale, on conserve à la vénération des fidèles les *chefs* augustes de saint Pierre et de saint Paul ; là on voit les douze prophètes de l'ancienne loi, expressives peintures dans lesquelles on se surprend à les écouter racontant les secrets de l'avenir ; là, dans leurs niches, les douze apôtres, statues colossales, sont debout avec les instruments de leurs supplices, au dessus de leurs autels enrichis par les arts ; là enfin, passent sous le regard de notre esprit, et la longue suite des pontifes qui ont pris possession de la papauté dans cette enceinte, et les pères des douze conciles qui s'y sont assemblés pour donner des lois à l'Église.

Les monuments de la passion et de la mort du Christ attirent l'attention pieuse du prélat voyageur. C'est d'abord un escalier à vingt-huit marches, de marbre tyrien, l'escalier du prétoire de pilate, selon une antique tradition ; il conduit à une chapelle supérieure appelée le *Saint des Saints*, à cause de la multitude des reliques sacrées que renferme ce sanctuaire. L'évêque de Digne a monté cet escalier à deux genoux, selon l'usage, baisant à chaque marche les traces sanglantes du fils de Dieu. Il a vénéré, dans l'église de sainte Praxède, la colonne à laquelle fut lié le Sauveur; elle est de marbre gris et de la hauteur d'une des bornes de nos voies publiques. L'éponge, trempée dans du vinaigre, qui fut appliquée sur les plaies du Divin crucifié, est conservée à Saint-Jean-de-Latran; la lance qui perça le flanc du Sauveur est un des trésors de l'église de Saint-Pierre. La couronne d'épines n'est pas à Rome, mais à Paris; Saint-Louis, à qui elle fut accordée, en a pieusement enrichi la capitale de la France. « Elle est là, dit « Mgr Sibour, elle est là pour dire à nos rois ce « que c'est qu'une couronne, et pour leur donner, « s'ils le veulent, la grâce de la bien porter. » Des fragments du bois sacré de la rédemption furent déposés dans la basilique constantinienne, de Sainte-Croix-en-Jérusalem, ainsi que le titre de la condamnation de Jésus et l'un des clous du crucifiement. Ces saintes reliques sont confiées à la garde des religieux de Cîteaux, dans une chapelle intérieure où l'on n'entre que par une permission expresse, signée de la main du souverain pontife. L'évêque de Digne obtint cette permission; le rescrit l'autorisait à faire jouir de la même faveur quelques fidèles, tous français, qui lui avaient demandé de l'accompagner dans le pèlerinage de Sainte-Croix-en-Jérusalem. Notre évêque obtint aussi le privilége, rarement accordé, de célébrer les saints mystères sur l'autel même des reliques.

Ces monuments de l'humiliation du Christ prennent comme une grandeur miraculeuse dans cette ville de Rome où resplendissent tant de monuments de sa gloire ; le Dieu insulté, flagellé, crucifié a pour vicaire visible et toujours debout à travers les siècles un pontife dont la parole commande à plus d'hommes que nulle parole de dominateur ici-bas.

« (Jésus-Christ) fait proclamer et vénérer le Pontife
« Romain par deux ou trois cent millions de catho-
« liques, répandus dans toutes les régions, et orga-
« nisés en églises particulières, qui reconnaissent
« solennellement sa puissance. Des princes revêtus
« de la pourpre, des gouverneurs envoyés en son
« nom, des chefs hiérarchiques qu'il institue, font
« de toutes ces sociétés spirituelles un seul et même
« empire des âmes parce que tous lui rendent hom-
« mage ; soixante-dix cardinaux, composant le Sénat
« de la ville éternelle et le conseil d'administration
« du Saint-Siége, lui rendent hommage ; cent douze
« archevêques à la tête de leurs provinces et sept
« cent quatre-vingt cinq évêques dans leurs diocèses,
« placés sous tous les points du ciel, lui rendent
« hommage. Ensuite, pour constater le fait de cette
« puissance aux yeux même des infidèles et des hété-
« rodoxes, cent dix vicariats ou préfectures aposto-
« liques sont établis dans les cinq parties du monde,
« comme autant de centres d'action, où s'appuient
« dans leurs opérations les armées du roi des rois,
« ces légions de missionnaires, que le représentant
« de Jésus-Christ envoie de tous côtés en pacifiques
« conquérants pour étendre sans cesse la possession

« de son empire. Or, la puissance sacrée, avec la
« force qui lui vient d'en haut, ne peut recevoir dans
« sa propre sphère, ni limites de temps ni limites de
« lieux; et c'est à cause de l'expansion sans terme
« et sans mesure de cette force, que l'Éternel a dit
« au Christ: *Tu es mon fils, engendré au sein*
« *de mon infinie splendeur, je te donnerai pour*
« *héritage les nations, et l'univers sera ton*
« *domaine.* »

L'évêque de Digne assista aux cérémonies de la semaine sainte à Rome, auxquelles nous avions eu nous-même le bonheur d'assister en 1839 en les rapprochant du souvenir de la semaine sainte à Jérusalem. Il conduit par la pensée ses diocésains à l'église de Saint-Pierre pour leur retracer quelque chose de ces imposantes solennités. Et d'abord il leur montre la place de Saint-Pierre où furent jadis les jardins et le cirque de Néron. Le cirque de Néron! quels souvenirs ces mots rappellent! de quels atroces scènes se repaissaient Rome et son tyran! les chrétiens, les uns couverts de peaux de bêtes et livrés à des chiens furieux, les autres attachés à des croix ou à des pieux qui leur percent la gorge, d'autres revêtus de tuniques trempées de poix et transformés en torches vivantes a la lueur desquelles Néron conduit son char, quels spectacles pour un peuple! quels amusements pour un empereur! ô quelle nation que l'ancienne nation romaine quand on la regarde par tous ses côtés! merveille divine! c'est le christianisme qu'on voulait détruire par ces croix, ces pieux, cette poix brûlante: l'obélisque égytien, témoin de ces horreurs, cet obélisque qui est encore là redit au monde, par une inscription, que « le Christ est vic-« torieux, que le Christ règne, que le Christ a l'em-« pire », et la coupole de Saint-Pierre plane dans les cieux, et la poussière du cirque de Néron est remplacée par ce Vatican, siége impérissable du gouvernement chrétien de l'univers!

Mgr Sibour avait été nommé évêque assistant au trône de Sa Sainteté ; il remplit pour la première fois cette fonction le dimanche des Rameaux. Après la bénédiction et la distribution des palmes, par le souverain pontife, la procession se déploie, au milieu des magnifiques profondeurs de la basilique. L'évêque de Digne signalait à ses ouailles la touchante cérémonie de la cène le jeudi saint, quand le Pape, à genoux devant chaque apôtre, lui pose le pied dans un bassin de vermeil, le lave, l'essuie et le baise ; il vit et nous avions vu aussi des larmes d'attendrissement couler des yeux de Grégoire XVI pendant cette cérémonie d'humilité et d'amour. Ah! ces saintes et grandes choses accomplies dans le plus beau temple de la terre, ne s'effacent plus de l'esprit ou plutôt du cœur ; on n'oublie ni les chants de la chapelle Sixtine, ni le canon du château Saint-Ange annonçant, dès l'aube du jour de Pâques, la victoire du Christ sur la mort; ni la bénédiction Papale du haut du grand balcon de la façade de Saint-Pierre, bénédiction qui s'étend sur cent mille catholiques agenouillés, sur Rome et sur le monde.

## SUITE DU CHAPITRE PRÉCÉDENT.

Pour ne pas séparer ici les deux écrits où l'évêque de Digne s'abandonne à ses souvenirs et à ses pensées de Rome, indiquons les pages véritablement belles (1) où il raconte à ses chers fidèles, d'après les monuments sacrés, l'existence de celui avec qui Jésus-Christ règne dans l'empire des âmes, l'existence de Pierre depuis que le Sauveur le vit pour la première fois sur les bords du lac de Génézareth jusqu'à son crucifiement sur le mont Janicule. Le tableau est largement peint, les couleurs sont vives, le sentiment très-élevé. Nous n'avons rien lu qui fasse mieux connaître et dans un ensemble plus

---

(1) Mandement pour le Carême de 1845.

complet, plus éloquent le pêcheur de Betsaïde, le chef du Sacré-Collége des apôtres, le voyageur pauvre et à tête chauve entrant à Rome par la voie Aurélienne ou la voie Flaminienne afin de substituer la domination d'un crucifié à la domination des Dieux et des Césars, l'adversaire terrible et victorieux de Simon de Samarie qu'on a nommé le premier-né de Satan et le père des hérésies, enfin le prisonnier et la victime de Néron. L'évêque de Digne visita la prison Mamertine où souffrit et pria le prince des apôtres ; il vit dans la basilique de Saint-Pierre-aux-Liens les chaînes dont le pêcheur d'hommes fut chargé ; il les baisa respectueusement et les porta à son cou : « Il nous semblait, dit-il, dans ce moment « de foi vive, que nous comprenions la grandeur de « notre destinée, que nous goutions quelque chose « de la joie du prisonnier de Jésus-Christ. »

L'évêque de Digne admirait profondément le grand talent et la vie de M. de Châteaubriand ; il s'était comme attaché à ses traces dans cette ville où l'auteur du *Génie du Christianisme* avait représenté le roi de France et mêlé son souvenir à tant de souvenirs éternels ; il voulut faire hommage de sa première Instruction Pastorale sur Rome à celui qui parla si bien de Rome dans les *Martyrs* et dans la lettre à M. de Fontanes. Il joignit à cet envoi une lettre, datée du 19 février 1844, qui renfermait la vive expression de ses sentiments pour l'illustre écrivain.

« Votre nom, lui disait-il, s'est bien souvent pré-
« senté à moi au milieu des monuments et dans les
« solitudes de la ville éternelle.... au couvent de
« Saint-Bonaventure, près de ce palmier qui vous a
« vu contempler les imposantes ruines de l'amphi-
« théâtre Flavien; à la Villa Adriana, sous cette
« voûte dont un fragment détaché au moment de
« votre passage, vous inspira de si poétiques et de si
« philosophiques réflexions ; dans cette campagne
« de Rome que vous avez décrite sous des couleurs
« qui dureront autant qu'elle, partout votre souvenir
« s'est mêlé à mes émotions..... Que de fois, avant
« de prendre la plume, n'ai-je pas cherché à m'ins-
« pirer d'une page de vos livres immortels ! Que de
« fois n'avez-vous pas été pour moi un Homère chré-
« tien dont la lecture élevait mon esprit et agran-
« dissait mon imagination ! à toutes les époques, je
« me suis fait un bonheur de vivre de votre pensée,
« de me nourrir du fruit de vos veilles. Souffrirez-
« vous que je vous dise ce qui m'a ainsi enchaîné à
« vous ? Comme littérateur, surtout dans la jeunesse,
« c'est le génie, la poésie et l'éloquence, ces trois
« charmes de l'esprit, que Dieu vous a donnés pour
« appeler à lui les générations nouvelles; comme
« chrétien, dans un âge plus mûr, c'est la religion,
« l'honneur et la patrie, ces trois amours des grandes
« âmes, qui respirent dans toutes les pages de vos
« écrits ; comme évêque, plus occupé des choses
« éternelles, c'est votre fidélité à Dieu, votre fidélité

« à l'Eglise, votre fidélité à vous-même, ces trois
« gloires dont vous couronnez une si belle vie, dans
« un siècle hélas ! où se multiplient les chutes pro-
« fondes et les apostasies sans nom.

« Comme tous ces éclatants mérites sont cepen-
« dant des dons du Seigneur, en le priant de conti-
« nuer sur notre grand écrivain catholique ce ma-
« gnifique épanchement de ses divines largesses,
« je lui demande avec la plus vive instance de pro-
« longer, bien des années encore, dans sa douce
« splendeur, dans toute sa sérénité, ce que le poète
« appelle *le soir d'un beau jour*. »

C'étaient là des louanges délicates, des louanges senties et noblement exprimées ; c'étaient les épanchements d'une âme pleine de reconnaissance et d'amour pour une influence heureuse, et qui restituait en quelque sorte ce qu'elle avait reçu. M. de Châteaubriand qui, en 1844, se plaignait parfois d'être délaissé, ne dut pas rester insensible à cet hommage ; il répondit d'une autre main que la sienne, priant l'évêque de Digne « d'excuser ses années et ses souffrances : » « Je ne suis plus de ce monde, lui disait-
« il, je m'en vais et je n'ai plus qu'à vous prier,
« Monseigneur, de m'accorder votre bénédiction.
« J'ai lu votre Lettre Pastorale ; c'est un véritable
« voyage de Rome ; elle m'a trop remis en mémoire
« le saint lieu que je ne verrai plus. » Cette réponse du chantre des *Martyrs*, où l'on voit comme les splendeurs mourantes d'un soleil qui se couche, est du

26 février 1844; quatre ans plus tard, ce vieux voyageur de la vie qui annonçait son départ pour l'éternité, n'était bien véritablement plus de ce monde; il s'en alla, et la lettre du pieux évêque de Digne fut une des bénédictions qu'il emporta.

Près de trois mois après sa lettre à M. de Châteaubriand, l'évêque de Digne, le 8 mai 1844, adressait à S. S. Grégoire XVI un exemplaire de sa lettre à l'archevêque de Paris sur les articles organiques dont nous avons précédemment parlé; il profitait du départ d'un de ses grands vicaires, official de son diocèse, qui s'en allait à son tour en pélerinage au tombeau des Saints Apôtres. Mgr Sibour, dans sa lettre au Pape, lui disait que les combats du Seigneur pour assurer la perpétuité de la religion en France, avaient appelé l'épiscopat sur le terrain de l'instruction publique. « C'est là, ajoutait-il, que doit se décider le triomphe de l'Évangile ou de la philosophie, de la foi ou de l'incrédulité. Les évêques se sont montrés admirables, d'abord de longanimité et de prudence, et ensuite de courage et de talent. Quoique indigne d'être associé à ces généreux athlètes de la foi, et malgré mon insuffisance, j'ai cru devoir moi-même écrire au roi pour lui démontrer par un raisonnement simple, joint à des faits recueillis dans mon diocèse, que d'ici à moins de vingt-cinq ans, la religion aurait entièrement péri chez les hommes, et qu'il ne nous resterait plus que quelques femmes avec les enfants en bas âge, si le

système de notre éducation n'était pas réformé. »
Une autre grave question était venue compliquer ce débat déjà si considérable en lui-même. Le gouvernement, dans la vue d'arrêter les réclamations de l'épiscopat ou d'empêcher du moins qu'elles fissent une trop profonde impression sur les esprits par leur unanimité, avait voulu s'armer contre les évêques des articles organiques. « Je suis intimement convaincu, Très-Saint-Père, disait l'évêque de Digne, que c'en serait bientôt fait de la religion catholique, si le gouvernement français, vu surtout notre nouvelle constitution, pouvait user à notre égard de ces lourdes chaînes. En conséquence, pendant que mes collègues continuent à réclamer pour l'Eglise la liberté d'enseignement, j'ai essayé de renverser l'édifice des articles organiques, dans un écrit dont j'offre un exemplaire à Votre Sainteté. Bénissez, Très-Saint-Père, les évêques de France qui ont tous un si grand besoin de la lumière d'en haut, et bénissez en particulier celui qui, prosterné maintenant en esprit à vos pieds, se dit avec amour etc. »

Grégoire XVI, dans un bref du 26 juin 1844, disait à Mgr Sibour avec quel plaisir il avait entendu son vicaire général lui parler du diocèse de Digne ; il savait quels étaient ses soins et sa vigilance dans les fonctions épiscopales, mais il avait reçu avec grande consolation la lettre où il le voyait si fortement occupé de remplir les devoirs d'un bon pasteur et de défendre de toutes ses forces la doctrine de l'Eglise catholique. Le souverain pontife l'exhortait à « continuer à travailler à l'œuvre de Dieu, à sa plus grande gloire et au bien des âmes, et à penser, au milieu des difficultés et des sollicitudes inséparables du fardeau épiscopal, à l'incorruptible couronne promise à ceux qui persévèrent par le prince éternel des pasteurs. » Le souverain pontife remerciait ensuite l'évêque de Digne de l'envoi de sa première Lettre Pastorale sur Rome, par laquelle Mgr Sibour avait « voulu laisser à ses successeurs un monument de sa foi, de son respect et de sa vénération envers la chaire de Pierre. » Ces témoignages qui descendaient des hauteurs du suprême pontificat, étaient pour notre prélat une source de joies profondes; toutes les fois que Rome, cette Rome « qui faisait les délices de son âme, » lui parlait, son visage s'illuminait : on sentait que son cœur d'évêque était toujours avec le pape.

## CHAPITRE DIXIÈME.

LE MANUEL DE DROIT ECCLÉSIASTIQUE DE M. DUPIN ET LE CARDINAL DE BONALD ; L'ÉVÊQUE DE DIGNE ADHÈRE A LA CENSURE DU MANUEL ; SA CORRESPONDANCE AVEC LE GOUVERNEMENT AU SUJET DE LA BULLE *Auctorem fidei* MAL COMPRISE PAR LE CONSEIL D'ÉTAT. — LE PRESBYTÉRANISME ET LE BIEN SOCIAL. — LUTTES SOUTENUES PAR L'ÉVÊQUE DE DIGNE AU SUJET DE SES INSTITUTIONS DIOCÉSAINES.

Du fond de ses Basses-Alpes, Mgr Sibour, tout en étendant sa vigilance féconde sur le diocèse confié à ses soins, demeurait attentif aux diverses questions agitées au sein de l'Église de France, prêt au combat à chaque menace, à chaque péril; il venait, sous la date du 10 mars 1845, de dénoncer le colportage, jusque dans ses paisibles et pieuses montagnes, de petits livres à bon marché, corrupteurs de la foi ou même des mœurs, lorsque son zèle eut à se préoccuper d'une décision du conseil d'état au sujet d'un livre, signé d'un nom célèbre, et qui lui paraissait hostile aux droits essentiels des souverains pontifes et de la juridiction ecclésiastique. Il s'agissait du *Manuel de droit ecclésiastique* de M. Dupin, qu'on peut soupçonner d'entendre les libertés de l'Eglise gallicane, comme les entendaient les parlementaires et non pas comme Bossuet. Le cardinal de Bonald, archevêque de Lyon, condamna le *Manuel* de M. Dupin, et reçut les adhésions de soixante prélats français. L'Evêque de Digne avait eu l'intention de censurer le *Manuel,* ou, du moins, d'en signaler les doctrines répréhensibles ; mais, apprenant que le cardinal de Bonald se préparait à remplir ce devoir, Mgr Sibour avait tenu à lui laisser l'initiative dans une cause où la prééminence de sa dignité devait encore ajouter à l'autorité du jugement que l'archevêque de Lyon se disposait à porter. Dans une lettre où il lui témoignait ses sympathies, il lui disait que « la difficulté des temps exigeait des évêques de « France un surcroît d'énergie et de fermeté. » L'évêque de Digne, parlant de la décision du conseil-d'Etat contre le mandement du cardinal, en appréciait l'esprit et la portée ; cette décision lui paraissait comme une lumière qui éclairait les points sur lesquels il fallait défendre les droits des évêques et réclamer la liberté de l'Eglise.

Mgr Sibour combattit l'arrêt du conseil-d'État, dans une lettre au ministre des cultes, à la date du 25 mars 1845; il s'était d'abord attaché à la très-grave question que cet arrêt soulevait au sujet de la bulle *Auctorem fidei* publiée par le pape Pie VI en 1794: le conseil-d'Etat n'avait pas craint de déclarer *abusive* l'autorité donnée à cette bulle, dans la censure prononcée contre le *Manuel*. Ces malentendus ou ces erreurs du pouvoir peuvent se reproduire, ou, du moins, la tentative d'interprétations pareilles peut revenir ; allons donc au fond.

L'évêque de Digne disait qu'il n'est pas un catholique, qu'il soit gallican ou ultramontain, qui ne reconnaisse dans cette constitution un jugement doctrinal du Saint-Siége, lequel, par l'assentiment de l'Eglise toute entière, est devenu un jugement dogmatique irréformable. « La bulle *Auctorem fidei*
« n'est donc plus, à l'heure qu'il est, simplement
« une constitution pontificale que les maximes galli-
« canes, comme celles au reste de plusieurs autres
« nations catholiques, autorisent à vérifier et même
« à ne pas admettre dans le cas où il s'y trouverait
« des clauses ou des dispositions contraires à des
« opinions permises et à des droits acquis ; c'est,
« en tant que dogmatique, une décision de l'Eglise
« universelle, laquelle, soit dispersée, soit réunie en
« concile, a toujours l'assistance du Saint-Esprit, et
« juge infailliblement dans les questions de foi. Il n'y
« a pas un théologien catholique qui ne convienne
« de ce principe. Or, ce principe est attaqué par
« l'arrêt du conseil-d'État. Il ne serait plus permis,

« ce semble, d'après cet arrêt, de professer comme
« vérités définitives, les décisions dogmatiques d'une
« bulle admise par l'Eglise entière, c'est-à-dire qu'il
« ne serait plus permis d'être catholique. »

Notre prélat fait entendre que le véritable caractère de la bulle a échappé à l'examen du conseil-d'État; ces messieurs, appelés à se prononcer en des matières qui ne leur sont pas très-familières, n'ont pas vu que la constitution de Pie VI est dogmatique, et ont oublié qu'elle a été reçue par l'Eglise toute entière. Cette question de fait n'était pas cependant bien difficile à résoudre. Sur quoi portait la bulle? sur des doctrines tirées du synode de Pistoie, où l'on avait renouvelé les erreurs de Jansénius et des Presbytériens. Le pape condamnait ces doctrines comme hérétiques. L'Eglise toute entière a reçu la bulle; l'Italie et l'Espagne, solennellement; d'autres nations, tacitement; l'adhésion de la France ne pouvait pas être très-éclatante; c'était en 1794; la France n'avait d'autre gouvernement que l'échafaud, mais personne dans l'Eglise gallicane n'a réclamé contre la bulle de Pie VI, si ce n'est peut-être Grégoire, évêque constitutionnel de Loir-et-Cher. Cette réclamation n'a pas empêché et ne pouvait pas empêcher l'acquiescement tacite de la France. « Aussi, dit l'Evêque
« de Digne, nos théologiens la regardent-ils comme
« acceptée par notre Eglise aussi bien que par toutes
« les autres, et elle est en conséquence citée dans
« tous nos auteurs, dans tous les livres classiques. »

Ultramontains et gallicans se trouvent ici parfaitement d'accord. Ils reconnaissent également que la bulle *Auctorem fidei* ayant tous les caractères d'un jugement doctrinal irréformable, ni le 1er article de la loi organique du 18 germinal an X, ni les anciennes maximes de droit public ecclésiastique ne s'opposent et ne peuvent s'opposer à ce qu'elle soit citée et autorisée en France par les évêques dans l'exercice de leur juridiction spirituelle. Les interprètes les plus hardis du 1er article de la loi organique conviendront que cette disposition, au moins dans son esprit, ne renferme aucune violation formelle des principes sur lesquels s'appuie la foi catholique; or, cela ne peut être que si l'article ne s'applique pas à une bulle dogmatique dont l'acceptation de l'Eglise entière a rendu le jugement irréformable. Les anciennes résistances françaises au sujet du concile de Trente ne se fondaient pas sur des définitions dogmatiques, mais sur des canons de discipline. Les états du royaume acceptaient les décisions doctrinales par le seul fait qu'ils étaient catholiques. La bulle *Auctorem fidei* n'ayant été citée dans le mandement de l'archevêque de Lyon qu'en matière dogmatique, l'arrêt du conseil-d'État à son égard a donc été une violation des principes de notre foi. Telle avait pu ne pas être l'intention de cet arrêt; le conseil-d'Etat, sans vouloir nier l'autorité dogmatique de la bulle, songeait seulement peut-être à repousser les clauses de cette constitution qui lui paraissaient contraires aux usages de l'Eglise gallicane : cette supposition sauverait les principes catholiques sans toutefois justifier la déclaration d'abus.

Le prélat demandait au ministre une explication précise; le ministre (1) répondit sur ce ton bienveillant et mesuré qui faisait presque toujours le caractère de sa correspondance avec les évêques; il cherchait à justifier la décision du conseil-d'Etat par la raison que la bulle *Auctorem fidei* n'avait pas en France force légale ; mais là n'était pas la question; il s'agissait de savoir si la bulle n'avait pas en France force dogmatique, et ici le ministre se trompait. « Ces vérités dont vous parlez, Monseigneur,
« disait le ministre, n'existent point parce que la
« bulle les déclare, elles sont éternelles comme tou-
« tes les autres, et la bulle n'a pu les déclarer que
« parce qu'elles étaient préexistantes. La foi dans
« ces vérités est donc indépendante de ses disposi-
« tions, et, sans y porter atteinte, le conseil-d'Etat
« a pu dire que l'acte émané du Saint-Siége, et invo-
« qué dans le mandement de Mgr de Bonald, n'ayant
« été ni reconnu ni vérifié en France, n'y saurait
« avoir, en lui-même et dans sa forme, aucune auto-
« rité au point de vue légal; qu'il n'est point permis
« par conséquent d'y chercher un prétexte pour atta-
« quer l'*exécutorialité* des lois de l'Etat. »

---

(1) C'était M. Martin (du Nord).

Ces distinctions n'étaient pas de nature à tenir devant un aussi solide esprit que l'évêque de Digne. Il répliqua, et victorieusement. Il montra qu'il n'était pas permis, tout en gardant les vérités définies, de repousser la bulle qui en fait la définition. Une constitution dogmatique, émanée du Saint-Siége, reçue par l'Eglise universelle, devient aussitôt une règle de foi ; c'est là une vérité aussi ancienne que le catholicisme ; elle serait méconnue si l'on croyait pouvoir garder la foi et repousser la règle. « Ainsi, dit notre prélat, quelqu'un qui croirait à toutes les vérités professées par l'Eglise, mais qui ne croirait pas à l'autorité de l'Eglise, ne serait pas catholique. Ainsi encore, pour me rapprocher davantage de la question, quelqu'un qui admettrait toutes les vérités définies par un concile général, par le concile de Trente, je suppose, mais qui ne voudrait pas reconnaître, soit l'autorité des conciles généraux, soit même l'autorité particulière du concile de Trente dans les matières de foi, serait complétement dans l'erreur. C'était là, en effet, si je ne me trompe, le point du désaccord entre Bossuet et Leibnitz dans les négociations qui eurent lieu entre les deux grands hommes pour la réunion des catholiques et des protestants, et si Votre Excellence avait le temps de jeter un coup d'œil sur cette célèbre discussion, elle verrait que son principe est celui de Leibnitz, et que le nôtre est celui de Bossuet.

» Et la parité que je fais entre le concile de Trente

et la bulle *Auctorem fidei*, est d'autant plus exacte que le concile n'a pas été, plus que la bulle, reçu en France, et qu'il n'y jouit, comme concile, d'aucune force légale; mais cela ne l'empêche pas d'avoir une force dogmatique que nul catholique ne saurait lui contester. »

L'Evêque ajoutait que la préexistence des vérités de foi dans l'Eglise n'empêche pas qu'il ne soit très-utile de les définir quand elles sont contestées, et qu'il ne soit nécessaire d'admettre l'autorité extérieure qui porte ces définitions. L'Eglise ne fait pas le dogme, elle l'explique et le formule; lorsqu'elle a parlé, on cesse d'être catholique en repoussant sa définition. Si on admet donc toutes les vérités contenues dans une bulle dogmatique, il faut admettre la bulle elle-même puisqu'elle est une règle de foi. Cette règle de foi peut ne pas être une loi du pays, mais elle n'en est pas moins une loi de la conscience; c'est d'après elle que l'évêque doit juger les doctrines; il faut donc l'invoquer. « Or, disait encore notre prélat dans sa triomphante logique, si je ne puis pas exiger que les vérités qu'elle renferme soient professées par les citoyens, je puis exiger qu'elles le soient par les fidèles. Les lois du royaume peuvent ne pas la reconnaître, mais ces lois ne peuvent pas la repousser. Sinon, ma conscience se trouvant placée entre la loi de l'Eglise et la loi de l'Etat, je serai forcé de répondre: *melius est obedire Deo quàm hominibus.* »

Vraiment l'Etat ne devrait jamais se faire théologien, d'abord parce qu'il n'en a pas le droit, ensuite parce que cela ne lui porte jamais bonheur. Son savoir de docteur reste court en face des évêques ; il ne peut s'épargner le désagrément de reculer sur le terrain de la discussion qu'en se condamnant à avoir tort.

Le presbytéranisme, c'est-à-dire la révolte contre l'autorité épiscopale, ravageait des âmes en certains diocèses ; les premiers efforts de ce parti avaient éclaté dans le diocèse de Viviers ; un doux et vigoureux évêque, Mgr Guibert, était venu à bout de ces entreprises contraires à toutes les traditions catholiques ; vaincu dans l'Ardèche, le presbytéranisme se montrait en d'autres points ; il avait, à Paris, pour organe un recueil hebdomadaire intitulé : *le Bien social;* Mgr Affre, de glorieuse mémoire, condamna ce recueil à la date du 26 mai 1845. Mgr Sibour suivait de l'œil ces entreprises attentatoires à la constitution de l'Eglise et les avait signalées au pape, en même temps qu'un détestable livre d'un célèbre professeur au collége de France, intitulé : *le Prêtre;* il joignit sa voix et son autorité à la voix et à l'autorité de l'archevêque de Paris et de ses autres vénérables frères dans l'épiscopat.

L'Evêque de Digne ne cherchait pas la lutte, mais ne la fuyait pas ; il avait éprouvé, à l'occasion de ses

constitutions capitulaires et de son officialité, tout ce que les gouvernements gardent de résistance secrète ou avouée aux libertés de l'Eglise. Quelle persistance énergique il lui fallut pour triompher de tant d'insinuations hostiles ou pour passer outre ! Le ministre lui contestait le droit de faire ses statuts capitulaires sans le *placet* du gouvernement ; Mgr Sibour défendit son droit ; l'Avant-Propos des *Institutions Diocésaines* n'est qu'un résumé de sa correspondance avec le ministre ; lorsqu'on y trouve ces mots : *on nous objecte, on allègue* ; c'est comme s'il y avait : M. le ministre. La publication des *Institutions Diocésaines* fut donc un acte courageux. « Cepen-
« dant, écrivait le prélat à un ami, je proteste qu'il
« n'y a aucun mérite à avoir ce courage-là, quand
« on est évêque, qu'on s'appuie sur le droit et sur
« la parole du pape. » — « Si c'est du courage, » écrivait-il à l'évêque de Porphyre, le 29 janvier 1846,
« c'est la parole pontificale qui me l'a inspiré...
« Dites au pape que, comme je n'agis et n'écris que
« sous l'inspiration de l'amour du Saint-Siége, je
« veux qu'à lui seul en revienne la gloire. » Dans cette lettre à l'évêque de Porphyre, il insistait sur l'importance du rétablissement de son officialité ; c'était, dans sa pensée, ce que les besoins de l'Eglise de France réclamaient le plus impérieusement. L'absence de toutes les formes canoniques dans les jugements avait pu altérer les sentiments des prêtres pour leurs évêques ; le presbytéranisme qui s'était

produit un moment en France avec des symptômes alarmants, s'autorisait très-évidemment de l'absence totale de ces formes propres à garantir l'équité des jugements. « Il fallait donc, ajoutait l'évêque de Digne, lui ôter tout prétexte de révolte par le rétablissement des formes canoniques ; mais aussi, il était nécessaire de combattre ses doctrines subversives de la hiérarchie. C'est ce que j'ai fait dans mon traité de la juridiction. J'ai renversé, de plus, dans ce traité, les prétentions de nos parlementaires modernes qui voudraient assujettir l'Eglise au pouvoir temporel. C'est assez dire que mon livre ne compte pas beaucoup d'amis parmi les hommes du gouvernement. »

Avec quel intérêt inquiet Mgr Sibour suivait les appréciations de son ouvrage dans les journaux qui pouvaient représenter sérieusement ou former utilement l'opinion ! Ce n'était pas le succès de son livre qui le touchait, mais le succès du bien. Parmi les appréciations de la presse, il y en eut une surtout qui fut une joie pour lui ; le *Correspondant*, ce recueil devenu aujourd'hui la plus haute expression périodique des vérités et des intérêts catholiques, publia sur les *Institutions Diocésaines* un travail qui fut remarqué. Ce travail portait la signature d'un écrivain alors député du Calvados, dont l'utile appui ne manqua jamais à la cause religieuse. L'évêque de Digne, en le remerciant de lui venir en aide pour une organisation difficile et assez combattue, le féli-

citait de prendre ainsi une part active « à ce travail
« de réformation intérieure qui, pour lui, se liait au
« triomphe de l'Eglise et de la religion. »

# CHAPITRE ONZIÈME.

LETTRE PASTORALE POUR LE RETOUR DE L'ANGLETERRE A L'UNITÉ CATHOLIQUE ; RÉCIT DE LA CONVERSION DE DEUX JEUNES ANGLAIS A ROME. — ÉTABLISSEMENT DE MISSIONS OU RETRAITES PAROISSIALES DANS LE DIOCÈSE DE DIGNE. — ACCIDENT DU 26 AVRIL 1846 A SAINT-ÉTIENNE-LES-ORGUES ; GRAVE MALADIE DE L'ÉVÊQUE DE DIGNE ; IL PASSE TROIS MOIS AU PONT-SAINT-ESPRIT ; SA GUÉRISON, SON RETOUR A DIGNE.

Le triomphe de l'Eglise était le désir passionné de l'Evêque de Digne, la soif, l'aspiration continuelle de son âme. Lorsqu'un illustre prélat anglais, Mgr Wiseman, demanda à ses vénérables collègues les évêques de France des prières pour le retour de l'Angleterre à l'unité catholique, Mgr Sibour fit éclater son zèle dans une de ses plus éloquentes lettres pastorales (1). Il bénissait les nombreuses

---

(1) Lettre pastorale et mandement pour le carême de 1840.

conversions au catholicisme au sein du parlement d'Angleterre, de ses écoles savantes et de son Eglise établie; il rappelait les souvenirs de Grégoire-le-Grand et des missionnaires romains conduits par le moine Augustin, les anciens et vastes monastères des îles Britanniques d'où partirent les Colombam, les saint Gall, les Sigebert, les Boniface, ouvriers sublimes de l'Evangile; l'évêque de Digne rappelait aussi les écoles du moyen âge où brillèrent les noms de Théodore, de Bède, d'Alcuin, de saint Anselme; il n'oubliait pas que, pour retrouver le berceau de ses libertés publiques, il faut que l'Angleterre remonte jusqu'au règne du plus pieux de ses rois ; il caractérisait le schisme anglican qui demeure couvert des sanglantes ignominies de son chef, Henri VIII, et, comparant l'origine du christianisme dans la Grande-Bretagne et l'origine de sa réformation, il espérait qu'une aussi grande nation ouvrirait les yeux. Déjà l'Angleterre avait commencé à mieux comprendre le catholicisme, lorsque, à la fin du dernier siècle, ses armées délivrèrent le Vatican, et que ses vaisseaux protégèrent le conclave réuni à Venise pour poser sur le front de Pie VII la couronne tombée de la tête d'un pape martyr. Mgr Sibour parlait avec un sentiment profond du souverain pontife, père commun de la famille chrétienne : « On sent, en le voyant, en
« embrassant ses genoux, disait-il, on sent qu'on
« n'est pas pour lui un étranger, mais un fils... Les
« gouvernements séparés de Rome... redoutent plus

« sa plainte désarmée qu'ils ne redoutaient jadis ses
« foudres et ses condamnations. » Le prélat s'arrêtait
un moment devant un spectacle qui avait remué
toutes les âmes : le puissant empereur du Nord et
Grégoire XVI en présence l'un de l'autre. C'était un
premier rapprochement. Récemment, la guerre
d'Orient a mis en présence notre armée avec ses aumôniers et ses sœurs de charité et l'armée russe ; la
gigantesque lutte a fait place à une union politique
qui, Dieu aidant, peut profiter à l'unité de la foi.

Nous détacherons de la Lettre Pastorale un récit
de la conversion de deux jeunes anglais à Rome,
et nous le reproduirons en entier, parce que ce
récit porte avec soi tout l'enseignement qu'un
protestant de bonne foi peut tirer d'une visite
aux catacombes.

« Nous visitions, à Rome, les catacombes de
Sainte-Agnès. Deux jeunes étrangers dont nous
ignorions alors le pays et la religion, mais que nous
sûmes plus tard appartenir à la religion prétendue
réformée, et à deux principales familles de l'aristocratie anglaise, s'étaient joints à nous, sous la conduite d'un noble et ferme néophyte qui, depuis sa
conversion, avait déjà plus d'une fois servi d'instrument aux desseins de Dieu pour le salut des âmes. A la
pâle clarté de nos flambeaux qui, au milieu des ténèbres épaisses dont nous étions environnés, dissipait à peine assez d'ombre pour guider nos pas,
nous parcourions avec une profonde et religieuse

émotion, ces sombres, étroites et longues galeries creusées dans les entrailles de la terre, durant les premiers siècles et les premiers combats de la religion, par les mains des martyrs et des confesseurs de la foi ; ces lieux, après avoir abrité leur croyance, servi à la célébration des saints mystères, avaient gardé fidèlement leur mémoire, les marques du zèle et de la piété qui les animaient, et leurs ossements sacrés. Les rangs étaient pressés dans la cité souterraine ; même après les persécutions, les fidèles n'ambitionnaient rien tant que de pouvoir placer leur couche funèbre à côté des sépulcres glorieux des martyrs ; et nous marchions entre deux lignes de tombeaux élevés les uns au-dessus des autres et creusés dans la pierre vive des catacombes. De temps en temps, les murs s'élargissaient tout à coup ; les voûtes s'élevaient et nous nous trouvions dans un de ces anciens oratoires où, sur l'autel formé par la tombe d'un martyr, on offrait dans ce siècle de persécution le divin sacrifice. Le pieux et savant guide, qui s'était chargé de nous conduire dans ces ténébreux labyrinthes qui n'ont plus de secrets pour lui et où depuis trente ans il a établi en quelque sorte sa demeure, nous faisait remarquer, dans les peintures murales qui ornaient ces primitifs sanctuaires, des objets bien dignes, sous tous les rapports, de fixer notre attention, et dont la seule présence attestait, bien mieux que les monuments de la tradition écrite, la foi de nos pères et renfermait une preuve frappante de la vérité de nos dogmes catholiques et des pratiques religieuses de notre culte. Il nous montrait presque partout au-dessus des autels l'image du Bon Pasteur exposée aux regards des fidèles et à leur vénération. Il nous montrait aussi avec un tendre et filial empressement l'image de la Vierge, qui était donc aussi pour nos aïeux une bonne mère, et un peu au-dessous d'elle l'image des saints apôtres de Rome, Pierre et Paul. Sa science, pleine de sagacité, lui avait fait aussi découvrir, dans la disposition de certains siéges de pierre qu'on rencontre auprès des oratoires des catacombes, des vestiges précieux de notre sacrement de réconciliation.

« On retrouvait ainsi dans ces monuments si curieux, si merveilleusement conservés, des preuves nouvelles de notre liturgie, des sacrements de l'Eucharistie et de la Pénitence, du sacrifice de la Messe tel que nous le célébrons, et surtout du culte des images en général et du culte de la sainte Vierge en particulier. Et lorsqu'on songeait que ces peintures et tous ces vestiges remontaient au berceau du christianisme, que les catacombes avaient été fermées bientôt après les siècles de persécution, et à peine découvertes en quelque sorte depuis un petit nombre d'années, ne trouvait-on pas là un argument invincible contre les assertions mensongères de l'hérésie, qui voudrait faire croire que le christianisme primitif, à la pureté duquel elle prétend nous ramener, ne connaissait ni ces sacrements, ni ces pratiques, ni ce culte, et que tout cela est né de la superstition et de l'ignorance des âges intermédiaires ?

« Nos jeunes compagnons étaient attentifs comme nous aux réflexions que ces signes sacrés inspiraient à notre guide. La vérité leur apparaissait comme face à face, les paroles commentées par les monuments portaient dans leur esprit une abondante lumière, mais ce n'était pas seulement l'esprit qui devait être frappé en un moment aussi solennel. Tout encore parlait au cœur dans les saints lieux que nous parcourions : nous y respirions l'air de la sainteté et de l'héroïsme chrétien, nous foulions la poussière qu'avaient foulée les confesseurs et les martyrs ; quelque chose de leur foi généreuse et de leur courage surhumain semblait sortir de leurs tombeaux. Au souvenir de leurs combats et de leurs triomphes, nos âmes s'exaltaient. Pleins d'émotion, nous tombâmes à genoux et nous baisâmes pieusement cette terre bénie que nous allions quitter.

« Et après avoir adressé nos adieux aux reliques saintes dont nous avions troublé un moment le silence et la solitude, du milieu des ténèbres où nous étions plongés, nous élevâmes nos esprits et nos cœurs vers ces régions lumineuses, où, au sein de de la gloire, les martyrs dont nous venions de retrouver et d'honorer les traces mortelles, jouissaient, dans l'éternelle paix, du prix de leur victoire. Nous les invoquions comme des amis et des protecteurs, et nous leur demandions avec ferveur de nous obtenir de Dieu une part de leur courage sur la terre et de leur récompense dans le ciel. La prière qui s'échappait de nos lèvres était un cri de l'âme, un besoin impérieux de notre cœur. Et nous ne savions pas que l'hérésie en ce moment ne permettait pas à tous les assistants de se livrer aux doux sentiments qui nous animaient. Un peu à l'écart et cachés dans l'ombre, les deux gentilshommes anglais qui nous accompagnaient restèrent debout, mais profondément émus et les yeux pleins de larmes ; ce ne fut pas sans de grands efforts qu'ils purent comprimer l'élan naturel de la piété chrétienne, et, comme nous l'avons appris depuis, ils se disaient l'un à l'autre dans la langue de leur patrie : Oh ! pourquoi ne pouvons-nous pas prier comme eux, nous qui bien plus qu'eux avons besoin de force ! pourquoi ne tombons-nous pas à genoux pour bénir aussi les héros chrétiens et demander par leur intercession le courage de la foi qui nous est si nécessaire !

« Nous sortons des catacombes sans soupçonner le combat que la grâce divine venait de livrer à l'erreur dans ces deux jeunes âmes nobles et infortunées. Ce ne fut que quelques jours après que nous sûmes ce qui s'était passé. On vint nous demander le secours de nos prières en faveur de ces deux jeunes étrangers dont nous n'avions remarqué que la gravité précoce et les bonnes manières. On nous dit alors aussi de quelles angoisses leur cœur était rempli par la connaissance qu'ils avaient de la vérité, et par les grands obstacles qui s'opposaient à leur conversion du côté de leur famille et de leur position dans le monde. Nous apprîmes plus tard que la grâce avait été victorieuse et qu'ils avaient abjuré en secret leurs erreurs à Rome, en attendant de pouvoir rendre dans leur pays un éclatant hommage à la vérité.

L'évêque de Digne avait toujours présent à la pensée ce mot de saint Paul : « Malheur à moi si je n'évangélise pas ! » Son clergé était nombreux, le plus petit troupeau avait un pasteur ; le prélat voulait que la foi s'entretînt et se rallumât sans cesse par la persévérante activité des ouvriers évangéliques. Il avait formé d'abord un corps de missionnaires diocésains, mais un diocèse divisé en très-petites paroisses lui parut réclamer une autre organisation ; il établit des missions ou retraites paroissiales ; chaque lieu devait avoir la sienne au moins tous les trois ans. C'était un mouvement imprimé à la prédication dans le diocèse de Digne.

Douze jours après cette utile ordonnance épiscopale, un accident troublait profondément Mgr Sibour et menaçait sa vie. C'était le 26 avril 1846. Le prélat, en visite pastorale, se rendait à Saint-Etienne-les-Orgues ; il avait expressément déclaré qu'il ne voulait pas de réception solennelle. Malgré ce désir formel, la population de Saint-Étienne était sur pied, et la musique du lieu voulait fêter le premier pasteur. Il arrive dans sa voiture, la musique commence, on bat la caisse, et les chevaux, effrayés du bruit soudain du tambour, partent, traînant la voiture où se trouvait l'évêque, et la traînant à travers les flots pressés d'une multitude d'hommes, de femmes et d'enfants. Mgr Sibour, ainsi emporté au milieu de ces rangs épais, croit que chaque tour de roue et chaque pas des chevaux font des victimes, et sa sensibilité est en proie à un horrible saisissement. Après avoir franchi un certain espace, le cocher se rend maître des chevaux et ramène à Saint-Étienne l'évêque qui, violemment ému, s'attend à rencontrer des traces sanglantes, des blessés, des mourants. Mais nul malheur sérieux n'était arrivé ; cinq personnes seulement avaient été atteintes et l'avaient été sans gravité. Mgr Sibour pourtant ne se remettait pas de ses alarmes, ne se consolait pas ; il alla visiter plusieurs fois les blessés, leur prodiguant les plus tendres soins et versant des larmes ; il souffrait plus qu'eux ; les malades et leurs familles, touchés de son affliction extrême, s'empressaient eux-mêmes de le rassurer, de calmer sa douleur.

Le prélat aurait voulu ne pas quitter les blessés avant leur entier rétablissement, mais il lui fallait aller là où l'attendaient les populations convoquées; il part, recommandant au curé de Saint-Étienne-les-

Orgues de lui donner tous les jours des nouvelles des malades. Les bulletins quotidiens se succédaient auprès de l'évêque qui continuait sa tournée pastorale ; un jour la lettre n'arrive pas à l'heure ordinaire; Mgr Sibour, déjà souffrant de la violente émotion du 26 avril, est douloureusement affecté de cette absence de nouvelles; il veut reprendre le chemin de Saint-Etienne pour s'assurer par lui-même de l'état de ses chers blessés. Les routes ne permettaient pas d'aller en voiture; l'évêque voyageait à cheval et c'était par un temps mauvais; après avoir essuyé la pluie toute la journée, il arriva le soir dans une paroisse et fut surpris subitement d'un frisson avec malaise ; le lendemain une lettre lui apporta de bonnes nouvelles, douces pour son cœur, mais tardives pour sa santé. Il ne reprenait pas ses forces, et, malgré tout son courage, il se vit contraint de suspendre sa tournée et de rentrer à Digne.

Le prélat passa trois semaines, tantôt levé, tantôt couché, toujours sans appétit et sans sommeil; tous les deux jours, vers dix heures du matin, un frisson l'obligeait à se remettre au lit. L'état du malade s'aggravait visiblement. Le dévouement d'habiles médecins de Digne était impuissant à le guérir. Le 7 juin, MM. les vicaires généraux prescrivirent des prières publiques pour son rétablissement. Les craintes étaient vives. L'évêque paraissait comme insensible à tout ce qui l'entourait; une partie de sa famille, accourue auprès de lui, redoutait une catastrophe. Un mal profond et inconnu le minait. L'amitié se faisait ingénieuse pour le tirer de son accablement, et n'aboutissait qu'à d'inutiles efforts; cette douce figure n'avait plus de sourire, ses yeux avaient perdu le charme lumineux de leurs regards. Un petit-neveu de l'évêque, radieux enfant au front d'ange et qui devait bientôt remonter au ciel, jouait sur le lit du malade; il lui offrit des fleurs : quelque chose comme une lueur à travers un nuage sombre parut sur le visage du prélat affaissé. Ce qu'il y a de plus pur dans la création, l'enfance et les fleurs, n'avait pas pu l'arracher tout à fait à sa morne indifférence. Il y eut une heure où Mgr Sibour sembla se ranimer; M. Reboul publiait son second recueil de poésies et lui en envoyait un exemplaire; on lui lut de beaux vers de ce poète qu'il aimait; il les écouta, y prit plaisir, demanda qu'on lui en lût encore; un rayon de lumière entra dans ses yeux, et ses traits exprimèrent un certain sentiment de bonheur. La belle poésie vient d'en haut, et ses visites sont divines.

Cependant l'état de l'évêque inquiétait de plus en plus; des accidents cérébraux avaient éclaté. Les trois médecins de Digne, MM. Honorat, Sylve et Itard, craignent une grave affection cérébrale et y opposent un traitement énergique; une amélioration passagère est remplacée par des symptômes alarmants. Les médecins annoncent que le prélat est perdu; il est administré. Ce fut alors qu'arrivèrent M. Sibour, frère de l'évêque, et le jeune docteur Bremond son neveu. Ce jeune homme, frappé de tout ce qu'on lui raconte, illuminé à la fois par le cœur et par la science, étudie la situation du malade, s'attache à son pouls et dit tout haut : « S'il y a une rémission, mon oncle est sauvé. » Il passe la nuit auprès du lit de l'évêque, observe à minuit une diminution sensible dans la fréquence du pouls, et toutefois les symptômes cérébraux persistent toujours. A quatre heures du matin, M. le docteur Bremond annonça que le prélat était atteint d'une fièvre pernicieuse comateuse, qu'il y avait eu deux accès, que le troisième était maintenant à redouter, mais qu'on pouvait le prévenir. D'accord avec les trois médecins de Digne il administra au malade un gramme de sulfate de quinine : l'accès de fièvre ne se reproduisit pas, mais, quelques jours après, la fièvre reparut et sa ténacité excitait de nouvelles alarmes; le sulfate semblait avoir perdu toute action sur le malade. Que faire en présence d'un mal contre lequel la force des remèdes est épuisée?

Une idée se présente au docteur Bremond qui espère contre toute espérance, et ne peut se résigner à l'inutilité de ses soins si tendrement assidus. Il songe à transporter son oncle au Pont-Saint-Esprit; son projet est hardi, téméraire peut-être ; mais c'est la dernière ressource, il dispose tout pour le départ. Un samedi soir à huit heures (c'était au mois de juillet), M. Bremond, malgré les oppositions de tout le chapitre de Digne et du préfet, prend dans ses bras le pauvre évêque qui semble ne plus appartenir à ce monde, et le porte dans sa voiture où il l'établit sur un matelas de crin ; « Jeune homme, lui dit le préfet M. Jourdan, ne voyez vous pas que vous emportez un cadavre ? » — « Cadavre ou non, répond l'énergique jeune homme, j'emmène mon oncle. » Tous ceux qui assistèrent à ce lugubre départ ne croyaient plus revoir leur évêque et le pleuraient comme s'il eût été déjà mort. Quel voyage que celui de Digne au Pont-Saint-Esprit! On eût dit des parents conduisant de funèbres dépouilles pour leur donner plus loin un tombeau. Mais le docteur Bremond espérait toujours. On voyagea toute la nuit pour échapper aux ardeurs d'une journée de juillet en Provence; à onze heures du matin, on arriva à l'Isle (Vaucluse); un accès de fièvre, plus grave que les précédents, avait saisi le malade. Un habile médecin d'Avignon, M. Chauffard père, fut mandé pendant la nuit ; il approuva le traitement employé par le jeune neveu. On quitta l'Isle mardi soir; le mercredi, à 6 heures du matin, on touchait au terme du triste voyage.

M. Bremond s'attacha au malade avec toute la puissance de l'art et toute la puissance de l'affection ; il rendit rapidement la santé à ce corps qui paraissait n'attendre que la sépulture. Digne s'étonna à la nouvelle de la guérison de l'évêque; le chapitre envoya un grand vicaire, M. Fortoul, pour s'assurer de ce

qu'on regardait comme un prodige. Un fidèle ami du voisinage, Mgr Guibert, évêque de Viviers, accourut au Pont-Saint-Esprit pour féliciter ce collègue ressuscité ; il le pressa de venir passer quelque temps chez lui, et ce fut à Viviers, en face d'un bel horizon tout rempli des souvenirs de sa jeunesse, dans une demeure épiscopale devenue la sienne, au milieu d'un parc magnifique, baigné par les flots du Rhône, que Mgr Sibour acheva de se remettre en pleine vie : c'était au mois de septembre ; il avait avec lui son cousin, M. l'abbé Léon Sibour, ce compagnon de tous ses travaux, de toutes ses tristesses et de toutes ses joies. Revenu au Pont-Saint-Esprit, il put faire à cheval une course à la chartreuse de Valbonne : il nous écrivait le 30 septembre 1846 : « Oui, mon
« cher ami, j'ai erré longtemps dans les régions de
« la mort ; j'ai frappé aux portes de l'éternité, mais
« Dieu n'a pas voulu me les ouvrir, ni me donner
« le repos auquel j'aspirais. Il m'a conservé quelque
« temps encore pour le combat. Il a voulu aussi me
« faire assister à un concert bien touchant, de dou-
« leur d'abord, et puis de réjouissance, qu'ont formé
« autour de moi mes parents, mes amis, mon clergé
« et mes fidèles. »

Lorsque le prélat se trouvait encore au milieu de sa famille et qu'il commençait à jouir de cette douce lumière de la vie qui avait remplacé autour de lui les ombres de la mort, quel usage fit-il de ses premières forces lentement renaissantes ? Pie IX s'était assis

sur le trône pontifical à la place d'un pontife de sainte mémoire; le curé du Pont-Saint-Esprit, chanoine honoraire de Digne, se disposait à se rendre à Rome; Mgr Sibour profita de cette occasion pour adresser au nouveau pontife ses félicitations et son hommage filial; il applaudissait aux actes qui avaient marqué le commencement de ce pontificat, et particulièrement à l'amnistie; il espérait que cette grande et salutaire mesure « changerait en sujets fidèles des « ennemis politiques »; tous l'espéraient aussi. L'Évêque de Digne, après avoir fait des vœux pour l'heureux accomplissement des desseins de Pie IX, exprimait le désir de pouvoir aller un jour lui rendre compte de son administration. Il lui offrait un exemplaire de ses *Institutions Diocésaines.* « Mainte-
« nant, Très-Saint-Père, disait l'évêque en finissant,
« permettez-moi de me jeter moi-même à vos ge-
« noux et de vous demander de me bénir et de bénir
« mon ministère avec mon diocèse tout entier. »

Dans les derniers jours d'octobre, Mgr Sibour songea à regagner sa ville épiscopale. Son dernier voyage au mois de juillet avait été un deuil profond; son retour fut une fête publique. Il traversa son diocèse au milieu des acclamations universelles. Depuis Céreste jusqu'à Digne, il rencontra des témoignages touchants; partout le son joyeux des cloches annonçait et célébrait son passage. Les curés, réunis par groupes, lui apportaient leurs cordiales félicitations, et, du milieu des populations accumulées partaient tous les signes de l'allégresse et de l'amour. A Forcalquier, où coucha l'évêque, un nombreux clergé l'attendait. Le lendemain il alla déjeûner à Malijai; les prêtres des environs s'y étaient réunis. Le jour même, à quatre heures du soir (c'était le 27 octobre), par le plus beau temps du monde, Mgr Sibour arrivait à Digne; il avait trouvé à Champtercier les élèves du grand séminaire qui étaient venus à sa rencontre pour recevoir les premiers sa bénédiction. Les vicaires généraux, le chapitre en corps, le clergé de la ville, beaucoup de curés des paroisses voisines, une foule nombreuse des rangs les plus divers attendait au pont de la Bléone le prélat tant aimé. Il dut mettre pied à terre: comment se dérober à des hommages si vrais, à une joie si vive, à de si touchantes marques d'amour? L'évêque embrassa l'un après l'autre tous les prêtres; des larmes de bonheur inondaient son visage, et des pleurs s'échappaient de tous les yeux.

Le prélat, avant de rentrer dans sa demeure épiscopale, voulut d'abord aller à la cathédrale pour rendre à Dieu des actions de grâces; il traversa le boulevard Gassendi à la tête d'un cortége qui grossissait à chaque instant et devint bientôt immense: un même élan animait la ville entière. Arrivé à l'église, Mgr Sibour adressa quelques mots paternels aux fidèles qui remplissaient l'enceinte sacrée, leur promettant d'épancher mieux encore son âme dans leur âme, le dimanche suivant, jour de la Toussaint.

Le *Te deum*, hymne de reconnaissance, fut chanté par toutes les voix; puis Mgr Sibour se dirigea vers son palais. Une multitude qui n'avait pu pénétrer dans la cathédrale couvrait la place de l'évêché; à la vue de l'évêque cette multitude, douce et religieuse, se mit à genoux, et le pasteur la bénit; en ce moment un enfant s'avance et lui présente un bouquet; avec quelle grâce souriante le prélat le reçut! hélas! il n'avait pas pu répondre par les mêmes sourires aux fleurs qu'un ange de sa famille lui offrait trois mois auparavant! L'évêque entra chez lui, accompagné de tous les prêtres dont il ne voulait pas, disait-il, sitôt se séparer. Il trouva à l'évêché le préfet, M. Jourdan, heureux de revoir plein de vie celui qu'il avait cru perdu sans retour. Le soir, la musique de la ville, réunie sous les fenêtres du prélat, exprimait de son mieux et à sa façon le sentiment public.

Tel fut le retour de Mgr Sibour à Digne. Il aura plus tard, sur une plus vaste scène, de plus grandes journées; il n'en aura jamais de plus heureuses.

## CHAPITRE DOUZIÈME.

—

VIE INTÉRIEURE, HABITUDES ET CARACTÈRE DE M$^{gr}$ SIBOUR.

Après avoir lu nos précédents récits, on connaît assez, ce nous semble, le prélat, dont la mémoire nous occupe; mais il faut aller plus avant dans les habitudes de sa vie, dans ce qui faisait le fond de son caractère, et rassembler en un seul tableau les traits par lesquels sa figure pourra se révéler toute entière. Cette nature morale, dont on n'achèverait jamais la peinture, parce qu'elle se mêle à des détails infinis, demeura toujours la même au milieu de la diversité des situations; le chanoine de Nîmes, l'évêque de Digne, l'archevêque de Paris, c'est toujours au fond le même homme; par là nous ne disons point que son sentiment soit resté invariablement le même sur toutes les questions d'un ordre secondaire, nous parlons ici de l'homme et du prêtre, de ses goûts et de ses penchants, et de la parfaite régularité de sa vie intérieure.

Voici l'emploi d'une de ces journées : c'est à peu près comme si on les voyait toutes.

Notre évêque se levait à six heures ; il faisait sa prière, sa méditation, allait dire la messe à sept heures en été, à huit heures en hiver. Il ne manquait jamais de célébrer les saints mystères, à moins qu'il ne fût malade, ou qu'il n'y eût impossibilité. Le plus profond besoin de son âme, sa félicité la plus vraie, c'était de monter chaque jour à l'autel ; il y portait une foi, une ferveur, un recueillement dont on était vivement saisi. Ceux qui l'ont vu dire la messe suppléeront par leur souvenir à notre impuissance à décrire cette attitude et cette dignité au-dessus de toute parole. Un ecclésiastique, pieux et distingué, un ami (1), qui a passé dix-sept ans avec Mgr Sibour, l'a suivi à toutes les heures, a étroitement mêlé sa vie à la sienne, et dont toute la consolation aujourd'hui c'est de se souvenir, nous écrivait ceci en laissant tomber dans notre cœur les épanchements du sien : « Il y avait

---

(1) M. l'abbé Dedoue, secrétaire de l'Évêque de Digne pendant neuf ans, puis grand-vicaire honoraire de l'Archevêque de Paris, et maintenant chanoine de Notre-Dame.

« sur le front de Monseigneur et dans tous ses traits,
« quand il revenait de sa chapelle, je ne sais quelle
« paix, quelle sérénité qui semblait un reflet du
« ciel. »

A neuf heures du matin, on se réunissait dans son cabinet pour le dépouillement du courrier. Il donnait aux affaires une attention soutenue, communiquait et développait ses projets ; ses conseillers admiraient la chaleur de son zèle et son grand amour pour le bien de son diocèse. Il provoquait, écoutait leurs avis quels qu'ils fussent, et témoignait des égards, une condescendance dont ses coopérateurs étaient doucement pénétrés. Si parfois il lui arrivait de combattre trop vivement leur avis, s'il craignait surtout d'avoir blssé ou contristé quelqu'un, il adoucissait bien vite son langage et revenait à sa bienveillance naturelle ; il n'est pas de susceptibilité qui pût résister alors à la délicatesse aimable de ses procédés, à la grâce de ses discours: celui qui croyait avoir eu à se plaindre l'aimait davantage. Le trait suivant mérite qu'on le raconte : ce n'était plus dans les Basses-Alpes, c'était déjà à Paris. Mgr Sibour eut un jour une discussion pénible avec un des prêtres de son intimité ; il craignait de l'avoir affligé, mais il lui fallut au même instant partir pour une confirmation ; à peine arrivé dans la paroisse où devait avoir lieu la cérémonie, il demande de l'encre et du papier, écrit au prêtre qu'il « maudit sa vivacité », et le prie de « l'attendre le

« soir à son retour, parce qu'il veut le lui dire et
« l'embrasser ». Ce prêtre, ému de tant de vertu et
de bonté, ne l'attendit pas ; il courut à la paroisse et
rencontra le prélat sur le marche-pied de sa voiture
où il remontait pour une autre confirmation : « Mon-
« seigneur, lui dit-il en l'abordant, il m'a semblé
« trop long de vous attendre et je viens au devant de
« vous. » Un épanouissement de bonheur rayonna
sur le visage de l'archevêque ; ouvrant ses deux
bras, il pressa sur son cœur avec un redoublement
d'effusion et de tendresse celui dont l'élan avait
répondu au sien. Un autre trait est digne de notre
souvenir. C'était aussi à Paris. Le prélat, en présence
de plusieurs de ses coopérateurs, avait adressé de
très-vifs reproches à l'un des principaux membres
de son conseil, et celui-ci avait silencieusement mais
visiblement souffert ; Mgr Sibour se montra mécon-
tent de lui-même durant le reste de la journée ; la
sévérité de son langage lui revint comme un remords.
« Je n'oserais pas monter à l'autel demain sans me
confesser, » dit-il à l'un de ses secrétaires ; « venez
avec moi à Saint-Sulpice ; » et le prélat, non content
de s'être confessé, demanda pardon le lendemain,
à l'heure du conseil, à celui qu'il avait offensé.

Après les heures données aux soins administratifs
et à une correspondance très-étendue, il consacrait
à l'étude ou à la composition tout le temps que lui
laissaient la récitation de son bréviaire et les visites
à recevoir ou à rendre. Il avait le travail difficile,

son application était ardente, ses efforts tenaces et persévérants. Laissons parler ici un ancien ami, un ancien vicaire-général de Mgr Sibour, son successeur (1) sur le siége de Digne. Le portrait est ressemblant :

« Nous qui l'avons vu de plus près, qui avons été
« honoré de sa vieille et douce amitié, nous pouvons
« lui rendre ce témoignage qu'il a été constamment
« préoccupé du bien de son diocèse. Esprit appli-
« qué, laborieux, nous pourrions dire opiniâtre dans
« le travail, il consacrait toutes ses journées et ses
« veilles aux devoirs de sa charge pastorale. Doué
« par la nature aussi bien que par la grâce, d'une
« grande droiture d'intention, il avait en vue dans
« ses desseins les intérêts de l'Eglise et la gloire du
« sacerdoce. Sa pensée féconde et toujours en ac-
« tion lui présentait sans cesse de nouveaux moyens
« d'atteindre le but de ses efforts. Nature bonne,
« droite et confiante, il ne soupçonnait pas la dupli-
« cité, ne croyait pas à l'hypocrisie : il espérait
« beaucoup des hommes. Les esprits les plus éloi-
« gnés de la vérité ne le décourageaient pas. Il leur
« tendait avec confiance une main amie, croyant
« pouvoir les ramener dans la voie aussi aisément
« qu'il se serait laissé ramener lui-même. Si, après

---

(1) Mgr Meirieu. Lettre circulaire à l'occasion de la mort de l'archevêque de Paris, 5 janvier 1857.

« avoir conçu un dessein, sa conscience lui faisait
« un devoir de le poursuivre, il ne savait plus recu-
« ler devant les obstacles. Les difficultés semblaient
« lui donner une nouvelle ardeur et lui garantir le
« succès de son entreprise. Lorsqu'il était obligé de
« sévir, son zèle savait prendre de la fermeté, mais
« une parole de repentir lui touchait le cœur et le
« forçait au pardon. »

Ainsi ont parlé de Mgr Sibour ses coopérateurs de Digne ; écoutons maintenant le langage de ses coopérateurs de Paris (1) :

« ... Quelle âme plus indulgente ? quel cœur plus
« enclin à la mansuétude ? quel caractère plus ami
« de la paix et de la consolation ? comme il était
« affable et bon pour tous ! en qui vit-on jamais une
« vertu plus douce, une telle surabondance de cha-
« rité ? tous ceux qui l'ont approché peuvent le dire :
« son commerce était plein de charmes, et il ne
« rendait lourd à personne le poids de sa dignité.
« Il commandait de manière à ce que l'obéissance se
« sentît honorée, et il mettait dans ces avis une sorte
« de condescendance qui les faisait accepter comme
« des ordres. Il y avait toujours en lui des intentions
« bienveillantes ; et il savait dire et faire les choses
« avec une délicatesse et une grâce qui n'étaient si

---

(1) Mandement des vicaires-généraux capitulaires. MM. Buquet, Surat et Darboy.

« exquises et si habituelles que parce que c'était de la
« charité, et que la charité animait tous ses discours
« et tous ses actes. Il savait compatir, et nul ne fit
« vainement appel à sa miséricorde et à sa généro-
« sité...

« ... Comme la distinction de son esprit le portait
« à prendre les questions par le côté d'en haut, la
« bonté de son cœur le portait à n'aborder les hom-
« mes que par leurs meilleures qualités. Richement
« orné de tout ce qui attire, il ne cherchait pas dans
« les autres ce qui éloigne. Il travaillait à défendre
« les principes, jamais à contrister les personnes. Il
« laissait aux opinions la plus grande liberté, et s'il
« s'agissait de dissentiment dogmatique, il voulait
« voir encore des frères dans ceux que l'erreur sépa-
« rait de lui, espérant toujours les ressaisir par la
« persuasion et les ramener au bercail du commun
« pasteur: *et fiet unum ovile et unus pastor* (S. Jean,
« IX, 16). Plusieurs ont pu accepter contre le pieux
« archevêque des préventions irréfléchies, jamais ils
« ne les ont gardées après l'avoir entendu. Son âme
« ne respirait que charité, et il méritait de mourir,
« comme il lui est arrivé, en bénissant. »

L'évêque de Digne recevait noblement quand l'a-
mitié ou les devoirs officiels étaient là, mais d'ordinaire sa table était simple et frugale. On remarquait
sa sobriété; on s'étonnait du peu qu'il lui fallait pour
vivre. L'heure du repas n'était pas perdue; le prélat, par un ton sérieux donné à la conversation,

rendait profitables à l'esprit les moments où la part du corps menace de devenir triomphante. Dans les premiers temps de son séjour à Digne, la promenade sur la terrasse de sa demeure, faisait sa récréation; il obtint ensuite un jardin au flanc de la montagne voisine, jardin pittoresque et varié qu'il traça lui-même et qu'il embellit avec goût. Ces allées qui étaient son ouvrage, ces sentiers qu'il avait ouverts, le voyaient passer et repasser; c'est sur cette montagne, où tout était riant et lumineux, que presque chaque jour venaient le trouver les membres de son chapitre et de son administration; ses prêtres formaient autour de lui comme une couronne; ils étaient doucement libres et doucement contenus sous les yeux de leur évêque; sa familiarité avec eux gardait toujours de la dignité. Son jardin de la montagne était aussi comme un salon alpestre où il recevait la société de Digne : on l'abordait avec joie, on le quittait avec regret.

En 1846, depuis le mois de mai jusqu'à la fin d'octobre, la maladie et l'absence privèrent ce jardin de son maître soigneux et vigilant; lorsque, aux premiers jours de novembre, Mgr Sibour reparut sur sa montagne, il vit comme un sol abandonné là où précédemment régnait une culture habilement attentive. En écrivant le 13 novem. 1846 à *son bien cher Louis*, à ce neveu à qui, après Dieu, il devait son rétablissement, l'évêque lui disait qu'il avait « trouvé ce pauvre « jardin bien négligé », que « les arbres et les fleurs

« mouraient, parce que les herbes parasites dévo-
« raient tout. » Il saisissait paternellement cette occasion gracieuse d'une leçon de morale au profit de
petits enfants qui lui étaient chers, et leur montrait
dans son jardin délaissé « l'image d'une âme négli-
« gée, en qui on laisse croître les vices, les caprices,
« tous les défauts. » « Mon jardin était donc affreux,
« ajoutait-il, mais j'ai pris un jardinier qui ratisse,
« qui sarcle, qui émonde, et déjà il est tout autre.
« Mes chrysanthèmes, mes scabieuses, mes vio-
« lettes et mes fraisiers brillent au soleil. Voilà ce
« que la bonne culture fera dans l'âme de mon pe-
« tit-neveu et de ma petite nièce. » Le prélat parlait ensuite de ses fraisiers de printemps qui avaient
fleuri en octobre, d'une assiette de fraises cueillies
dans son jardin en novembre, et de cette bonne
exposition qui, abritée contre le vent du nord,
donnait à Digne de délicieux automnes.

L'inépuisable bienveillance de l'évêque se montrait surtout dans la constante affabilité de son accueil. L'interrompait-on au milieu de ses plus sérieuses études? son esprit descendait aussitôt des
régions élevées et se livrait à la personne qui le
visitait : sa bonté soudaine ne laissait pas à son intelligence le temps de se plaindre. On a dit que la
façon de donner double le prix de ce qu'on donne;
cet art charmant et séduisant, Mgr Sibour le possédait; lorsqu'il avait une faveur, une distinction, une
marque de confiance à annoncer, il trouvait tou-

jours des mots ou des formes qui en relevaient le prix : un rien devenait quelque chose, peu devenait beaucoup, et beaucoup devenait tout. Nous nous révélons, nous nous jugeons nous-mêmes par nos manières avec nos serviteurs. Mgr Sibour n'était pas pour les siens un maître, mais un ami. Il les regardait comme sa famille. Quand ils étaient malades, il veillait à tous leurs besoins, montait dans leurs chambres plusieurs fois par jour, accompagnait le médecin, s'assurait de la bonne application des remèdes, prévenait des fantaisies, inventait de douces surprises. « Je l'ai vu, nous disait un témoin de sa « vie (1), je l'ai vu pénétré d'un véritable chagrin, « je l'ai vu inconsolable, une fois, parce qu'il fut « obligé de congédier un serviteur ; une autre fois, « parce qu'un serviteur parlait de le quitter. » Une des douleurs des premiers temps de son épiscopat de Paris fut la mort d'une personne de service qui l'avait suivi par dévouement.

Nous avons eu déjà occasion de faire remarquer l'ordre qu'il mettait en toute chose ; rien de mieux tenu que sa maison, son bureau, ses livres, sa personne ; à quelque moment de la journée qu'on se présentât chez lui, on le trouvait dans le même état où il aurait voulu paraître en public. L'ordre de sa maison, la perfection de l'arrangement extérieur de

---

(1) M. l'abbé Dedone.

sa vie était comme une visible image de l'invisible harmonie de son âme.

Les dernières heures de la journée arrivaient; Mgr Sibour disait l'office du lendemain avec une très-grande édification. Venu à Digne, bien résolu à rétablir la liturgie romaine, il s'y conforma tout d'abord dans son intérieur; il n'ordonnait les jeunes prêtres qu'à la condition de la suivre, se réservant à lui seul d'accorder des dispenses à cet égard. Après le repas du soir, il y avait une heure ou deux de conversation; des ecclésiastiques venaient se joindre aux vicaires généraux et au secrétaire, et la frivolité ne trouvait jamais place dans ces entretiens. A huit heures et demie ou neuf heures, l'évêque fesait la prière en commun avec ses commensaux et ses serviteurs et ensuite une courte lecture spirituelle. Puis chacun se retirait. Mais pendant que tout dormait dans sa demeure, que de fois le prélat ne prolongea-t-il pas ses travaux dans le cabinet témoin de ses labeurs de la journée! c'est ainsi qu'il avançait dans la science sacrée et la science ecclésiastique, l'étude des Pères et du Droit Canon; c'est ainsi qu'il a pu composer son œuvre belle et durable des *Institutions Diocesaines*, et ses mandements d'une forte pensée et d'un noble langage qui mériteraient d'être conservés autrement que dans les obscures archives d'un évêché. Les veilles bien avant dans la nuit lui permettaient d'écrire ces lettres qui demandaient plus de soin qu'une correspondance ordinaire, et dont quelques-unes ne périront pas : on se souvient des pages adressées au consciencieux et inflexible historien de *Luther* et de *Henri VIII*; elles demeurent inséparables des livres de M. Audin, ces livres qu'un protestant ne lira jamais sans d'utiles terreurs. Les lettres de notre prélat à M. Audin sont imprimées, mais nous avons sous les yeux deux pièces qui ne l'ont pas été; dans l'une l'historien de Luther, revenant de Rome, demande à l'évêque de Digne, à la date du 22 janvier 1846, un témoignage d'approbation qui serait placé en tête de l'Histoire de Henri VIII non encore publiée; l'autre pièce est la réponse de Mgr Sibour. Les deux lettres sont charmantes, voici d'abord la première:

» Laissez-moi vous raconter un rêve que je fai-
« sais avant de quitter Rome.

« Je me promenais au Pincio, au moment où le
« soleil se cachait derrière la coupole de Saint-
« Pierre, et je rêvais, très-éveillé, que mon histoire
« de Henri VIII et du schisme d'Angleterre était
« achevée. J'avais, pour l'écrire, vu l'Italie, l'Al-
« lemagne et l'Angleterre; j'avais compulsé les bi-
« bliothèques de la Vaticane à Rome, du musée Bri-
« tannique à Londres, les archives de Vienne et de
« Munich. Mon livre était plein de consciencieuses
« recherches, de documents inédits. Je vous l'avais
« adressé feuille par feuille; vous l'aviez lu, vous
« m'aviez envoyé une lettre, un véritable présent,
« écrite de ce style dont vous avez le secret, et la

« lettre, placée en tête de l'ouvrage etait reproduite
« par les journaux catholiques ; et la fortune des
« deux volumes était faite, et l'auteur vous remer-
« ciait à mains jointes ; et l'éditeur enchanté me di-
« sait : Si je pouvais placer au frontispice de mes pu-
« blications des lignes semblables, que de livres
« j'éditerais !

« Mon rêve des mille et une nuits s'accomplira-
« t-il ? c'est ce que je demande à Votre Grandeur en
« arrivant à Marseille.... »

Et l'évêque de Digne répondait le 25 janvier :

« Vous le savez, notre imagination, prisme trop
« souvent trompeur, colore nos rêves des teintes les
« plus douces. Celui que vous avez fait, au mont
« Pincio, est charmant de poésie. C'est dans le mo-
« ment, me dites-vous, où le soleil se cachait der-
« rière la coupole de Saint-Pierre. Mais je me sou-
« viens qu'avant de se cacher le soleil dore de ses
« rayons les dômes des églises, les terrasses des mai-
« sons, le faîte des colonnes, toute cette Rome aé-
« rienne sur laquelle, du point où vous étiez, l'œil
« se promène avec enchantement. L'âme alors est
« émue comme devant un reflet de la cité lumineuse
« que saint Jean voyait descendre du ciel. Vous
« rable à un rêve d'espérance, il ne peut pas être
« bien choisi pour porter un bon jugement. J'é-
« carte don ceel choses troq flateuses pus vous me
« dites pour n'accueillir que la partie de votre rêve

« dont je puis faire une réalité. Je serai heureux de
« pouvoir, avant tous, admirer votre histoire de
« Henri VIII et d'être le premier à préconiser ce
« nouveau titre à la reconnaissance de l'Église.

« Seulement je regrette qu'étant si près de Digne,
« vous n'ayez pas mieux aimé venir me raconter de
« vive voix votre promenade au Pincio. Avez-vous
« craint que la neige de nos montagnes ne refroidît
« le foyer de vos belles et catholiques inspirations?
« du moins faites-nous espérer que vous viendrez
« nous visiter à l'époque où, chaque année, quelques
« amis se donnent rendez-vous au pied des Alpes.
« Vous serez reçu à l'évêché avec cordialité comme
« un frère d'armes, comme un vaillant soldat du
« Christ... »

On a pu le voir déjà, l'évêque de Digne écrivait admirablement une lettre.

Nous avons parlé de sa persévérance dans la poursuite d'un but; en prenant possession de son siége de Digne, il avait trouvé la cathédrale peu digne de la majesté du culte catholique; cette pauvre église de Saint Jérôme, sur son roc, lui avait semblé une église de village; il s'était promis de ne pas la laisser dans un aussi misérable état. Que de soins, d'efforts et de persistance pour atteindre à l'accomplissement de son dessein! la cathédrale fut agrandie, embellie, et cette restauration est un monument de l'énergique persévérance du prélat.

Mgr Sibour avait à Digne une habitude qui devenait, tous les dimanches, un spectacle édifiant, c'était d'assister à la messe du chapitre; il partait de l'évêché en habit de chœur, suivi de ses chanoines en costume, et le cortége se dirigeait ainsi à travers la ville vers la cathédrale. Le prélat regretta souvent de n'avoir pu garder cette habitude à Paris.

Il témoignait aux vieux prêtres un tendre respect; il était touchant dans sa vénération envers ces ouvriers du Seigneur, blanchis et courbés par les années. Ses manières étaient surtout respectueuses et filiales à l'égard du directeur de sa conscience, auquel il préparait lui-même son fauteuil. Pendant les retraites pastorales où sa piété profonde parlait plus éloquemment que les meilleures prédications, il allait trouver son confesseur dans sa cellule et s'agenouillait sur le plancher.

Mgr Sibour avait un heureux pouvoir sur lui-même, qui servait beaucoup son autorité en certaines occasions; il se possédait toujours en présence de quelqu'un qui ne se possédait plus : c'était pour lui le secret d'un triomphe assuré. Plus d'une fois devant son aimable empressement tombèrent des dispositions brutales. Un homme qui avait fui à l'étranger sous le gouvernement de 1830, et qui était rentré à la première nouvelle de la révolution de février, effrayait les Basses-Alpes par la violence de ses discours; il vint dénoncer à l'évêque de Digne un curé de canton contre lequel il apportait une pétition signée d'un certain nombre de gens sans aveu;

il se présenta avec tous les airs de la menace, bien décidé *à parler haut et ferme*. « Ce fut moi, nous
« disait M. l'abbé Dedoue, ce fut moi qui l'intro-
« duisis dans le cabinet et l'annonçai à Monseigneur.
« Monseigneur s'avança vers lui d'un air si calme,
« d'un visage si gracieux et le salua d'une voix si
« paternelle, que toute la colère de cet homme tomba
« comme par enchantement... la fermeté de l'atti-
« tude ne lui manquait pas au besoin, et je l'ai vu
« une autre fois réduire au silence et faire presque
« trembler un autre homme de la même époque qui
« avait eu de grands torts à son égard. »

Mgr Sibour, homme d'élan par dessus tout, avait une vivacité d'impression première qui eût pu nuire à la sûreté de sa raison; aussi une sorte d'expérience intime avait fini par l'amener à une extrême défiance de lui-même. Il avait plus de grâce d'esprit que d'habileté humaine. Il cherchait les bons côtés et c'est par là qu'il ambitionnait de prendre les hommes. La constante jeunesse de son âme, féconde en généreuses illusions, s'ouvrait à toute noble espérance; mais les réalités de la terre réservent de pénibles surprises à ceux qui comptent sans elles.

# CHAPITRE TREIZIÈME.

LA PREMIÈRE INSTRUCTION PASTORALE DE M<sup>gr</sup> SIBOUR APRÈS SON RÉTABLISSEMENT INESPÉRÉ, EST UNE INSTRUCTION SUR LA MORT. — JOURS DE REPOS A AIX. — MANDEMENT POUR LE CARÊME DE 1848, SUR LES CALAMITÉS PUBLIQUES. — LA RÉVOLUTION DE FÉVRIER ; LES ÉLECTIONS POUR LA CONSTITUANTE ; CANDIDATURE ET DÉSISTEMENT DE M<sup>gr</sup> SIBOUR. — IL ADRESSE AU GOUVERNEMENT PROVISOIRE D'ÉNERGIQUES RÉCLAMATIONS CONTRE DES ACTES PUBLICS CONTRAIRES AUX DROITS ET A LA LIBERTÉ DE L'ÉGLISE. — LA SUCCESSION ÉPISCOPALE DE M<sup>gr</sup> AFFRE ; NOMINATION DE L'ÉVÊQUE DE DIGNE AU SIÉGE DE PARIS ; CARACTÈRE ET RETENTISSEMENT DE CETTE NOMINATION. — PARIS, LE GÉNÉRAL CAVAIGNAC. — LETTRE PASTORALE DE M<sup>gr</sup> SIBOUR A L'OCCASION DE LA PRISE DE POSSESSION DE SON NOUVEAU SIÉGE.

L'évêque de Digne, après sa guérison, laissa pendant quelques mois reposer sa tête ; il ne s'occupait que de son jardin, de sa correspondance d'amis et de quelques douces lectures ; ce ne fut que peu à peu qu'il reprit sa laborieuse activité d'étude et de composition. Son Instruction pastorale pour le carême de 1847, prouverait au besoin que la ma-

ladie n'avait rien ôté à son intelligence. Le choix du sujet attestait sa piété élevée. En reprenant la parole après un long et douloureux silence, à quelle méditation convia-t-il ses ouailles ? à la méditation de la mort. Le prélat, revenu des portes de l'éternité, avait cru entendre chacun de ses chers fidèles lui dire : « O père, racontez-nous maintenant les im-
« pressions de ce terrible voyage. Que se passe-t-il
« dans les sombres régions d'où vous revenez ? la
« mort se présente-t-elle avec toutes les épouvantes
« dont on nous parle ? Vous avez touché au point où
« finit le temps, où commence l'éternité : quels
« bruits avez-vous recueillis sur ces confins des deux
« hémisphères ? Avez-vous entendu les malédictions
« de l'enfer se croiser avec les ris des heureux de
« la terre, et les chants du ciel répondre aux pleurs
« de la vertu, aux soupirs de l'infortune ? O père,
« instruisez vos enfants : les voilà qui vous écou-
« tent. »

Et l'évêque leur disait : Pourquoi nous interroger ainsi ? est-il besoin qu'un mort ressuscite pour vous apprendre ce qui se passe au delà du tombeau ? Et croiriez-vous donc à ce mort plutôt qu'à l'Évangile, plutôt qu'aux Apôtres, plutôt qu'à Jésus-Christ ? Dieu, arbitre de la vie et de la mort, a lui-même parlé. Si cependant la parole divine n'a pas la puissance de vous convaincre et de vous émouvoir, écoutez du moins cette voix terrible qui sort du fond de toute la nature ; elle ne cesse d'éclater, comme la foudre, sur vous, autour de vous : c'est la voix de la mort.

Et le pasteur partait de là pour rappeler à son troupeau ce qu'il y a au bout de toute vie humaine. Mais il voulait lui apprendre que la religion seule peut adoucir les horreurs de la mort ; la religion les adoucit dans le peu de jours que nous paraissons vivre, sur le lit d'agonie où nous achevons de mourir, dans le tombeau où la mort consomme son triomphe. Ces trois vues des horreurs de la mort, éloquemment exposées, faisaient le sujet de l'Instruction. Il y a dans la peinture des consolations chrétiennes de la dernière heure un mouvement de foi ardente et profonde qui vous enlève par delà les horizons et les pâles soleils du monde visible. Le prélat, pour diminuer à nos yeux les horreurs du tombeau, fait resplendir les divines promesses de la résurrection future et cite ces belles paroles de saint Jean-Chrysostome, que Bossuet a traduites comme il traduisait : « Il (Dieu) a dessein de réparer la maison qu'il
« nous a donnée. Pendant qu'il la détruit et qu'il la
« renverse pour la rebâtir toute neuve, il est néces-
« saire que nous délogions ; car que ferions-nous
« dans ce tumulte et dans cette poudre ? et lui-même
« nous offre son palais, il nous y donne un appar-
« tement pour nous faire attendre en repos l'entière
« réparation de notre ancien édifice. »

Trois jours après cette Instruction pastorale (12 janvier), Mgr Sibour annonçait à ses diocésains le bienfait du Jubilé accordé par Pie IX, dont il célébrait l'avènement; au mois de mai suivant, répondant à l'appel du nouveau pontife, il prescrivait des prières et une quête pour l'Irlande, livrée à tous les fléaux : puis l'évêque achevait d'organiser l'administration temporelle de ses séminaires ; il faisait servir le dévouement et les appréciations des curés du diocèse à l'exécution de ses desseins.

Si l'esprit de l'évêque de Digne avait retrouvé sa force, le corps n'avait pas tout à fait retrouvé la sienne; les rigueurs de la saison l'éprouvaient dans les Alpes ; il descendit de ses montagnes les derniers jours de janvier 1847, et trouva à Aix, pendant quelques semaines, une plus douce température et un charmant repos auprès de son bien-aimé cousin. Un nouveau voyage en Italie avec M. l'abbé Léon Sibour s'offrait à son imagination comme un sûr moyen de complet rétablissement. Mais le nouveau voyage par delà les monts ne s'exécuta point ; il fallut obéir aux médecins qui prescrivirent les eaux pour l'été suivant. Cette ville d'Aix, où se reposait l'évêque de Digne, l'appréciait et l'aimait ; elle eût désiré, l'année précédente, l'avoir pour successeur du cardinal Bernet; mais l'attitude de Mgr Sibour était une attitude d'opposition; sa fermeté épiscopale, la persistance de ses réclamations et de ses travaux en faveur de la liberté de l'Église, déplaisaient au gouvernement. — « Sachez donc, nous écrivait l'évê-

« que de Digne, sachez que l'esprit tentateur, à
« l'époque de la publication de ma *Lettre à l'ar-
« chevêque de Paris*, et de mes *Institutions Dio-
« césaines*, me transporta comme le Sauveur du
« monde sur le pinacle du temple; il me fit voir
« aussi des dignités humaines, et, pour les obtenir,
« il ne me demandait pas de l'adorer, il me deman-
« dait seulement de me taire. Mais Dieu m'a fait la
« grâce d'être fidèle au devoir de ma conscience,
« et j'ai parlé! Ainsi, d'avance, j'ai renoncé à tout. »
Beau langage d'évêque! mais ce courage dans le devoir ne sera pas perdu, même ici-bas.

Dans son Mandement pour le carême de 1848, daté du 22 février, nous trouvons, avec des couleurs parfois un peu trop vives, toutes les émotions de ces jours où déjà avait commencé une lutte terrible. Il avait pris pour sujet *les Calamités publiques*, et c'est avec vigueur qu'il les considérait comme des instruments sous la main de la justice providentielle. Nous dirons avec lui : « Il y a des crimes de nation,
« et ceux-là la justice divine ne saurait, sans se
« trahir, les laisser impunis sur la terre; car, après
« cette vie, le Seigneur ne renouera pas les liens
« des sociétés humaines; nous ne ressusciterons pas
« en corps de nation à la fin des siècles; et les des-
« tinées des empires ne s'étendront pas dans l'éter-
« nité. Tout s'accomplit pour eux ici-bas dans le
« temps. Il faut nécessairement que les peuples,

« comme peuples, trouvent dans cette vie même,
« selon leurs mérites, leur purgatoire, ou leur pa-
« radis, ou leur enfer. » L'évêque de Digne entend
les grondements lointains de la révolution ; il la voit
venir, et ses approches lui inspirent de tristes accents ; il y a de l'ombre sur sa face : on dirait qu'il
pressent que cette révolution va l'arracher à la douce
paix de ses montagnes et lui faire une autre destinée.

Toutefois, dans sa lettre-circulaire du 1<sup>er</sup> mars,
adressée aux curés de son diocèse, il espère que de
la révolution nouvelle sortira pour l'Église le béné-
fice du droit commun ; il espère qu'enfin l'Église
obtiendra cette liberté, pour laquelle il a tant com-
battu, et qu'on n'invoquera plus contre elle « toutes
« les lois d'exception et de servitude des régimes
« précédents. » Quant à une persécution religieuse,
il ne la craint pas et veut qu'on rassure sur ce point
les fidèles : « Le gouvernement, quel qu'il soit, di-
« sait-il, auquel la France va confier ses destinées,
« ne sera pas assez imprudent pour renouveler d'an-
« ciennes fautes et recommencer avec la conscience
« catholique le plus impie comme le plus inutile
« des combats. »

Il y avait quelque chose d'inconnu et de formidable dans les conséquences possibles du suffrage
universel. Les élections pour l'Assemblée constituante
de 1848 portaient dans leurs flancs la vie ou la

mort d'un grand peuple ; l'évêque de Digne recommanda aux curés de son diocèse de se mêler au mouvement électoral. Le clergé en fit autant dans tous les départements et fit bien. Il ne s'agissait plus, comme dans les élections d'un autre temps, de donner la majorité à un ministère ou à une couleur de parti; il s'agissait de donner la majorité aux idées d'honnêteté et de bon sens, d'ordre et de religion. L'indifférence oisive serait un crime quand la partie qui se joue doit décider de la France. Le 21 mars, l'évêque de Digne donnait à ses curés de bons conseils pour l'utile exercice de leurs droits de citoyen.

Plus son adhésion au nouveau gouvernement était sincère, moins il supportait les essais de violences contre l'Église. On n'a pas oublié le décret d'un commissaire portant dissolution des corporations religieuses dans le département du Rhône; à peine ce décret fut-il connu de Mgr Sibour, qu'il adressa au ministre des cultes l'expression de sa douleur profonde, de la juste indignation qu'il éprouvait « dans « son âme d'évêque et de citoyen. » ; « Si nous étions « déçus dans notre attente, disait-il au ministre; si « cette flagrante violation des droits de la religion et « de la liberté, n'était pas promptement et énergique« ment réprimée, vingt-cinq millions de catholiques « se verraient forcés de retirer à la république l'ad« hésion qu'ils lui ont donnée avec tant de sponta« néité et de confiance. » C'est le 19 mars qu'il écrivait ces ligne, et Dieu sait ce qui régnait alors en France! Le prélat dénonçait en ces termes les mêmes mesures au président du gouvernement provisoire :

« Cet acte indigne l'opinion publique, révolte
« les consciences catholiques et compromet les des-
« tinées de la nouvelle révolution. Nos espérances
« ont donc été trompées, et les promesses de liberté
« qu'on nous a faites ne sont donc qu'un piége
« dressé à notre confiance et à notre loyauté! Il
« faut qu'on efface, dès aujourd'hui, la devise qui
« flotte sur le drapeau de la nation : Liberté, égalité,
« fraternité. On dénie le droit de se réunir, droit
« conquis par le peuple : est-ce liberté? le droit est
« acquis pour toute association politique et retiré
« pour une réunion religieuse : est-ce égalité? on
« chasse de leurs demeures des citoyens paisibles :
« est-ce fraternité ? a-t-on proclamé le règne de la
« liberté pour légaliser la servitude?.... Le gouver-
« nement provisoire se hâtera de flétrir l'acte du ci-
« toyen Emmanuel Arago, de calmer les alarmes et
« d'affermir la confiance publique ébranlée. » Ce langage était vigoureux, et l'évêque de Digne, pour montrer que les idées de liberté n'avaient pas dans son cœur une date récente, rappelait, au bas de cette lettre, son titre d'*ancien écrivain de l'Avenir*.

D'autres actes de violence avaient ému la vigilance épiscopale de Mgr Sibour. Un commissaire du gouvernement dans le département de l'Aisne, fier

de ses pouvoirs illimités, eut la fantaisie de *suspendre de leurs fonctions* les desservants de Pierre-Point et de Lesquielles St-Germain : il punissait l'un d'avoir refusé la sépulture à un suicidé, et frappait l'autre parce que *sa présence compromettait la tranquillité publique*. Notre prélat signala au ministre des cultes les actes du commissaire, qu'il appelait « abus de pouvoir, empiètement sur l'autorité épis-
« copale et violation de la liberté religieuse. » Il disait que les pouvoirs *illimités* du commissaire avaient des *limites*; qu'il n'était pas en sa puissance de ravir à personne ses droits de citoyen; qu'un culte n'est pas libre si ceux qui le professent ne peuvent pas faire ce qu'il prescrit, s'ils sont forcés d'en violer les lois. « Eh bien ! ajoutait l'évêque, il est une loi de l'Eglise, qui, pour inspirer l'horreur d'un crime abominable, du mépris de la vie et du devoir, défend à ses ministres de donner la sépulture religieuse aux suicidés ; venir donc nous imposer cette sépulture, n'est-ce pas attenter aux droits de la conscience, n'est-ce pas violer la liberté des cultes ?.... Serions-nous forcés de reconnaître que cette ère nouvelle de la liberté n'est pour nous qu'une ère de servitude, et que le gouvernement qui a promis de briser nos liens, est celui-là même qui les multiplie et les resserre davantage ?... Et croirait-on que parce qu'un délégué du pouvoir temporel a déclaré suspendu de ses fonctions M. Renard, curé de St-Pierre-Point, celui-ci ne pourrait

plus faire, dans sa paroisse, aucune fonction ecclésiastique sans commettre un délit? Ce serait s'arroger, au suprême degré, les absurdes et impies prétentions des premiers persécuteurs de l'Église, prétentions renouvelées plus tard par les anciens Parlements et par quelques légistes modernes, ennemis de toute liberté religieuse. » Le prélat dit au ministre que la république se briserait bien vite par des actes pareils.

Les comités électoraux, en divers départements, songeaient à des ecclésiastiques et même à des évêques pour la représentation nationale; les prêtres du diocèse de Digne savaient que nul n'était mieux préparé que leur évêque à la défense des intérêts religieux; ils eurent l'idée de le choisir pour l'un des représentants des Basses-Alpes. Mgr Sibour avait accepté la candidature et fait de vaillantes apparitions dans des réunions électorales à Digne; la perspective des orages de la tribune pour la défense de la cause catholique souriait à son intrépidité; mais, en plus d'un lieu, les commissaires du gouvernement provisoire entendaient à leur façon et à leur profit exclusif la devise fraternelle; on organisa l'intimidation contre les prêtres des Basses-Alpes, très-disposés à nommer leur évêque; par une circulaire du 12 avril, pleine de dignité et de mansuétude, le prélat se désista. « A l'exemple du divin Maître,
« disait-il, bénissons ceux qui nous repoussent et
« rendons le bien pour le mal. Ils sont toujours nos

« enfants. » Nous savons cependant qu'il lui en coûta de renoncer à sa candidature; il en éprouva du chagrin, surtout à la pensée de ne pouvoir s'asseoir sur les bancs de l'assemblée à côté de son cousin, M. l'abbé Léon Sibour, dont le nom allait sortir du scrutin de l'Ardêche. Mais la Providence tenait en réserve d'autres desseins et devait réunir autrement les deux amis. En attendant l'heure de plus grands devoirs, l'évêque de Digne avait laborieusement et obscurément repris ses visites pastorales; il nous écrivait d'Annot, le 27 mai 1848 : « Depuis bientôt
« quinze jours je suis en tournée dans la partie la
« plus ardue et la plus périlleuse de mon diocèse. Je
« chemine, à pied ou à cheval, sur la crête des mon-
« tagnes, sur les bords des précipices et à travers
« les torrents. Je visite jusqu'à trois et quatre pa-
« roisses par jour, prêchant, confirmant, faisant des
« ordonnances. C'est au milieu de cette fatigue ex-
« trême que votre lettre m'est arrivée comme un
« baume, comme un doux repos. »

Nous n'avons pas à raconter ici les journées de juin, cette insurrection la plus terrible qui se soit rencontrée dans l'histoire des révoltes humaines; ni la fermeté intrépide de l'Assemblée nationale qui, ayant pour bras le général Cavaignac, et forte des libres suffrages de la France entière, sauva alors pour de bon la société; il nous suffit de rappeler le martyre de Mgr Affre qui, en toute simplicité et sans l'ombre d'une pensée de chercher quelque chose d'éclatant, trouva une si glorieuse mort, une mort par laquelle le siége de Paris a été revêtu d'une splendeur nouvelle.

Qui fallait-il pour successeur du prélat tombé sur les barricades? qui fallait-il pour archevêque de Paris dans ce temps d'émotions populaires et d'aspirations généreuses, où un ardent besoin d'amélioration universelle travaillait les âmes? Il fallait un prélat réformateur et pénétré de l'esprit des temps nouveaux, un prélat d'un esprit large et d'un courage religieux, tendrement compatissant pour toutes les misères, capable d'élan au milieu du peuple; nul, mieux que l'évêque de Digne, ne remplissait ces conditions. Que de gens se vantèrent de l'avoir fait nommer au siége de Paris! le véritable électeur de Mgr Sibour fut son livre des *Institutions Diocésaines*; là se trouvaient tous ses titres à un aussi grand honneur. Si son élévation sur le premier siége de France eût été l'œuvre pure et simple de quelques amis ou de quelques hommes importants, elle n'eût excité que de la surprise; or, cette nomination fut une nomination d'acclamation dans le pays tout entier. Cet évêque, caché dans un pauvre coin des Alpes, apparut à chacun comme l'instrument providentiellement indiqué pour traverser des temps difficiles et travailler de plus haut à l'affranchissement de l'Église. Nous avons lu un très-grand nombre de lettres d'archevêques et d'évêques de France qui applaudissent à un tel choix et en bénissent Dieu; nous avons lu, par centaines, des lettres de Paris et des départements, signées d'ecclésiastiques ou d'hommes du monde attachés à la religion, et qui sont pleines d'effusion et d'actions de grâces : cette chaude et profonde sympathie de l'opinion offrit un rare spectacle.

Mgr Sibour, répondant au ministre des cultes qui lui annonçait sa nomination, lui disait le 14 juillet 1848 : « .... il y aura là peut-être encore des
« dangers à courir. Il me serait permis, sans
« doute, de reculer devant un insigne et redoutable
« honneur; mais le puis-je devant l'idée même du
« sacrifice ? La mort héroïque de Mgr Affre m'ap-
« prendrait au besoin, là-dessus, mon devoir. Oui,
« si Paris est un Calvaire, comme mes amis les plus
« intimes me le font envisager, je m'exciterai par
« cet illustre exemple ».

Cette pensée du Calvaire se retrouve dans presque toutes les lettres qui touchent à la nomination de l'évêque de Digne au siége de Paris, et dans toutes ses réponses ; elle se mêle aux témoignages de l'affection, aux espérances religieuses : la couronne de saint Denis n'est plus qu'une couronne d'épines, l'épiscopat de Paris est une voie douloureuse. Mgr Sibour se place lui-même en présence de ce calice, et s'il se rencontre des amis qui laissent éclater une joie trop vive, il leur répond :

« Vous avez des larmes de joie dans les yeux,
« pendant que j'en verse de tristesse. Oh ! ce n'est
« pas bien. Il valait mieux me plaindre, en voyant
« ce formidable fardeau imposé à ma faiblesse. On

« ne serait point parvenu, en tout autre temps, à me
« le faire accepter; j'aurais préféré mes paisibles
« montagnes à la ville de la joie et du plaisir : mais
« la Providence veut que je les quitte pour la ville
« de la souffrance et de la dévastation. Il y a là du
« sacrifice. Un évêque ne pouvait pas reculer (1). »

A la date du 12 juillet 1848, il nous disait :

« Le ministre me demandait de lui écrire dans le
« plus bref délai, je n'ai donc eu que 24 heures d'a-
« gonie, mais que ces heures ont été longues! que
« cette agonie a été cruelle! enfin j'ai accepté le ca-
« lice. Maintenant reste l'immolation... et c'est de
« quoi vous vous réjouissez, mes chers amis? ah, je
« vois bien que vous ne m'aimez pas. — Nous vous
« aimons, mais nous aimons encore plus l'Église,
« dites-vous. — Non, vous ne l'aimez pas! et, s'il en
« était ainsi, je vous pardonnerais. Mais ne con-
« naissez-vous pas mon impuissance?... »

Mgr Sibour, à travers les flots de lettres em-
pressées qui le félicitaient depuis sa nomination au
premier siége de France, distingua, avec les habitudes d'un cœur toujours fidèle, l'hommage de l'Académie du Gard. « L'Académie de Nîmes! » écrivait-
il à son secrétaire perpétuel, M. Nicot, « L'Acadé-
« démie de Nîmes! que de souvenirs ce seul mot
« me rappelle! que de fois ma pensée ne s'est-elle

---

(1) Lettre du 15 juillet 1848.

« pas reportée avec regret vers le temps heureux
« où il m'était donné de m'associer à ses travaux !
« que de fois n'ai-je pas assisté en esprit à ces inté-
« ressantes et paisibles réunions littéraires, où j'ai
« passé de si doux moments, où j'ai goûté tant de
« bonheur ! (1) »

La première fois qu'il arriva à Paris comme archevêque nommé, pour ses informations canoniques,
notre prélat versa des larmes à la vue de Notre-Dame,
à la vue de la grande cité, récemment ensanglantée
dans une lutte fraticide ; cette immense ville, travaillée par tant de passions et de misères, et si souvent
labourée par la tempête, c'était là le troupeau dont
il allait devenir le pasteur ! ce Paris auquel rien n'est
comparable, où l'intelligence est si rayonnante et
l'imbécillité si profonde, où la richesse a des enchantements toujours nouveaux et l'indigence des angoisses éternellement inconnues, où la vertu et le
crime se coudoient plus qu'en tout autre lieu de la
terre, ce Paris, le plus grand champ de bataille du
bien et du mal, où le ciel et l'enfer sont en quelque
sorte en présence, voilà une étrange cité épiscopale !
Les émotions de notre prélat s'expliquaient aisément,
et l'image de son prédécesseur, qui venait de donner
sa vie pour ses brebis, glorieuse apparition planant

---

(1) Lettre du 31 juillet 1848.

au-dessus de l'abîme des guerres civiles, lui rappelait à quel prix, en religion comme en politique, s'exerce parmi nous l'autorité. Hélas! lui aussi devait être une victime!...

Sa première visite à Paris fut pour le général Cavaignac. Il fut très-frappé de ses airs de simplicité antique, très-frappé de l'esprit supérieur de sa mère, véritable Cornélie, mais Cornélie chrétienne. Il garda jusqu'à la fin un profond souvenir de ce général respecté, qui ne tomba pas, mais qui descendit du pouvoir, et dont les services désintéressés appartiennent déjà à l'histoire. Les hommes du gouvernement, les membres de l'Assemblée nationale, les ecclésiastiques et les gens du monde, qui firent alors connaissance avec Mgr Sibour, furent séduits par ses manières et par ses idées généreuses.

Rentré dans les Basses-Alpes, notre prélat publia le 7 octobre, jour de la fête de Saint-Denis, sa lettre pastorale à l'occasion de la prise de possession de son siége. Les connaisseurs, les juges délicats remarquèrent ce premier langage du nouvel archevêque de Paris, bien digne d'être entendu de la société polie qui faisait partie de ses ouailles. Le prélat exprimait d'abord une surprise modeste : nous vivions en des temps qui déconcertaient toutes les prévisions; les événements portaient quelquefois à une subite et redoutable élévation celui que la main bénie de la Providence avait tenu jusque-là caché

dans une complète et bienheureuse obscurité. « Pou-
« vions-nous soupçonner qu'au milieu du vénérable
« collége des évêques de France, où brillent, avec
« les plus vives lumières, tant de sagesse et de sain-
« teté, nous serions l'objet d'une attention inexpli-
« cable, et que, pour le siége le plus éminent et le
« gouvernement le plus difficile, on viendrait choi-
« sir, sans aucune hésitation, le chef le plus humble
« de la plus petite tribu d'Israël ? » Ce choix avait
troublé les pensées de l'évêque et jeté son âme dans
l'épouvante ; avec bien plus de raison que Moïse,
homme alors obscur, à qui le Seigneur confiait la
plus sublime mission, il pouvait dire : « Qui suis-je
« donc, ô mon Dieu, pour sauver votre peuple de la
« servitude d'Egypte, pour mettre fin à de si lamen-
« tables douleurs ? moi, faible et sans éloquence,
« dont la pensée est lente et la parole tardive, pour-
« rai-je, luttant contre les enchanteurs de la science,
« l'arracher à la séduction de tant de doctrines cor-
« ruptrices ? Comment, je vous prie, du sein des
« discordes civiles, le ferai-je passer dans la terre
« promise de la paix, de l'amour, de l'union, de la
« fraternité ? Seigneur, ils ne voudront pas me
« croire, ils n'écouteront pas ma voix. Envoyez
« plutôt celui que vous devez envoyer (1). »

En vain le pasteur nommé, cherchant à calmer ses

---

(1) Exode, chap. 5.

pieuses terreurs par les circonstances même de sa vocation, se disait-il que, profondément inconnu de tous les hommes du pouvoir, il n'avait pas à craindre qu'elle eût été le résultat d'une préférence aveugle et intéressée, et que la voix de Dieu, prévenant tous les calculs humains, était venue, sans avis préalable, le réveiller comme en sursaut dans la solitude de ses montagnes. En vain pensait-il que l'acclamation des prêtres et des fidèles, écho pour ainsi dire de la voix du ciel, avait de quoi rassurer sa faiblesse en promettant à son indignité indulgence et amour; son âme persévérait dans les alarmes, elle était triste jusqu'à la mort, et l'évêque éprouvait comme les angoisses de l'agonie. Dans cet accablement, Dieu fit briller au fond de son esprit l'idée sainte du sacrifice.

« Nous nous demandions si l'immolation de soi-
« même aux autres ne résumait pas tout le sacer-
« doce chrétien : Et, qu'est-ce donc qu'un prêtre,
« disions-nous, sinon une victime perpétuellement
« immolée pour le salut de ses frères? Notre âme
« alors commença à se relever sous l'action de la
« grâce divine. La haute dignité qui nous était offerte
« avait autrefois de quoi tenter l'ambition humaine
« par le faste des richesses, la facilité du comman-
« dement, les hommages unanimes des peuples, les
« charmes enfin d'une calme et douce vie. Tout cet
« éclat faux et emprunté, grâce à Dieu, avait suc-
« cessivement disparu, durant la longue suite de nos

« tempêtes politiques. Mais, dans ce dépouillement,
« elle venait de se revêtir tout à coup de sa propre
« splendeur, et la foi, se jouant des frayeurs de la
« nature, nous y faisait découvrir de bien autres
« charmes. Le souvenir d'une mort à jamais glo-
« rieuse, la possibilité d'une destinée semblable,
« les blessures encore saignantes de nos discordes
« civiles, la perspective d'un terrible fléau dont les
« menaces nous arrivaient de toutes parts, voilà ce
« qui a eu le pouvoir de nous séduire. L'attrait du
« péril, de la souffrance, du dévouement, du sacri-
« fice, de l'immolation, a sollicité notre âme.....
« Nous nous prosternâmes donc à deux genoux en
« la présence du Seigneur. Nous consentîmes à
« rompre les liens si chers et si doux qui nous atta-
« chaient à l'Eglise de Digne, à courir où la religion
« et la patrie nous montraient tant de plaies à gué-
« rir, et à recommencer notre épiscopat avec des
« travaux mille fois plus grands, avec de nouvelles
« et immenses sollicitudes. Nous acceptâmes ce
« calice rempli des sueurs de notre futur apostolat,
« des amertumes dont il faut s'attendre à être
« abreuvé de la part du monde, des contradictions
« réservées à ceux qui veulent faire du bien à leurs
« semblables, de toutes les tribulations, en un mot,
« inséparables du gouvernement des esprits. Nous
« inclinâmes la tête devant la volonté du Père Cé-
« leste, disant : *Enfin, me voilà Seigneur! je*
« *suis prêt, avec votre fils, à prendre la croix,*

« *à ceindre la couronne d'épines et à monter au*
« *Calvaire*. Et notre âme aussitôt fut pleine de
« paix et de suavité, d'énergie et de courage. »

En transcrivant ce passage, nous nous sommes sentis remués au plus profond des entrailles; ces lignes du prélat étaient l'histoire prophétique de son épiscopat à Paris. Rien n'y manque, depuis le calice rempli de *sueurs*, d'*amertumes*, de *contradictions*, de *tribulations*, jusqu'au Calvaire.

L'éloge de ses deux illustres prédécesseurs arrivait noblement sur les lèvres de Mgr Sibour: l'un, réunissant en sa personne tout ce qu'il y a de plus saintement aimable dans Fénelon et saint François de Sales, se montrait à lui couronné de grâce et de douceur; père des orphelins du choléra, il lui apprenait le devoir du bon Pasteur pour les temps où l'épidémie pourrait sévir encore et répandre la mortalité; l'autre avait trouvé le triomphe dans une mort qui renouvelle la vie et la beauté du siége de Paris, et fait rejaillir sur l'épiscopat et le clergé de l'univers catholique tout entier, ainsi que le proclamait Pie IX (1), une gloire durable et éclatante.
« Auguste prélat, ajoutait le nouvel archevêque,
« vous nous soutiendrez par vos exemples, et, nous
« en avons la juste confiance, par votre interces-
« sion auprès de Dieu. Le sang versé vous a bap-

---

(1) Bref de Pie IX, du 23 juillet 1848.

« tisé pour la véritable gloire. Mais avant de pren-
« dre place dans le ciel parmi les martyrs de la
« charité, vous occupiez déjà sur la terre une place
« éminente parmi les saints pontifes. Votre vie
« nous apprendra la science ecclésiastique, et nous
« n'aurons qu'à suivre la trace lumineuse de vos
« pas. Elle nous apprendra cette fermeté épiscopale
« que rien ne doit ébranler ou affaiblir, ni les dis-
« grâces des hommes puissants, ni leurs fallacieuses
« caresses. Elle nous apprendra la simplicité, qui
« est un des charmes de la sainteté aussi bien
« qu'une des grâces du savoir. Mais la gloire de
« votre vie, illustre pontife, s'éclipse dans la gloire
« plus grande de votre mort. C'est par là surtout
« que vous deviendrez notre modèle, si jamais, ce
« qu'à Dieu ne plaise, les jours mauvais des dis-
« cordes civiles renaissent parmi nous. »

Dans la première quinzaine d'octobre, Mgr Sibour s'éloignait de ses chères montagnes pour ne plus y revenir. Il quittait un pauvre diocèse qu'il aimait et dont il était aimé. Il laissait derrière lui et pour toujours l'heureuse paix de sa vie.

# CHAPITRE QUATORZIÈME.

Mgr SIBOUR PREND POSSESSION DU SIÉGE DE PARIS. — SON PÈLERI-
NAGE AUX LIEUX OU SON SUCCESSEUR A ÉTÉ FRAPPÉ ; SUCCÈS RELI-
GIEUX DE CETTE VISITE AU FAUBOURG SAINT-ANTOINE. — VISITE DE
L'ARCHEVÊQUE AU FAUBOURG SAINT-MARCEAU. — LA CÉRÉMONIE RE-
LIGIEUSE DE LA PROMULGATION DE LA CONSTITUTION DE 1848.
— LA CHARITÉ DANS LE DIOCÈSE DE PARIS.

Le 18 octobre 1848, le nouvel archevêque de Paris, au son du bourdon de Notre-Dame et au milieu d'une grande foule, s'avançait vers la porte de sa métropole. Onze jours auparavant, il avait pris possession de son siége dans la personne de M. l'abbé Léon Sibour, alors représentant du peuple ; c'était lui-même qui maintenant allait faire son entrée dans cette basilique dont l'histoire serait l'histoire même de notre pays depuis sept siècles. Il fut reçu à la porte de Notre-Dame par le premier vicaire général du chapitre, M. Jacquemet, aujourd'hui évêque de Nantes. Le vicaire général lui dit que l'Église de Paris voyait arriver avec joie un pasteur disposé à donner aussi sa vie pour ses brebis, et le pasteur répondit qu'il était heureux d'entendre exprimer par une bouche amie les sentiments dont son cœur était plein. Après la cérémonie de l'audience où tout son clergé défila devant lui, l'archevêque, debout sur son trône pontifical, entonna les vêpres de l'octave de Saint-Denis. Après les vêpres, il bénit pour la première fois ses fidèles de Paris. Le *Te Deum*, mêlé aux accents de l'orgue, remplit ensuite l'enceinte sacrée comme un torrent d'harmonie religieuse, et, l'hymne achevée, le clergé accompagna processionnellement l'archevêque jusqu'à sa demeure, île Saint-Louis. Le peuple qui avait assisté à la cérémonie solennelle voulut aussi reconduire le prélat.

La première grand'messe célébrée à Notre-Dame par Mgr Sibour fut un pieux souvenir donné à une glorieuse mémoire; il officia, le 25 octobre, au service solennel pour le repos de l'âme de Mgr Affre. Le martyr de la charité n'avait plus besoin de prière sans doute, mais il était beau de voir son successeur inaugurer un nouveau ministère pastoral par un tel hommage et s'inspirer d'une aussi grande mort. Le nouvel archevêque fit plus encore; le jour même il laissa voir son âme toute entière en voulant visiter les lieux marqués par un illustre sacrifice ; il demanda d'être accompagné par les mêmes grands vicaires qui avaient accompagné Mgr Affre aux barricades. Au moment où Mgr Sibour, entouré des grands vicaires, donnait le signal du départ, l'un d'eux lui fit observer que sa voiture n'était pas encore avancée ; « ce n'est pas en voiture, « répondit le prélat, qu'on a coutume de faire un « pèlerinage : nous irons à pied ; c'est ainsi que mon « prédécesseur est allé à la mort. » Et comme l'archevêque était en grand costume officiel, on lui conseillait de se couvrir d'un manteau noir pour échapper aux regards de la foule curieuse. « Je veux, dit-il, « me présenter devant le peuple dans le même « costume que j'ai quand je vais voir le général Ca- « vaignac. Je veux surtout que mes enfants me voient « et puissent m'approcher. » Après quelques moments de marche, l'archevêque est reconnu ; la curiosité d'abord, et puis l'intérêt sympathique s'attachent à ses pas ; c'est une nouveauté dans Paris que cet archevêque cheminant dans les rues avec le manteau long, la ceinture flottante, le chapeau à glands d'or ; « Où va-t-il ? » se demande-t-on ; et cette question, que le prélat entend répéter de proche en proche, le décide à annoncer tout haut lui-même où il va. Dès cet instant la foule, qui applaudit au sentiment qui le pousse, lui fait cortége ; elle le suit avec respect, émotion, entraînement ; le peuple se fait pèlerin derrière lui pour aller visiter les traces d'une sainte victime. Mgr Affre, pour se rendre à la barricade où il fut frappé, avait eu à traverser la maison n° 4 de la rue du faubourg Saint-Antoine ; c'est devant cette maison que son successeur, debout de façon à dominer une multitude considérable et pieusement recueillie, rappela la mort du bon pasteur, son dévouement héroïquement paternel, la beauté de son sacrifice. Il dit que Mgr Affre avait eu plus de vertu et de science que lui, mais non pas plus d'amour pour son troupeau. « A Dieu « ne plaise, ajoutait-il, que j'aie occasion de verser « mon sang comme lui, puisqu'alors de nouveaux « malheurs auraient fondu sur nous ; mais je suis prêt « à mourir de fatigue au milieu des travaux de la charité. » De semblables paroles, on le pense bien, firent couler des larmes ; des acclamations partirent du milieu du peuple.

On sait que Mgr Affre, après sa mortelle blessure, fut déposé chez le marchand de meubles du n° 26 ; l'un des draps du lit de la jeune fille du marchand, promptement déchiré en deux, avait servi à faire des compresses pour étancher le sang qui coulait de la blessure. On montra pieusement à Mgr Sibour le linge avec les traces sanglantes. L'archevêque félicita cette famille de son empressement religieux à la vue du martyr, et du prix qu'elle attachait à d'aussi saintes reliques. Il se dirigea du côté du presbytère de Saint-Antoine où le vénérable blessé fut ensuite transporté, où il passa sa dernière nuit en ce monde et reçut les derniers sacrements. Un passage conduit de la maison du marchand au presbytère, et c'est par là qu'on avait emporté le prélat mourant. Mgr Sibour, pour ne pas se dérober à la foule qui l'attendait dans la rue Saint-Antoine, crut devoir ne pas suivre ce passage, et, prenant une seconde fois la parole en face d'un peuple avide de le voir et de l'entendre, il s'abandonna à tous les sentiments que lui inspiraient de touchants souvenirs. Après sa visite au presbytère, il descendit à l'église, s'agenouilla au pied de l'autel avec une ferveur profonde, et, pour la troisième fois prenant la parole, il éclata à la fois en accents pathétiques et en sanglots. Mgr Sibour rentra chez lui par la place de la Bastille. Le pèlerinage avait duré plus de deux heures. Les journaux du lendemain furent unanimes à constater l'immense succès religieux du nouvel archevêque, le respect, l'émotion, l'élan du peuple. Au milieu de ce faubourg Saint-Antoine dont le nom seul réveille toutes les agitations de notre passé politique, l'archevêque ne pouvait suffire à étendre les mains sur le nombre infini de personnes de toute classe, de tout âge, qui lui demandaient sa bénédiction. Durant son trajet de la Bastille à sa demeure, il ne fut occupé qu'à bénir des mères et des enfants, des croix, des médailles, des chapelets et des images ; à défaut d'objets religieux, la piété populaire lui présentait des sous qui devenaient des médailles. Tous voulaient le voir d'aussi près que possible, tous auraient voulu le toucher, tous voulurent être bénis. Le successeur de Mgr Affre ne pouvait ni mieux ni plus heureusement commencer; le soir de cette belle journée du 25 octobre 1848, les consolations et les espérances débordaient dans l'âme de Mgr Sibour.

Il était bon que la religion, sous les traits d'un archevêque pieux, dévoué, compatissant, apparût dans ces quartiers où l'indigence est si poignante et le travail si dur, où l'on supporte si difficilement les inégalités sociales; dans ces quartiers que la guerre civile venait si tristement d'ensanglanter. Après le faubourg St-Antoine, le faubourg St-Marceau reçut la visite du pasteur. Une fille de saint Vincent-de-Paul, admirable entre toutes, qui fut une puissance à force de charité, et qui fut une autorité respectée quand il n'y avait plus d'autorité, Sœur Rosalie était allée porter à Mgr Sibour les vœux des pauvres et des malheureux. Ce qu'elle demandait, elle le trouva dans le cœur de l'archevêque qui songeait à visiter les misères du faubourg St-Marceau.

La maison n° 3 de la rue de l'Épée-de-Bois est comme un sanctuaire de charité dont les douleurs humaines connaissent le chemin. Des anges visibles y pansent les plaies de Lazare. Mgr Sibour y donna rendez-vous aux pauvres gens que sœur Rosalie et ses compagnes avaient coutume de nourrir. Il croyait ne rencontrer dans la rue de l'Épée-de-Bois que les malheureux, ses amis de prédilection, dont la réunion souriait à sa charité. Il y trouva le faubourg tout entier. Il eut à traverser des flots de peuple pour arriver au pieux et touchant rendez-vous. Avec quel attendrissement et quel respect il s'approcha de ceux que la langue chrétienne de nos pères appelait *nos seigneurs les pauvres*, des vieillards et des infirmes réunis au bureau de bienfaisance! Il leur parla du sauveur du monde qui avait voulu naître pauvre et souffrir, les exhorta à sanctifier les tristesses de leur état par la prière et la résignation, et leur fit distribuer des aumônes.

— Sont-ce là tous vos enfants? dit l'archevêque aux bonnes sœurs.

— Non, Monseigneur.

— Pourquoi ne sont-ils pas venus tous?

— C'est qu'ils ne le peuvent, Monseigneur; ils ne peuvent même plus mendier.

— Où sont-ils donc?

— Sur leur grabat.

— Eh bien! répondit l'archevêque, s'ils n'ont pu venir, c'est à nous d'aller. Vous m'accompagnerez, messieurs les ecclésiastiques, ajouta-t-il en se tournant vers les prêtres de Saint-Médard, et vous aussi, mes bonnes sœurs.

— Mais il y en a beaucoup, Monseigneur.

— Raison de plus, dit l'archevêque.

On lui fit observer que la plupart de ces malheureux demeuraient très-haut ou dans des réduits peu accessibles. Le prélat répondit que la fatigue lui deviendrait douce par le sentiment du devoir accompli ; et, disant ces mots, il se mettait en marche. Il s'avança dans la rue Mouffetard, au milieu des acclamations du peuple qui affluait jusque dans les rues environnantes. De temps en temps, l'archevêque, suivi seulement d'une sœur de charité et de son secrétaire, se détachait du cortége et disparaissait par de petites portes ou d'étroites et obscures allées ; il montait des escaliers raides et sombres, passait par des lieux infects, plongeait dans les ténèbres pour arriver à des malheureux à peine éclairés d'une faible lumière, et souvent grimpait à des échelles en se tenant à des cordes. L'archevêque de Paris apparaissait tout à coup dans ces réduits sans air, où la souffrance gît sur la paille ou le carreau nu, où le pâle désespoir habite ; la pauvreté surprise dans sa douleur ouvrait des yeux étonnés ; ce paternel empressement, ce doux son de voix et ce sourire, cette soutane d'évêque et cette croix d'or sur la poitrine, c'était dans ces demeures sans nom comme une vision divine. Les montées et les descentes du prélat durèrent ainsi plus de quatre heures, et partout, avec le souvenir de ses paroles évangéliques, il laissa des marques de sa charité. Quelque chose de la puissance céleste s'attachait pour le peuple au pasteur en qui reluisait comme un rayon de la bonté de Dieu ; poussés par la foi, des parents s'avancent, soutenant une pâle jeune fille ; devant eux la foule s'ouvre avec respect ; la jeune malade s'arrête en présence du pontife; son père et sa mère, les yeux pleins de larmes, implorent pour elle une bénédiction d'une puissance particulière: « Ma fille, dit l'Arche-« vêque en étendant les mains sur elle, ma fille, qu'il « vous soit fait selon votre foi. » Une émotion profonde accompagna et suivit cette scène, digne des temps apostoliques; et la scène se passait dans la rue Mouffetard !

Mgr Sibour, poursuivant sa marche dans le faubourg Saint-Marceau, voit l'enseigne d'un atelier de corroyeurs : « Y a-t-il là beaucoup de travailleurs? » dit l'Archevêque. — « Pas beaucoup, Monseigneur, « cinquante ou soixante, tout au plus. » — Ça en « vaut bien la peine, » reprend l'Archevêque. Il fait demander au chef d'atelier s'il peut voir ses ouvriers : « Certainement, certainement, » répond le maître. Et bientôt les ouvriers, voulant épargner à l'Archevêque l'entrée de la courroierie, devant laquelle il n'eut pas reculé, se réunissent dans la cour. Le prélat, dans une affectueuse allocution, leur dit que le travail est une peine et une loi, qu'il faut le rendre profitable aux intérêts de l'âme immortelle, que les épreuves de la vie humaine sont passagères et que notre patrie est plus haut. Puis, élevant la main au-dessus d'eux : « Je vous bénis, ajoute-t-il, « mes chers enfants, et, dans votre personne, je « bénis tout ce qui vous est cher, vos femmes, vos « enfants, vos frères et vos sœurs. Je bénis aussi « votre travail que je vous exhorte à sanctifier par

« la prière. » Et la plupart des ouvriers se mirent à genoux, et les autres s'inclinèrent avec des marques de respect et de religion. Ce fut en sortant de là que l'Archevêque conçut le projet de visiter tous les grands ateliers de Paris. Une apparition aux Gobelins et dans les écoles primaires termina cette journée au faubourg Saint-Marceau, qui fut aussi pleine et aussi consolante que la journée au faubourg Saint-Antoine.

On avait dit à Mgr Sibour que, depuis les journées de juin, il y avait à la prison de Sainte-Pélagie, à côté de peines méritées, de tristes erreurs et d'inutiles sévérités ; il s'y rendit le 6 novembre, dans l'espoir d'adoucir des douleurs et de calmer des irritations. Il commença par visiter les blessés de l'insurrection qui s'y trouvaient ; ce n'étaient plus que des vaincus, des victimes d'un déplorable entraînement. Le prélat les convia à des idées d'ordre et de paix, à des sentiments chrétiens. Sa présence dans la prison fut partout une douce fête. De pauvres familles de prisonniers eurent part à ses pieuses libéralités, et le général Cavaignac, sur la demande de l'Archevêque, rendit la liberté à ceux des captifs dont la société n'avait rien à craindre.

Cependant, l'Assemblée nationale venait d'achever la Constitution. Le gouvernement avait désiré que la promulgation en fût marquée par une cérémonie religieuse. Le Ministre de l'Instruction publique et des Cultes avait ajouté « que la capitale serait heu-

« reuse de voir le vénérable prélat, qu'elle venait
« de recevoir avec tant d'empressement et d'espé-
« rance, donner une consécration religieuse aux ins-
« titutions nouvelles. » La cérémonie eut donc lieu le
12 novembre ; dans le trajet de la procession, depuis
la Madeleine jusqu'à la place de la Concorde, au bruit
du chant de l'hymne *Veni Creator*, le peuple de Paris attacha ses regards sur l'archevêque. Quoique de
taille moyenne, Mgr Sibour, revêtu de ses habits
pontificaux, marchant, mitre en tête, avec son bâton
pastoral, avait une noble aisance, une dignité charmante qui ravissaient. Ce n'était pas la majesté de
Mgr de Quélen, c'était autre chose. Il y avait à la
fois dans l'allure de Mgr Sibour un grand sentiment
de piété et une sorte de grâce enlevante; quelque
chose de l'élan de son âme se montrait dans sa manière de bénir. Après la lecture de la Constitution
par le président de l'Assemblée, l'archevêque célébra une messe basse sur la place de la Concorde où
un autel était dressé. La bénédiction pontificale termina la cérémonie, et ce moment, au milieu d'un
silence immense, fut très-beau.

La Constitution de 1848 méritait que la religion
vînt la bénir, parce qu'elle fut l'œuvre d'une majorité d'honnêtes gens. Elle était certainement imparfaite comme toutes ces constitutions que les révolutions écrivent sur le papier et que d'autres révolutions effacent. On n'avait pas songé à construire
un monument éternel, mais un abri. La France,

parfois a peur d'elle-même, et alors accepte toute forme de gouvernement ; mais revenue à un peu de calme, elle retrouve ses instincts. Elle adressait surtout un grand reproche à cette constitution de 1848, le reproche d'être républicaine. A côté de ce défaut général que l'Assemblée nationale ne pouvait guère éviter, puisqu'elle avait reçu mission de constituer la république, on en remarquait un autre : l'antagonisme des deux pouvoirs. Cet antagonisme était dans les flancs de la Constitution comme le germe d'une maladie qui devait l'emporter. Mais le souvenir de la Constitution de 1848 n'en demeure pas moins respectable, car ce fut avec elle que justice fut faite des violateurs de la majesté nationale, le 15 mai, et ce fut avec elle que l'assemblée affermit l'ordre public, rétablit le pape, donna au pays la liberté d'enseignement.

On se souvient de la misère de Paris, durant l'hiver de 1848 à 1849 ; des milliers de familles, ne vivant que du travail, restaient sans pain depuis que le travail était interrompu par les inquiétudes publiques. La popularité déjà éclatante de l'archevêque de Paris, ne se séparait pas de sa réputation de charité ; des demandes de secours lui arrivaient sans cesse : l'impossibilité de pourvoir à tous les besoins était devenue une tristesse pour lui. Pour être plus sûr de faire avec discernement et utilité véritable ce qu'il pouvait dans la limite de ses ressources, il avait choisi, à l'exemple des apôtres, des intermédiaires fidèles et zélés : c'étaient, pour chaque arrondissements de Paris, les sœurs de charité, amies et confidentes des pauvres ; le prélat leur adressait, avec toutes les pétitions qu'il recevait, les sommes dont il pouvait disposer. Il avait ainsi réglé le service personnel de ses aumônes, tout en méditant une organisation pour le développement de la charité chrétienne dans l'immense capitale. Cette organisation ne se fit pas attendre. L'archevêque fonda une Association générale de charité dans le diocèse de Paris : par les statuts de cette Association il ne changeait rien, il prenait les œuvres générales et particulières de chaque paroisse, mais il les coordonnait et les unissait entre elles. L'isolement des œuvres nuisait à leur puissance ; elles pouvaient gagner en féconde énergie en se rattachant à un centre commun. Un comité dirigeait dans chaque paroisse l'Association et devait se réunir tous les mois. Il y avait un conseil général et un conseil d'administration. L'Association adoptait, comme première œuvre générale, l'Œuvre admirable des Familles, dont les bienfaits demeurent inséparables de la mémoire de Mgr Sibour. A la fin des statuts de l'Association générale de charité, l'archevêque disait :

« Pour étendre cette idée de l'adoption des famil-
« les, nous prions MM. les ecclésiastiques et toutes
« les personnes charitables de répéter souvent l'ob-
« servation suivante : Le nombre des pauvres, for-

« mant, en temps ordinaires, le dixième de la popu-
« lation, si dix familles se chargeaient d'une famille,
« le problème de la misère serait résolu, l'humanité
« serait consolée, la religion fortifiée, la société
« sauvée. »

La circulaire, qui accompagnait ces statuts et qui était adressée aux curés de Paris, restituait à la charité privée le rang qu'une certaine école aurait voulu lui faire perdre, et, tout en rendant justice à la charité légale, signalait son impuissance sans l'action privée et chrétienne. Il avait raison de penser que les revenus de l'État s'épuiseraient sans profit dans des entreprises d'assistance, et que rien n'égale à la fois et l'abondance des dons de chacun et leur intelligente efficacité. On sentait remuer ses entrailles paternelles dans son appel à la charité aux approches d'un redoutable hiver. « Formons une sainte ligue, disait-il : bienfaisance publique, bienfaisance privée, charité chrétienne, charité sacerdotale, unissons-nous et attaquons de tous côtés cet ennemi qui est à nos portes : la misère escortée de la faim et du désespoir. Quelle honte pour nous, pour cette capitale de la civilisation, si un seul de nos frères mourait dans l'abandon et le dénûment. Oh! chrétiens, songeons surtout que nous formons tous une seule et même famille. Les pauvres en sont les membres les plus nobles. Jésus-Christ a jeté sur leurs misères le manteau royal de sa divinité. » Cette lettre fut lue au prône dans les églises de Paris ; le langage de l'archevêque retentit au fond de toutes les âmes. Que de libéralités partirent des mains chrétiennes dans ce rude hiver où la société malade avait tant de souffrances à soulager, tant de blessures à guérir! A Paris les sources de la charité coulent, coulent toujours, mais il y eut alors un redoublement de compatissance auquel contribua beaucoup le zèle stimulant du premier pasteur. Il fonda plus tard avec un touchant succès les vestiaires de la charité.

# CHAPITRE QUINZIÈME.

PROJET DE L'ARCHEVÊQUE D'ALLER VISITER PIE IX ; SA DOULEUR EN APPRENANT LA RÉVOLUTION ROMAINE ET L'EXPULSION DU PAPE ; SON APPEL AUX FIDÈLES POUR SUBVENIR AUX BESOINS DU SOUVERAIN PONTIFE ; SA LETTRE AU PAPE EN LUI ENVOYANT LES OFFRANDES DU DIOCÈSE DE PARIS. — SA LETTRE DU 24 MARS 1849, RECTIFICATION ET APPRÉCIATION. — L'EXPÉDITION DE ROME. — LA LETTRE DE L'ARCHEVÊQUE DE PARIS EN FAVEUR DE VENISE. — UNE LETTRE PARTICULIÈRE DE PIE IX SUR CERTAINS AGITATEURS.

Le 6 novembre 1848, l'archevêque de Paris à l'esprit de qui Rome était toujours présente, écrivait à Pie IX : « ... Aussitôt, Très-Saint-Père, que ma visite
« pastorale sera terminée, j'irai, fidèle à mes ser-
« ments et au vœu le plus cher de mon cœur, j'irai
« déposer aux pieds de Votre Sainteté le compte de
« mon administration; j'irai m'abreuver encore une
« fois à cette source intarissable de grâces qui jaillit
« de la confession de Saint-Pierre; j'irai voir face
« à face le plus noble et le plus aimé de ses succes-

« seurs ; j'irai, Très-Saint-Père, vénérer dans votre
« personne sacrée le vicaire de Jésus-Christ, le
« pasteur des pasteurs, la gloire et le salut de l'É-
« glise, notre chef, notre père, celui que nous met-
« tons, après Dieu, dans notre obéissance et notre
« amour. »

Peu de temps après, le souverain pontife dont Mgr Sibour avait salué avec tant d'enthousiasme les réformes généreuses, était en butte à des attaques impies ; une révolution, débutant par un assassinat, éclatait dans la capitale du monde catholique. A la première nouvelle de ces sinistres événements, l'archevêque de Paris, dans une circulaire aux curés de son diocèse (1), laissa voir toute la profondeur de son affliction ; « Le vicaire de Jésus-Christ, disait-il
« d'un accent de douleur, commence sa passion. Il
« boit le calice de l'ingratitude qu'il avait entrevu
« le jour où son âme magnanime résolut d'opérer,
« par la confiance, par l'amour, la rédemption de
« son pays. Le père de la liberté italienne n'est
« peut-être plus libre en ce moment. » Le prélat, répandant ses larmes avec ses prières, demandait à Dieu de confondre les complots des méchants ;
« ces complots, ajoutait-t-il, sont aussi vastes que
« ténébreux, et ceux qui les ourdissent n'en veulent
« pas au chef temporel d'un des plus petits Etats de

---

(1) 26 novembre 1848.

« l'Europe, ils en veulent au chef du catholicisme.
« Pour asservir les peuples, ils voudraient briser le
« lien qui les unit. » L'Archevêque pensait que les
nations catholiques verraient le danger, et que la
France ne souffrirait pas qu'on vînt l'attaquer ainsi
dans ses croyances, dans ses traditions, dans ses
intérêts les plus élevés. « Si Rome, disait-il, est la
« tête du catholicisme, la France en est le cœur et
« le bras. »

Quand le pape eut quitté Rome pour se dérober à
la révolution triomphante, Mgr Sibour prescrivit des
prières publiques (1) et dénonça le peuple de Rome qui
n'avait su « ni défendre ni conserver son pontife. »
« ... Pie IX a dû secouer la poussière de ses pieds,
« et, nouveau pèlerin apostolique, il est allé de-
« mander à un pays voisin l'indépendance dont les
« nations catholiques ne souffriront jamais que le
« père commun des fidèles soit privé. » On se rappelle que l'Assemblée nationale et la France entière
avaient espéré que le pape choisirait notre pays
« pour y verser les bénédictions de son exil. » Le
prélat abandonnait avec un regret profond cette douce
espérance. Notre douleur lui paraissait ainsi sans
consolation. « Quand Pierre était dans les fers, ajoutait-il, l'Église de Jérusalem priait pour lui, et l'ange
libérateur ouvrait devant l'apôtre les portes de la pri-

---

(1) 15 décembre 1848.

son. Pie IX n'est pas captif, mais il n'a pu conserver la liberté qu'en se condamnant à la plus douloureuse des séparations. Prions pour que cette séparation soit courte, et pour que les portes de Rome s'ouvrent bientôt devant son retour... Que nos vœux donnent au successeur de Pierre plus de puissance qu'on ne voudrait lui en ôter! Il est faible, que notre fidélité soit sa force; il est errant, disputons-nous l'honneur d'être ses hôtes glorieux; il est pauvre, ah! venons à son aide. Quelle joie pour des enfants de pouvoir secourir leur père! Ne laissons ce privilége exclusif à aucun gouvernement. C'est la piété des siècles passés qui avait formé et enrichi le patrimoine de Saint-Pierre. Pie IX, privé momentanément de ses ressources temporelles, trouvera, je n'en doute pas, un nouveau et plus ample patrimoine dans la pieuse et libérale tendresse du clergé catholique et de tous les fidèles. »

Ces dernières lignes indiquaient une pensée dont l'Archevêque se réservait de poursuivre la réalisation. Il la proposa aux évêques de France, et, encouragé par les vives adhésions de ses vénérables collègues qui allaient faire appel à la piété catholique dans leurs diocèses, il organisa les collectes et les souscriptions volontaires. Et d'abord il ordonna qu'une collecte fût faite pour le pape dans toutes les églises de Paris et de la banlieue, et qu'une souscription s'ouvrît dans toutes les paroisses du diocèse. Un comité central devait recevoir tous ces dons de la piété filiale des chrétiens; il se composait d'un grand vicaire de Paris, de deux chanoines, MM. Dupanloup et Jammes, et de quatre laïques dont la France connaissait le dévouement à la cause catholique : MM. de Montalembert, Baudon, Ozanam, et Henri de Riancey. Les évêques de Langres, d'Orléans et de Quimper, membres de l'Assemblée nationale, donnèrent leur assentiment à ces dispositions qui leur furent communiquées. On sait à quelle misère immense s'appliquaient alors les pieuses largesses des fidèles de Paris ; les offrandes destinées à l'auguste proscrit de Gaëte ne furent pas ce qu'elles eussent été en d'autres temps et n'apparurent que comme une très-faible expression du sentiment public : le pape ne mesura pas notre amour à la modicité du chiffre. Nous lui réservions mieux que notre or, nous devions lui donner notre sang.

L'Archevêque de Paris accompagna d'une lettre au pape l'envoi des offrandes de son diocèse. Il regrettait qu'elles fussent si peu dignes et de celui qui en était l'objet et de la grande cité qui les déposait aux pieds du père commun. Mais le souverain pontife n'ignorait pas les malheurs des temps et les charges exceptionnelles de la ville de Paris. Mgr Sibour aimait à dire à Pie IX que ces offrandes provenaient de toutes les classes de la population parisienne, que c'était le denier des pauvres comme des riches, que les ouvriers comme les enfants des écoles avaient contribué selon leurs moyens. Il citait deux ou trois cents jeunes apprentis, dirigés par la société de St-Vincent-de-Paul, et qui l'avaient ému jusqu'aux larmes en venant lui apporter leur obole. Il louait le zèle des comités de paroisse et des curés de Paris. L'Archevêque rendait un témoignage particulier à une association de dames formée à cette occasion par M<sup>me</sup> la duchesse d'Harcourt, et qui l'avait puissamment aidé par des collectes et une loterie au profit de l'œuvre. Il demandait au pape une bénédiction particulière pour tous ces pieux et généreux empressements.

Nous n'avons pas à rappeler ici les hommages qui, partis de tous les points du monde catholique, firent cortége au malheur du pontife exilé (1); ce fut comme un pèlerinage à Gaëte de toutes les âmes chrétiennes ; elles s'attachaient avec une énergie nouvelle à Pie IX persécuté. Mais il nous faut restituer ici son caractère exact et son entière vérité à une pièce qui n'a jamais été imprimée et qu'on a commentée comme on a voulu; il s'agit d'une lettre de l'Archevêque de Paris au pape, le 24 mars 1849. On a insinué, on a dit et répété, jamais dans les journaux, mais souvent dans des appréciations particulières, que Mgr Sibour écrivit à Pie IX pour

---

(1) On a eu l'heureuse idée de réunir tous ces pieux et mémorables hommages en deux vol. in-4°, imprimés à Naples en 1850, et intitulés: *l'Orbe cattolico a Pio IX pontifice massimo esulante da Roma.*

l'engager à renoncer à son pouvoir temporel ; ce sens, donné à la lettre du 24 mars 1849, est une erreur. L'Archevêque de Paris, après avoir lu la note du cardinal secrétaire d'Etat, faisant appel, au nom de Sa Sainteté, à quelques-unes des puissances catholiques, notamment à l'Autriche, pour le rétablissement, au besoin par les armes, de la souveraineté temporelle du pape, sentit au fond du cœur de très-vives alarmes ; il se demanda, aux heures du recueillement et de la prière, à genoux devant son crucifix, avec une inquiétude profonde et un grand tremblement sur les intérêts de l'Eglise, si cet appel, fait au nom du pape, pour le rétablissement, à main armée, de son autorité temporelle, n'était pas de nature à porter quelque dommage à la religion ; il se demanda s'il n'eût pas mieux valu que le souverain pontife se fût présenté aux nations catholiques *comme leur hôte et leur père ; comme une grande et douce victime, et s'en fût remis à elles du soin d'assurer une indépendance et une souveraineté qui constituent un de leurs intérêts les plus élevés.* L'Archevêque hésita beaucoup avant d'exprimer ce sentiment au Saint-Père dont il craignait d'affliger le grand cœur ; il s'y décida, obéissant à ce qu'il regardait comme un devoir.

Voici toute la partie essentielle de cette lettre du 24 mars 1849 ; nos propres réflexions viendront après :

« ... Nous reconnaissons, Très-Saint-Père, toute

« L'IMPORTANCE DE LA SOUVERAINETÉ TEMPORELLE
« SANS LAQUELLE, DANS LES TEMPS OU NOUS SOMMES,
« IL SEMBLE SI DIFFICILE D'ASSURER L'INDÉPENDANCE
« DU PONTIFICAT; nous savons aussi les serments
« que Votre Sainteté a faits, et NOUS NOUS RENDONS
« COMPTE DE TOUS LES EFFORTS QU'ELLE PEUT VOU-
« LOIR TENTER POUR RENTRER DANS SES ÉTATS; mais
« nous n'en serions pas moins profondément affligés
« si elle devait y rentrer à la suite d'un conflit san-
« glant; et déjà, cet appel à la force armée, fait par
« les ministres de Votre Sainteté, a retenti doulou-
« reusement dans nos cœurs. Ah! si Votre Sainteté,
« chassée de Rome par une faction ingrate, s'était
« présentée aux peuples de l'Italie et de l'Europe
« entière comme une grande et douce victime, ne
« prononçant que des paroles d'amour, ne laissant
« tomber de ses mains que des bénédictions, se pré-
« sentant aux nations catholiques comme leur hôte
« et leur père, et s'en remettant à elles du soin
« D'ASSURER UNE INDÉPENDANCE ET UNE SOUVERAI-
« NETÉ QUI CONSTITUENT UN DE LEURS INTÉRÊTS LES
« PLUS ÉLEVÉS, nous osons penser, Très-Saint-Père,
« que Votre Sainteté, se serait placée par là dans
« des conditions plus favorables, ou, tout au moins,
« plus en harmonie avec la nature du souverain
« sacerdoce et, surtout, avec les tendances de son
« propre cœur... »

Il résulte très-évidemment de cette lettre, que Mgr Sibour n'engageait pas le pape à renoncer à sa souveraineté temporelle, qu'il reconnaissait la haute importance de cette souveraineté et la parfaite justice de tout noble effort du pontife pour rentrer dans ses États ; il différait, avec le gouvernement de Pie IX, sur les moyens de recouvrer cette puissance perdue, et ici Mgr Sibour se trompa. Assurément, une rentrée à Rome, sans coup férir, eut mieux valu aux yeux de la religion, aux yeux des catholiques, aux yeux du monde entier. Mais les événements humains ne s'arrangent pas au gré de nos pacifiques désirs. Les nations catholiques n'auraient pas entrepris de restaurer Pie IX, si Pie IX ne le leur avait pas demandé, et, lors même qu'elles en auraient pris l'initiative en présence du pontife proscrit, du pontife, victime résignée et pèlerin apostolique, il aurait toujours fallu compter avec les passions révolutionnaires, maîtresses de Rome ; et, comme des bénédictions ne suffisent pas pour que les révolutions lâchent prise, un *conflit sanglant* à Rome eut toujours été inévitable. Le pape, comme pontife, n'a pas besoin de la force armée ; il la repousse de toute la hauteur de son ministère spirituel, mais, comme prince, il en a besoin : il ressemble en cela à tous les princes de la terre. Notre expédition de Rome restera comme un grand souvenir ; elle a jeté sur le nom français un éclat magnifique aux quatre coins de l'univers, d'abord, parce qu'elle a été au plus haut degré une œuvre d'ordre, ensuite, parce qu'en rétablissant le pouvoir temporel du pontife, elle a rendu l'indépendance à celui que deux cents millions de catholiques appellent leur père : la France a été l'épée d'une immense famille qui voulait que son chef reconquît sa liberté.

Nous ne ferons pas difficulté de devancer un peu les dates pour parler tout de suite d'une autre lettre de l'Archevêque de Paris, dont le retentissement fut très-grand : la lettre en faveur de Venise.

Tout le monde sait que l'ancienne république de Venise n'est plus qu'un pays autrichien, mais on a souvent oublié que nos rois la protégeaient et l'aimaient, que sa ruine a été l'œuvre de la révolution française, aidée de l'épée du général Bonaparte, et que la cession de Venise à l'Autriche, date des préliminaires de Léoben. Vraiment les révolutions n'ont pas porté bonheur aux nationalités, et, lorsqu'elles accusent les princes, elles pourraient bien aussi s'accuser un peu elles-mêmes. Venise, après les secousses de 1848, avait profité d'un moment qu'elle croyait opportun pour ressaisir et proclamer son indépendance ; l'Autriche ne s'était pas résignée à la perte d'un tel joyau : elle avait mis ses troupes en mouvement ; la république renaissante se croyait très-menacée. Elle avait auprès de notre gouvernement un envoyé qui n'obtenait rien : elle songea à l'Archevêque de Paris, dont la croissante popularité apparaissait de loin comme une puissance ; elle sollicita son intervention auprès de la république française, qui se souciait peu de tenter les aventures au delà des monts, surtout après les succès de Radetzki en Lombardie. L'Archevêque ne refusa pas aux magistrats de Venise l'appui de ses démarches : il les renouvela plusieurs fois.

Enfin, le 9 août 1849, il écrivit de Saint-Germain-en-Laye une pressante lettre au ministre des affaires étrangères. Il n'espérait plus du gouvernement français une action efficace pour maintenir Venise dans son indépendance reconquise, ni même de sérieux efforts pour obtenir « une honorable capitulation, « renfermant l'oubli du passé et la garantie de l'ave-« nir; » il demandait que la France, d'accord au besoin avec l'Angleterre, usât de son influence pour diminuer les maux réservés à un peuple malheureux. Telle était la pensée de cette lettre d'un ton assez vif à l'endroit de l'Autriche. L'Archevêque, dans les premières lignes, se déclarait étranger à la politique, uniquement occupé de son saint ministère; il n'aimait pas, disait-il, à se mêler des intérêts temporels des peuples, si souvent compliqués, et ne voyait dans l'affaire de Venise qu'une question morale, une question de justice, d'humanité, de civilisation : « Je me souviens aussi, ajoutait-il, que plus d'une « fois dans les temps anciens, l'Eglise éleva la voix « pour défendre des cités et des peuples malheu-« reux. »

Le prélat avait donc cru ne pas faire de la politique dans sa lettre au ministre, et en avait fait beaucoup ; il pensait n'être que généreux et compatissant, n'être qu'évêque, et la politique dont il aurait voulu le triomphe, eut mis le feu aux poudres. Mgr Sibour put mesurer la portée de cette lettre le jour où elle fit explosion par son insertion dans une feuille démocratique : un ami de M. Pasini, chargé d'affaires de Venise, en avait communiqué une copie à un journal. L'Archevêque ne fut pour rien dans le fait même de la publication de cette pièce reproduite par cent journaux ; mais ce n'était pas évidemment le ministre des affaires étrangères qui l'avait livrée à la presse, et d'autres que lui en avaient eu donc connaissance.

L'émotion fut vive dans le monde officiel, très-vive de tous côtés, en France et en Europe ; il y eut du mécontentement à Vienne, un cri d'allégresse à Venise. Des félicitations, parfois compromettantes, arrivèrent en masse à l'Archevêque ; les attaques aussi ne manquèrent pas. Pour bien s'expliquer la lettre du prélat, il faut se le représenter attendri par la perspective de calamités qui pouvaient tomber sur un peuple chrétien et par les supplications des magistrats de Venise : il faut songer encore qu'un acte comme celui du 14 août 1849, excitait d'ardentes sympathies dans des rangs catholiques où se rencontraient des services éclatants. Un écrivain d'une foi profonde et d'un beau talent, emporté de la vie à mi-chemin, mais qui, déjà, avait assez fortement creusé son sillon pour que le temps ne puisse plus l'effacer, adressa, dans les termes suivants, ses félicitations à l'Archevêque de Paris (1) :

« Vous nous rappelez, Monseigneur, que Dieu n'est
« pas toujours du côté du plus fort; votre lettre res-
« tera comme une de ces grandes protestations qui
« sauvent dans la conscience des hommes le droit
« terrassé sur les champs de bataille. Nourri, par le
« devoir même de ma profession, dans le commerce
« des plus grands esprits du moyen âge et de l'an-
« tiquité chrétienne, souffrez que je le déclare,
« Monseigneur, avec leur magnanimité ils vous ont
« prêté toute leur éloquence. Vous avez l'honneur
« de déplaire à des hommes qui auraient blâmé Fla-
« vien d'intervenir pour Antioche et saint Aignan
« de fermer les portes d'Orléans à Attila. Mais un
« temps viendra où l'on achètera à prix d'or le nu-
« méro du journal où ils vous injurient, pour y trou-
« ver cette admirable lettre; l'histoire la recueil-
« lera. Avant un siècle peut-être, Venise affranchie
« la rangera parmi les titres de sa liberté; et qui
« sait si bientôt nous-mêmes, dans d'autres périls
« et d'autres tourmentes, nous ne serons pas heu-
« reux de la produire, de l'invoquer, de prouver,
« par votre exemple, Monseigneur, que toute récon-
« ciliation n'est pas devenue impossible entre le
« christianisme et la démocratie. »

---

(1) Lettre datée de Versailles le 16 août 1849.

On voit quels généreux complices avait l'Archevêque. L'histoire de l'Église aurait pu absoudre la lettre en faveur de Venise, la politique ne le pouvait pas. Il ne suffit point, en pareil cas, d'avoir raison devant les souvenirs du passé, devant l'humanité, devant les cœurs généreux ; la politique se compose de convenances, d'à-propos, de situations diverses et de possibilités ; un ministre d'un grand cœur peut, à un moment donné, ne pas tirer l'épée pour une cause qui, au fond, sera juste, si des inconvénients graves et des malheurs probables s'attachent à la guerre. Honte à un gouvernement qui abuserait de sa force dans l'intérêt d'une vengeance ! Mais il n'est pas toujours facile à un autre gouvernement d'intervenir, même par voie de conseil. Les petits États se laissent conseiller, ne pouvant faire autrement ; les grands États vous prient de ne pas vous mêler de leurs affaires.

Dans cette année 1849 où l'Italie fut si troublée et la papauté si éprouvée, toutes les amertumes du chef de l'Église ne lui venaient pas de ses ennemis. Il y avait dans l'Église même, et en Italie, quelques hommes d'un incontestable mérite, dont les allures révolutionnaires affligeaient le souverain pontife ; ces hommes d'une humilité moins grande que leur talent, se croyaient tous d'habiles pilotes et n'ouvraient leurs voiles qu'aux vents orageux. Ils regardaient la France comme un meilleur asile pour leurs

mécomptes ou leurs rancunes, et l'Archevêque de Paris, pouvant se trouver dans le cas de prendre des décisions à leur égard, avait cru devoir pressentir l'opinion du pape sur ce point. La réponse de Pie IX, datée de Gaëte, le 1er septembre 1849, écrite de sa main en italien, fut très-belle. Le saint pontife disait que les temps malheureux où nous vivons deviennent plus malheureux encore par la vanité et l'orgueil des hommes de talent et de savoir. Il déplorait cette passion de la popularité à laquelle s'abandonnaient ceux qui poussaient les peuples; et quand les agitateurs étaient des gens d'Église, il lui semblait difficile qu'ils pussent agir de la sorte sans blesser la justice et la conscience. Pie IX ne comprenait pas que des hommes de bonne foi pussent dire que le pape aurait dû se mettre *à la tête du mouve-*
« *ment:* Qui ne voit, disait-il, que le mouvement,
« en tête duquel le pape doit marcher, c'est celui
« qui regarde l'honneur de Dieu et de son Église, les
« progrès de la foi dans le monde, et non pas celui
« qui est imprimé par les premiers démagogues
« de l'Europe? Avec quelle conscience le pape
« pourrait-il marcher ainsi l'œil ouvert, sachant
« bien qu'un tel mouvement mènerait à un abîme
« d'incrédulité irréligieuse et de dissolution so-
« ciale. »

Pie IX parlait ensuite avec amour et n'oubliait pas qu'il était Père; mais il gémissait sur ceux qui, à d'autres époques avaient fait tant de bien, et qui avaient changé leur sanctuaire d'oraisons et d'études sacrées en un champ de polémique mondaine et de théories inapplicables.

## CHAPITRE SEIZIÈME.

ORGANISATION DIOCÉSAINE. — VISITES PASTORALES. — LE CHOLÉRA ET LA NEUVAINE AU TOMBEAU DE SAINTE GENEVIÈVE. — L'OEUVRE DES ORPHELINS DU CHOLÉRA.

Six semaines s'étaient à peine écoulées depuis sa prise de possession du siége de Paris, que Mgr Sibour établissait son officialité; il avait voulu donner sans retard des garanties à ses prêtres. Les bases de l'officialité avaient toujours existé à Paris. L'Archevêque n'eut besoin que d'en achever l'organisation. Nous avons assez parlé ailleurs (1) de l'officialité pour que nous puissions nous dispenser ici

---

(1) Notre chapitre VI sur les *Institutions Diocésaines*.

de définir et de caractériser ce tribunal de famille si utile et si protecteur. L'organisation administrative du diocèse de Paris avait été le premier objet des soins de Mgr Sibour; les constitutions capitulaires de Digne ne pouvaient pas s'appliquer au chapitre de Notre-Dame à cause du grand nombre de ses membres, à cause de la multiplicité et de l'importance des affaires du diocèse de Paris, mais les chanoines de Notre-Dame devinrent les conseillers ordinaires de l'Archevêque. Mgr Sibour devait consulter le chapitre en corps dans tous les cas prévus par le droit et quand les circonstances sembleraient le demander.

L'Archevêque, en mesurant de l'œil l'étendue de ses devoirs, comprit d'abord qu'il ne fallait pas, ainsi qu'il le disait lui-même, qu'il se laissât engloutir par le gouffre des détails et des rapports administratifs. Tout en étendant sa vigilance sur chaque point, il déclara qu'il aimait mieux être pasteur qu'administrateur. Il sentit toute l'heureuse puissance du principe de la division des affaires et de la spécialité des attributions; les études, les hôpitaux et prisons, les communautés religieuses, les bonnes œuvres formèrent autant de divisions spéciales confiées à un grand vicaire. Des commissions spéciales consultatives correspondaient à ces divisions.

On connait l'ancienne division du diocèse de Paris en trois archidiaconés, dont l'un, celui de Notre-Dame, comprend toutes les paroisses de la rive droite de la Seine ; l'autre, celui de Sainte-Geneviève, toutes les paroisses de la rive gauche ; le troisième, celui de Saint-Denis, toutes les paroisses de la banlieue : chacun des grands vicaires porte le nom d'un de ces archidiaconés, et dans ses attributions sont comprises les affaires ecclésiastiques qui en dépendent. Mgr Sibour conserva cette ancienne division du diocèse ; seulement il modifia plus tard les circonscriptions des trois archidiaconés. La comptabilité diocésaine se compose de la caisse des séminaires, de la caisse des prêtres âgés ou infirmes, de la caisse des besoins généraux. L'administration des deux premières caisses se trouvait réglée par des décrets ; Mgr Sibour continua l'application de ces décrets ; il ne voulait pas qu'on pût dire ou penser qu'il administrait arbitrairement les fonds diocésains. Quant à l'emploi des fonds des besoins généraux, plus de latitude était naturellement laissée à l'Archevêque, et cependant il voulut aussi que cette caisse fût placée sous le contrôle d'une commission de surveillance. Un conseil de jurisconsultes, choisis parmi les plus éminents de Paris, avait mission de défendre les intérêts temporels des établissements du diocèse. Telle fut, en peu de mots, cette organisation administrative dont les bons résultats ne se firent pas attendre, et que l'Archevêque se proposait de perfectionner encore.

Dans un beau mandement du 2 février 1849, l'Archevêque annonçait la visite générale de son diocèse. Il ne s'agissait plus de cheminer à travers les torrents et les montagnes des Basses-Alpes ; le diocèse de Paris est presque tout entier compris dans Paris ; le prélat n'avait pas de grands espaces à franchir. Mais, si les paroisses étaient voisines, le ministère n'était pas moins laborieux : avec quel zèle apostolique le pasteur se montrait au milieu de son troupeau ! Pendant le mois de mars 1849, chacune de ses apparitions dans une paroisse fut comme une fête populaire ; la foule encombrait toujours les abords de chaque église. Le choléra, fléau terrible, recommençait parmi nous ses ravages ; plus la maladie creusait de tombes, plus l'Archevêque multipliait ses visites. Il aurait voulu être partout à la fois, parce que le deuil était partout. On n'a pas oublié l'intrépidité de sa charité dans les hôpitaux et les prisons où périssaient le plus de victimes, à la Salpêtrière, à Saint-Lazare. Que de fois il s'écria, au milieu de ces longues salles où gisait la souffrance, où l'agonie exhalait le dernier souffle : « Mon Dieu, « frappez le pasteur mais épargnez le troupeau ! » Mgr Sibour, dans ses visites pastorales, ne se bornait pas aux églises ; il encourageait de sa présence, il bénissait tous les établissements, toutes les œuvres de charité. Un reste d'agitation se rencontrait encore dans les classes populaires ; le prélat trouva quelques frémissements au milieu des ouvriers d'une manufacture d'impression sur étoffes, dans l'île Saint-Louis ; mais l'accent paternel de ses discours les adoucit et les toucha.

Mgr Sibour fit des visites pastorales comme nul archevêque de Paris n'en fit jamais : des temps exceptionnels imposaient à son zèle des formes et des manifestations exceptionnelles. Des doctrines détestables avaient été déposées au sein des classes indigentes comme des amas de poudre à canon qui, pour faire sauter le roc, n'attendent qu'une étincelle ; il fallait un archevêque qui, le sourire sur les lèvres et l'amour dans l'âme, allât parler de Dieu et du devoir à ces multitudes ignorantes, inquiètes, prévenues. L'Archevêque plongea dans les misères les plus profondes et pénétra au cœur même des plus pauvres faubourgs ; il fut comme une douce apparition du christianisme dans des quartiers où la religion ne bénissait ni les unions, ni les berceaux, ni les mourants, dans des quartiers de Paris aussi séparés de la foi que les contrées les plus lointaines et les plus sauvages. Notre prélat vit ainsi toute l'étendue de besoins religieux qu'il pouvait soupçonner à peine, et ne l'oublia plus.

Le sort des ouvriers le préoccupait sincèrement et fortement ; il faisait tout ce qu'il pouvait pour jeter des semences de religion chez un peuple qui avait été la proie des utopistes. La bénédiction de la première pierre de la cité ouvrière de la rue Rochechouart, le 8 mai 1849, lui fut une occasion de rappeler que « si le Seigneur ne défend lui-même la « cité, ceux qui la gardent veillent inutilement; » il ne suffirait pas, ajoutait-t-il, que la religion eût marqué de son sceau le seuil de ces demeures, il faut encore qu'elle y pénètre, qu'elle s'assoie à leur foyer, qu'elle parle à la mère de famille, qu'elle tienne l'enfant sur ses genoux, qu'elle le nourrisse de son lait, qu'elle forme son âme, qu'elle remplisse son cœur de ses nobles et saintes inspirations.

A un mois de là, au milieu de la tristesse publique et de la croissante invasion du fléau, l'Archevêque de Paris, suivi du Chapitre de Notre-Dame, s'acheminait à pied vers le tombeau de sainte Geneviève; il allait y ouvrir une Neuvaine pour demander à Dieu, par l'intercession de la Patronne de Paris, le terme d'aussi redoutables épreuves. Partout, sur ses pas, s'éveillaient de vives émotions religieuses ; il représentait le besoin de la prière dans un moment où la terre en deuil n'avait d'autre refuge que le ciel. Ceux qui le voyaient passer s'inclinaient avec respect et puis marchaient derrière lui; arrivé sur la place Maubert, il avait pour cortége tout un peuple; on vit alors les femmes de la Halle s'avancer au devant de l'Archevêque et lui faire un chemin de fleurs ; elles lui demandèrent de bénir le marché; elles pleuraient, et le prélat, faisant le tour de la Halle, pleurait aussi. Tous les assistants versaient des larmes. A peine une faible partie du cortége put-elle trouver place dans l'église. Le pasteur monta en chaire, et chacune de ses paroles, qui partait du plus profond de l'âme, voulait dire confiance, espérance. Il dit la messe à l'autel de sainte Geneviève, pria sur son tombeau, et monta en voiture pour revenir à l'archevêché. La pluie tombait à flots, et le peuple voulait accompagner l'Archevêque. « Le temps est mauvais, rentrez chez vous, mes bons amis, disait le prélat, je vous en supplie, rentrez chez vous; » mais le peuple s'obstinait à suivre sa voiture. Mgr Sibour mit pied à terre, et fit sa route en pèlerin, au milieu d'une foule émue qui voulut reconduire l'Archevêque jusqu'à son hôtel. Cette journée du 10 juin 1849 était restée au cœur de Mgr Sibour avec une ineffable douceur, et c'est à quelques pas de ce tombeau de sainte Geneviève, sur lequel il avait répandu ses prières et ses larmes pour un peuple en deuil, qu'un prêtre abominable devait l'égorger !

Sous les coups répétés de la mort, dans cette prompte et continuelle succession de funérailles, combien d'orphelins sollicitaient notre pitié ! « Ils « nous tendent les bras, disait l'Archevêque, ils nous « appellent par leurs cris à la place de leur père « et de leur mère qu'ils ont perdus. » L'œuvre de Mgr de Quélen avait, durant l'espace de douze ans, sauvé, nourri, élevé plus de douze cents enfants; le retour du fléau la fit sortir de son repos; il y eut une œuvre nouvelle des orphelins du choléra, ou plutôt une continuation de l'ancienne; le conseil de l'œuvre, composé de chrétiens dévoués, répondit à l'appel de l'Archevêque ; pas une bonne inspiration que n'ait secondé le prélat, pas une pieuse industrie qu'il n'ait favorisée de son autorité : tous ces pauvres petits enfants lui tenaient aux entrailles ; il voulut que la charité de l'enfance elle-même devînt un de leurs appuis ; le prélat s'adressa aux maîtres et maîtresses de pension : un sou par semaine donné par chaque élève accroissait le budget des orphelins. L'adoption de six cents enfants fut la récompense de tant de généreux efforts. Ils ont grandi sous les ailes de la bienfaisance et sont rentrés dans la société avec des principes chrétiens et le goût du travail.

# CHAPITRE DIX-SEPTIÈME.

LE CONCILE PROVINCIAL DE PARIS AU MOIS DE SEPTEMBRE 1849.

Depuis que Mgr Sibour était archevêque de Paris, un dessein ne le quittait pas à travers les malheurs des temps et les préoccupations d'une pesante charge pastorale : le dessein de tenir des conciles. Ce qui avait surtout séduit le prélat dans la république de 1848, c'était ce qu'on appelait la conquête du droit de réunion. Il demandait que l'Église de France usât de ce droit. Il ne lui paraissait plus possible d'entendre parler de ces articles organiques contre lesquels il avait porté des coups si vigoureux du fond de ses Basses-Alpes. Avec quelle autorité de raison et quelle invincible vérité il avait parlé, sous le gouvernement de 1830, en faveur des assemblées épiscopales ! Et si, malgré les entraves d'une législation peu justifiable, le droit des évêques gardait sa puissance, à plus forte raison ce droit éclatait après la révolution de février. Mgr Sibour supportait moins aisément les obstacles sur ce point, depuis que les Eglises d'Allemagne avaient résolument marché dans la voie où l'Eglise de France ne rentrait pas encore. Il profita de la présence de quelques prélats réunis à Paris à l'occasion du sacre d'un de nos plus éloquents évêques, Mgr Cœur, pour aborder ces grandes questions et provoquer d'importants avis sur l'opportunité, la date, les matières et la forme du Concile. La réunion se composait des Archevêques de Paris et de Tours, des évêques de Quimper, de Langres, de Montpellier, de Troyes, de Verdun, d'Amiens, de Versailles, de Blois, de Beauvais, de Meaux et de l'Archevêque de Calcédoine. Ces vénérables prélats, dans une lettre qui était l'expression d'une pensée commune, demandèrent à Pie IX de vouloir bien ordonner le concile national de tous les évêques de France. Il se tiendrait à Tours, sous la présidence d'un légat du Saint-Siége. Les Pères de cette sainte assemblée y renouvelleraient, avec le consentement du pape, les statuts des canons et, en particulier, les décrets du concile de Trente, touchant les Conciles provinciaux et les Synodes diocésains ; ils s'occuperaient de la réorganisation des facultés de théologie et fixeraient la position des desservants restés amovibles depuis le concordat de 1801 ; ils régleraient et définiraient canoniquement les points de juridiction ecclésiastique, la juridiction surtout qui regarde le for contentieux, afin d'enlever ces graves questions à l'incompétence de la puissance civile.

Cette lettre, écrite en termes où respirait vivement la soumission à l'autorité du Saint-Siége, arriva à Gaëte comme une consolation pour l'auguste proscrit de la révolution romaine. Le souverain pontife, dans sa réponse, le 17 mai 1849, donna toute louange à la vigilante et pieuse sollicitude des évêques, à leur zèle sacerdotal pour restaurer en France la discipline ecclésiastique et améliorer le gouvernement de chaque diocèse. Il ne crut pas opportune et prudente la convocation d'un Concile de tout l'épiscopat français, mais, en attendant des temps propices à une paisible célébration des Conciles nationaux, le pape *souhaitait très-vivement* (1) que chaque archevêque de France convoquât des synodes provinciaux.

L'ancien Évêque de Digne, dans le second volume de ses *Institutions Diocésaines*, avait dit, en parlant de Pie IX : « Il serait digne du zèle et des vues
« élevées du grand pape que la Providence nous
« réservait, de renouer le fil de ces belles traditions,
« et, après avoir opéré dans ses Etats, comme prince

---

(1) *Maximè optamus.*

« temporel, les réformes qui lui ont mérité les
« applaudissements du monde, de se tourner tout
« entier du côté des besoins de l'Eglise, et d'y pour-
« voir, par des conciles, à l'exemple de ses plus
« illustres prédécesseurs. En ce moment, une parole
« tombée du haut de la chaire apostolique, serait
« plus puissante en faveur de ces saintes assemblées
« que tous les anciens canons. » L'Evêque de
Digne, en adressant son livre à Pie IX, l'avait con-
juré, avec les plus respectueuses instances, de se
faire, pour le bien de l'Eglise et pour l'honneur de
son pontificat, le promoteur des conciles. Le *maximè
optamus* du bref du 17 mai 1849, c'était cette parole
que Mgr Sibour demandait à voir « tomber du haut
de la chaire apostolique. » Aussi, après le bref,
l'empressement des métropolitains de la France fut-
il universel. L'Archevêque de Paris, s'étant préala-
blement entendu avec les évêques suffragants de la
province, fixa l'époque du Concile au 17 septembre.

La préparation du Concile demandait des soins
importants, un travail très-assidu. L'Archevêque
passa, à Saint-Germain, les mois de juillet et d'août
et la première quinzaine de septembre, pour établir
tous les points qui devaient être soumis à la sainte
assemblée, pour se mettre en mesure de régler
ce que commandaient la pureté de la foi, l'intégrité
des mœurs, le maintien de la discipline, la réformation des abus et l'éloignement des scandales qui
affligeaient ou menaçaient l'Eglise. Les articles orga-

niques préoccupaient peu Mgr Sibour, surtout après le bref du pape ; il les regardait comme des textes abolis qui n'ont plus que l'intérêt d'une date, comme des armes à l'usage des gouvernements d'un autre temps et qui ne sont plus que des objets de pure curiosité. L'Archevêque n'avait pas laissé ignorer son projet au ministre des cultes, et le ministre avait trouvé tout simple que, sous la république, des évêques usassent du droit de réunion ; il promettait de les défendre à la tribune, si quelque ami de la liberté politique se présentait pour invoquer, contre l'Eglise de France, la législation oppressive de l'an X. Ce ministre était M. de Falloux ; il allait tomber malade et être remplacé par intérim. Or, il paraît que tous ses collègues du gouvernement n'avaient pas le même sentiment que lui sur la liberté des réunions épiscopales.

Le 16 septembre, veille de l'ouverture du Concile, l'Archevêque de Paris se trouvait encore à Saint-Germain ; il délibérait avec ses suffragants dans une sorte de séance préparatoire, lorsque tout à coup on annonce un ministre : c'étaient les articles organiques qui frappaient à la porte, à une heure assez matinale, représentés par un homme très-honorable, très-doux et très-poli, M. Lanjuinais. L'Archevêque se lève et passe dans son cabinet pour recevoir le ministre des cultes. Celui-ci, dans un langage plein de mesure et d'intentions obligeantes, expose la situation du gouvernement en présence du prochain Concile ; il fait entendre que cette situation n'est pas sans quelque embarras, car le gouvernement veut sincèrement seconder les désirs des évêques; un scrupule se mêle aux sentiments bienveillants du pouvoir ; il y a là une certaine loi qu'on regretterait de laisser violer ; des plaintes partiraient peut-être de la tribune ou de la presse ; ce serait quelque peu fâcheux ; tout se concilierait par une autorisation demandée et qui serait accordée avec tant d'empressement ! voilà, non pas les termes, mais le sens véritable de l'ambassade du 16 septembre à Saint-Germain.

Il n'y avait pas de prélat mieux armé que Mgr Sibour à l'endroit des articles organiques. Il démontra au ministre la nullité radicale de cette loi, et s'étonna de la voir invoquer sous un gouvernement né du triomphe du droit de réunion ; il ajouta qu'une demande d'autorisation serait une reconnaissance du prétendu droit d'empêcher, et les instances de M. Lanjuinais s'arrêtèrent devant l'inébranlable fermeté de l'Archevêque. Après avoir accompagné le ministre avec son urbanité accoutumée, Mgr Sibour vint joindre ses vénérables suffragants qui, durant cette conférence, avaient été agités de vives inquiétudes. Il leur raconta ce qui venait de se passer, sa réponse aux insinuations du gouvernement, et déclara que rien ne serait changé aux résolutions déjà prises. Le lendemain, jour fixé pour l'ouverture du Concile, un arrêté, publié dans le *Moniteur*, déclarait les conciles provinciaux permis durant l'année 1849 : le gouvernement s'était cru obligé de donner cette marque de déférence aux articles organiques.

On avait choisi, pour lieu de réunion des Pères du concile, le séminaire de Saint-Sulpice; « c'était, pour « une réunion sainte, un lieu saint, plein de silence, « de paix, de doctrine et de piété, où l'on respire la « bonne odeur de Jésus-Christ (1) ». Le métropolitain n'avait pas convoqué seulement ses suffragants, mais aussi tous les ecclésiastiques qui, par le droit et la coutume, devaient assister au concile provincial. Un pieux et vif empressement s'était montré de toutes parts. A côté de l'archevêque de Paris les évêques de Meaux, de Versailles et de Blois étaient présents en personne; l'évêque nommé d'Orléans avait été admis par les Pères du Concile à assister, avec voix délibérative, à leurs réunions; un vicaire général de l'évêque de Chartres représentait ce prélat que son grand âge retenait dans son diocèse; deux prélats, étrangers à la province ecclésiastique, l'archevêque de Sens et l'évêque de Troyes, ayant témoigné le désir de s'associer aux travaux du Concile, y participèrent avec voix consultative. Le Concile se composait ensuite des officiers désignés par le métropolitain, des délégués des chapitres, deux pour celui de la métropole, et un pour chacun des autres chapitres cathédraux,

---

(1) Décret d'indiction.

de vingt théologiens ou canonistes choisis par les Pères du Concile et auxquels furent adjoints trois autres ecclésiastiques qui accompagnaient l'archevêque de Sens et l'évêque de Troyes.

Un décret avait établi la manière de vivre dans le concile : le matin, à cinq heures et demie, lever, oraison et récitation du bréviaire en particulier; à sept heures et demie, messe du Concile, à laquelle devaient assister tous ceux au moins qui recevaient l'hospitalité dans le séminaire de Saint-Sulpice; à huit heures et demie, congrégation particulière des Pères du Concile et congrégations diverses des théologiens; à onze heures, dîner, pendant lequel on lisait l'Ecriture sainte et la vie de saint Charles Borromée; à une heure après-midi, récitation des vêpres; à trois heures, congrégation générale; vers six heures, récitation du bréviaire; à six heures et demie, souper avec la lecture; à huit heures trois quarts, prière du soir en commun. Ainsi se passèrent les graves et saintes journées du Concile, depuis le lundi 17 septembre 1849 jusqu'au vendredi 28.

Les Pères du Concile, dans les congrégations particulières, délibéraient sur les matières à traiter, sur les décrets préparés par le métropolitain, sur tous les objets qui pouvaient intéresser la religion et toucher plus directement la province ecclésiastique de Paris. Chaque décret, formulé par les Pères du Concile, se lisait en congrégation générale, composée des évêques, des députés des chapitres, des officiers du Concile et des vingt théologiens ou canonistes. Une première lecture du décret était suivie d'un examen détaillé ; l'Archevêque de Paris demandait à chacun des théologiens ses observations, dont les secrétaires du Concile prenaient note ; ceux-ci en faisaient le rapport aux évêques dans leurs congrégations particulières ; les évêques pesaient avec soin ces observations ; l'adoption définitive du décret n'avait lieu qu'après l'appréciation des sentiments de la congrégation générale. Cinq commissions, établies pour l'examen des questions proposées, avaient à leur tête un Père du Concile, ou, en son absence, un vice-président désigné ; les membres de ces commissions étaient les théologiens même du Concile ; elles comprenaient, dans la diversité de leurs attributions, la foi, la discipline, le droit canonique, les études ecclésiastiques, la rédaction des décrets. Les décrets du Concile se promulguaient en sessions publiques dans la chapelle du séminaire. Durant les onze jours de la sainte assemblée, il y eut vingt-et-une congrégations particulières des évêques, sept congrégations générales et trois sessions.

Notre intention ne saurait être d'entrer dans le détail des travaux de la pieuse et docte assemblée, mais une grande part d'initiative et de préparation en revient à la mémoire de Mgr Sibour, et nous devons à nos lecteurs l'énonciation, au moins, des décrets du Concile provincial de Paris ; on en saisira tout d'abord l'intérêt et l'importance ;

I. DE LA HIÉRARCHIE ET DES PERSONNES ECCLÉSIASTIQUES.

— De l'autorité du Saint-Siége apostolique.
— De la dignité épiscopale.
— Des obligations des évêques.
— Du métropolitain et de ses suffragants.
— Du Concile provincial.
— De la tenue du Synode diocésain.
— Du chapitre des églises cathédrales
— Des curés et de leurs vicaires.

II. DE LA FOI.

— Contre les erreurs qui renversent les fondements de toute religion.
— Contre une nouvelle secte qui a pris le nom d'OEuvre de la Miséricorde.
— Des prophéties et des miracles non reconnus par l'Église.
— Des saintes images, du respect dû aux choses et aux lieux sacrés et des abus qui s'y rapportent.
— Contre les erreurs qui renversent les fondements de la justice et de la charité.
— De certaines calomnies répandues de nos jours contre l'Église de Dieu.

III. DE LA DISCIPLINE.

— Du tribunal épiscopal ou de l'Officialité.
— De la résidence.
— De la sanctification du dimanche et des fêtes qui sont d'obligation.

— De la prédication de la parole de Dieu et des catéchismes pour les enfants.

— De l'unité qui doit régner dans les rites et les cérémonies.

— De la visite et des soins des malades.

— Pour un temps d'épidémie.

— De l'exécution des fondations.

— Des offrandes et du casuel des églises.

— De la conduite que doit tenir le clergé dans les affaires politiques.

— Des écrivains qui traitent des choses ecclésiastiques.

— De la conduite des fidèles à l'égard de ceux qui sont éloignés de la foi.

IV. DE QUELQUES MOYENS UTILES AUX PROGRÈS DE LA SCIENCE ECCLÉSIASTIQUE.

— Des études ecclésiastiques.

— Des conférences ecclésiastiques et de l'examen annuel des jeunes prêtres.

Les titres de ces différents décrets nous donnent comme un résumé des préoccupations et des pensées accoutumées de Mgr Sibour: la constitution de l'Église, les erreurs à combattre, la force et la beauté de la discipline, l'enseignement de la religion. La Lettre Synodale du 27 octobre 1849 présenta le tableau animé des œuvres de l'illustre assemblée, et ces pages que nous n'avons pas oubliées gardaient comme le souffle du divin esprit qui avait plané sur le nouveau cénacle.

Maintenant si nous laissions parler les compagnons des travaux apostoliques de notre Archevêque pendant toute la durée de ce concile du mois de septembre 1849, ils nous diraient avec quelle exactitude l'Archevêque suivait le règlement, avec quelle piété il remplissait les moindres devoirs religieux, avec quelle dignité il présidait la vénérable assemblée, avec quelle sagesse il dirigeait la discussion! L'Archevêque prenait les questions de haut, et dans la largeur de ses vues il y avait toujours place pour la conciliation. Il pratiquait sans effort « la modestie et la douceur » prescrites dans le décret sur la manière de vivre au concile; l'exemple de chacune de ses paroles « écartait la vaine gloire, l'esprit de contention, les disputes; » la tenue du concile était l'accomplissement d'un de ses vœux les plus chers et les plus anciens, l'usage d'une sainte et essentielle liberté qu'il avait contribué à reconquérir; aussi son visage exprimait-il une joie religieuse; il se sentait en possession du bien; son âme s'ouvrait à de vastes espérances. Dans le discours par lequel Mgr Sibour ouvrit la première séance de la congrégation générale, il bénissait la Providence d'un tel bienfait et pensait que non-seulement la gloire de la religion pouvait en sortir, mais encore, dans une certaine mesure, le salut d'une société aussi travaillée que la nôtre; il croyait que c'est inutilement qu'on veut séparer les deux cités et nier les rapports qui les unissent; on ne tarde pas à s'apercevoir, disait-il, qu'il faut à la société temporelle, comme à la spirituelle, une base divine, et que semblable à deux grands arbres distincts mais unis par les mêmes racines, ces deux sociétés vivent des mêmes principes et n'ont qu'une même sève : l'Archevêque dénonçait avec inquiétude l'affaiblissement du respect de l'autorité dans les âmes et se plaignait des ravages du mal, même au milieu de la tribu des lévites : « Dans « l'Église, ajoutait-il, on y croit sans doute (à l'au-« torité), mais on ne la respecte pas toujours. Le « vent du siècle a aussi soufflé sur nous, il a apporté « ses semences funestes. Des herbes folles ont « poussé jusque dans le champ du père de famille, « il faut les arracher au plutôt, si nous ne voulons « pas qu'elles l'infectent de plus en plus. Heureuse-« ment notre constitution est divine et l'Éternel est « avec nous. » Cette affliction de l'Archevêque en voyant le mal gagner le champ même du Père de famille, nous émeut d'autant plus qu'un poignard parricide se cachait parmi « ces herbes folles ».

Dans son discours de clôture débordaient tous les sentiments de notre prélat. Il était touchant dans les hommages rendus à ses vénérables collègues, à leur piété, à leur charité, à leurs lumières; les jours passés avec eux dans une étroite et douce communauté de pensées et de prières avaient été bien réellement pour lui des jours de bonheur : ces félicités lui faisaient oublier les peines et les laborieuses veilles par lesquelles il avait préparé le Concile.

L'Archevêque reconnaissait comme une marque de la divinité du christianisme dans la paix fraternelle et le bel accord de la sainte assemblée. Il admirait comment l'Église trouve une force nouvelle et une nouvelle vie dans ces ébranlements formidables qui semblent menacer de mort les sociétés humaines ; le métropolitain se félicitait d'avoir fait un premier pas, mais le plus difficile, dans une voie féconde ; il conviait ses vénérables collègues à de nouveaux efforts, à une persévérante vigilance pour l'exécution des décrets, et remerciait avec effusion tous ses bien-aimés coopérateurs dans les travaux du Concile. Après ce discours, l'Archevêque, assis, mitre en tête, donnait le baiser de paix à chacun des Pères du Concile s'avançant vers lui l'un après l'autre, puis il bénissait solennellement tous ceux qui étaient là ; un secrétaire annonçait cent jours d'indulgence pour les assistants ; un diacre chantait : « Retirons-nous en paix » ; tous répondaient : « Au nom du Christ », et l'hymne du *Te Deum*, entonné par le métropolitain, terminait l'imposante cérémonie. Cette session du vendredi, 28 septembre, la dernière du Concile, avait surtout offert un beau spectacle. Le nonce apostolique et dix archevêques ou évêques s'étaient réunis ce jour-là aux évêques de la province de Paris ; l'Église de France semblait retrouver la gloire des anciens jours : on croyait toucher à une sorte de retour des grands siècles du christianisme.

Le 7 novembre suivant, le vénérable évêque de

Châlons, Mgr de Prilly, écrivait à l'Archevêque de Paris :

« La divine providence vous a destiné à de grandes
« choses, et vous répondrez à ses desseins d'une ma-
« nière digne d'elle. C'est vous qui avez eu l'hon-
« neur de faire le premier pas dans la carrière des
« Conciles, c'est à votre suite que nous marchons ;
« quelle gloire il en revient à Dieu, et que de motifs
« pour nous de le bénir pour un si grand bien ! »

La louange que l'évêque de Châlons donnait à l'Archevêque de Paris et que d'autres prélats lui ont donnée, sera ratifiée par l'histoire de l'Eglise de France au XIX$^e$ siècle. La conquête de la liberté des Conciles, leur succession renouée après une longue interruption, resteront comme une page d'honneur pour Mgr Sibour. Un bien considérable est sorti du retour des Conciles provinciaux. Nous n'examinerons pas si les circonstances étaient parfaitement favorables et si la reprise de ces saintes assemblées a absolument tenu tout ce qu'elle promettait ; dût-il y avoir un point de halte dont nos évêques seuls seraient les juges, le merite de Mgr Sibour, pour son heureuse et vaillante initiative, n'en serait pas diminué : il a attaché son nom à l'inauguration de l'ère nouvelle des Conciles parmi nous, et cela seul suffirait pour qu'un beau rayon de gloire se mêlât à son souvenir.

# CHAPITRE DIX-HUITIÈME.

RENOUVELLEMENT DANS L'ÉGLISE PAR LA PIÉTÉ ET LA SCIENCE. — ÉTABLISSEMENT D'UN EXAMEN ANNUEL POUR LES JEUNES PRÊTRES. — LES CONFÉRENCES DU CAS MORAL. — LES CONFÉRENCES DIOCÉSAINES. — LA FACULTÉ DE THÉOLOGIE DE PARIS. — L'ÉCOLE DES CARMES. — LA COMMUNAUTÉ DES CHAPELAINS DE SAINTE-GENEVIÈVE. — ÉTABLISSEMENT DE NOUVELLES CONFÉRENCES SUR LA RELIGION. — UN COURS DE RELIGION DANS CHAQUE PAROISSE. — FONDATION DE L'ŒUVRE DES ÉCOLES LIBRES.

Les Conciles, ces assemblées législatives dans le gouvernement de l'Eglise, cette réunion des communs efforts des *surveillants* de la foi, exercent une influence plus ou moins profonde selon le temps, mais une influence certaine. Qui dit Concile dit organisation ou réorganisation. Il n'y a jamais eu de grands remèdes aux maux de l'Eglise ni de grands siècles chrétiens sans Conciles. Après Jésus-Christ fondateur et soutien éternel de l'Eglise catholique, représenté sur la terre par le successeur de Pierre, ce sont les Conciles qui, en matière de religion, ont tout réglé, tout restauré, tout sauvé. Il appartiendra à nos évêques de déclarer l'opportunité de ces saintes assemblées ; mais sans elle rien de véritablement grand ne s'accomplira au profit de notre foi. Lorsque Mgr Sibour attachait si fortement sa pensée au retour des Conciles, il les considérait comme un puissant moyen d'opérer un renouvellement dans l'Eglise au temps où nous sommes. Deux principes « aussi « essentiels qu'inséparables, » devaient produire ce renouvellement, en jetant des clartés nouvelles : la piété et la science ; l'Archevêque désirait que l'âme du prêtre fût de plus en plus embrasée du feu divin qui échauffe et qui éclaire : *lucerna, ardens et lucens*.

Le Concile du mois de septembre 1849 avait ordonné, comme on l'a vu, des examens annuels pour les jeunes prêtres durant cinq ans ; on se rappelle que leur établissement, dans le diocèse de Digne, fut une des œuvres de Mgr Sibour, et nous ajouterons que l'exécution de cette même pensée fit partie de ses premiers soins à Paris ; depuis que le Concile en avait fait l'objet d'une prescription particulière, notre prélat mettait plus de confiance dans les bons effets de cette institution. Il la comprit dans ses trois ordonnances du mois de décembre 1849, relatives aux études ecclésiastiques. Nous avons eu occasion d'en signaler les sérieux avantages ; cette obligation de subir, pendant cinq ans, un examen sur les matières de la science sacrée, et de le subir avec un certain succès, double les études du séminaire, ou plutôt elle en prolonge les travaux et la discipline; elle saisit l'intelligence des jeunes prêtres et leur fait une loi d'une instruction plus profonde dans de meilleures conditions de zèle et de maturité. Cette obligation doit surtout porter des fruits salutaires dans une ville comme Paris, où l'étude est à la fois si facile et si nécessaire, et où le délaissement de l'étude pourrait être si dangereux.

Mgr Sibour éprouvait toujours une grande joie à se voir entouré de sa famille sacerdotale; il aimait ces douces communications; les jours de la retraite pastorale lui étaient toujours chers. Mais ne se réunir qu'une fois l'an, ce n'était pas assez pour son cœur paternel. Il voulut établir quatre conférences générales par année, qui se tiendraient dans une église; tous les prêtres du diocèse y seraient invités. Ces conférences se composaient de deux parties; la première consistait dans la discussion d'un cas de conscience sur un point important de la morale; un ecclésiastique désigné devait le traiter à fond; puis le débat s'ouvrait et s'éclairait des lumières de nos plus savants théologiens. La seconde partie de la conférence offrait un entretien spirituel sur une des vertus ecclésiastiques; un prêtre désigné d'avance traitait la question. Ces conférences pour l'examen des cas de conscience étaient comme un souvenir des célèbres conférences de Saint-Lazare, sous la direction de saint Vincent-de-Paul, et qu'on appelait les conférences du mardi; elles étaient une plus directe imitation de ce qui se pratique à Rome. Mgr Sibour le faisait remarquer en ces termes :

« Cette touchante institution, que notre zèle aurait
« pu inventer, tant elle est simple, conforme à nos
« pensées et d'une facile réalisation pour nous, n'est
« pourtant pas une invention de notre zèle. Elle exis-
« tait depuis longtemps à Rome. Nous n'oublierons
« jamais l'impression d'édification que nous avons
« reçue, quand, dans le recueillement d'un saint
« temple, en présence de Dieu, au milieu des princes
« de l'église et de la science, mêlé aux Chefs d'Ordres
« et à tout ce que le clergé de Rome comptait de
« plus respectable et de plus instruit, nous avons
« assisté pour la première fois à une de ces conféren-
« ces, moitié scientifiques et moitié pieuses, telles
« que nous voulons les établir. »

Disons, en passant, que notre prélat aimait à s'inspirer de ce qu'il avait vu à Rome, et que d'autres œuvres, telles que l'établissement de l'Adoration perpétuelle, furent comme des bienfaits rapportés de la ville des pontifes.

Nous n'avons jamais assisté aux conférences du cas de conscience en diverses églises de Paris, puisque les prêtres seuls y sont admis; mais plus d'une fois nous avons entendu parler de leur gravité solennelle et de leur remarquable intérêt ; la théologie y répand ses belles clartés, ses développements habiles; la piété, ce bel ornement de la science, y fait entendre le langage des saints. Ces conférences sont comme les assises de la morale et une haute école de vertus sacerdotales.

L'une des trois ordonnances de décembre 1849 avait pour objet les conférences diocésaines, déjà établies à Paris, par Mgr Affre, mais auxquelles Mgr Sibour apportait d'importantes modifications. Il exigea que les membres de la conférence traitassent les questions par écrit, voulant qu'ils fussent toujours prêts à donner lecture de leur travail s'ils étaient désignés. Il pensait avec raison que les conférences ne sont utiles que lorsque les sujets sont soigneusement préparés; le temps se perd autrement en discours pour le moins inutiles ; on ne parle, on n'écoute même avec fruit qu'après avoir réfléchi d'avance. L'Archevêque prescrivait un rapport général et annuel des conférences: ce rapport, envoyé à tous les ecclésiastiques, leur fournirait un ensemble de documents précieux à consulter. Le prélat voulait y chercher lui-même comme une moyenne du niveau des études théologiques dans son clergé. Il rappelait à ses prêtres l'Ecole de Paris, autrefois consultée des quatre coins du monde, et souhaitait ardemment que les grandes traditions du passé ne se perdissent pas.

L'Ecole de Paris! que n'eût pas fait notre Archevêque pour rendre de beaux jours à cette institution, dont l'immortelle gloire se personnifie dans saint Thomas d'Aquin et Bossuet? Avec quelle sérieuse ardeur il souhaitait la réorganisation des facultés de théologie! Les restaurateurs du culte catholique parmi nous, en réduisant les facultés de théologie à l'importance d'établissements diocésains, avaient oublié ce qu'elles ont d'universel dans leur caractère: de cet oubli était partie comme une grave atteinte à leurs droits, à leur force naturelle, à leur influence dans l'Eglise. L'Assemblée Nationale n'eut que le temps de laisser voir sur ces intéressantes matières son intention réparatrice. Mgr Sibour ne refusa son concours à aucune tentative pour donner de la vie à la faculté de théologie de Paris qui, même dans les lacunes de son organisation, a rendu et rend encore d'éclatants services; mais il savait que ce haut enseignement ecclésiastique ne peut porter tous ses fruits que si l'autorité du souverain pontife le consacre: il aspirait à la restauration canonique des facultés de théologie. Un projet, approuvé par l'Archevêque, accepté dans ses parties essentielles par le gouvernement, envoyé à Rome et soumis à une commission de cardinaux, paraissait, l'an dernier, en bonne voie de succès auprès du Saint-Siége; nous ne savons pas si, du côté de l'État comme du côté de Rome, les dispositions sont restées les mêmes. En attendant une solution qui conciliât tous les droits et tous les intérêts, Mgr Sibour encourageait et soutenait de son énergie pastorale la faculté de théologie de Paris, dont la mission sera toujours belle, dont les grands efforts seront toujours applaudis. Nous avons aujourd'hui mieux que des espérances, nous avons des réalités ; en 1854 et 1855, le nombre des auditeurs pour tous les cours réunis ne dépassait pas cinq à six cents ; il s'est élevé de sept à huit cents pour 1856. En deux ans deux cent vingt-cinq inscriptions ont été prises par les candidats aux grades théologiques, et la Faculté a conféré cinquante-cinq grades : vingt-sept baccalauréats, dix-huit licences, dix doctorats. Les dernières thèses du doctorat ont permis d'apprécier la valeur des études ; elles ne se bornent pas à une série de propositions comme autrefois ; ce sont de véritables ouvrages par le fond et par l'étendue. Dans une occasion solennelle (1), le nouveau doyen de la Faculté de théologie de Paris, esprit à la fois éminent et modéré, après avoir fait des vœux pour une restauration canonique, disait que la Faculté de théologie voulait *mériter ce bienfait;* il y a trois ans que cette parole a été prononcée, c'était comme un noble engagement : la science et le talent n'y ont pas manqué.

---

(1) Discours d'ouverture du nouvel amphithéâtre et des cours de la Faculté de théologie de Paris, prononcé le 4 mars 1854 par M. l'abbé Maret.

Mgr Sibour, si profondément occupé de l'importance de la science pour le prêtre, pouvait-il ne pas donner tout son amour à la Maison des études ecclésiastiques, fondée dans l'ancien couvent des Carmes par son saint prédécesseur ? De 1846 à 1851 l'école des Carmes avait fait recevoir vingt licenciés ès-lettres, deux docteurs ès-lettres, quatre bacheliers ès-sciences, mathématique et physique. Sur une quarantaine de candidats, qui se présentent à chaque épreuve de licence, à la faculté de Paris, l'école des Carmes avait obtenu une fois la première place, une fois la seconde, cinq fois la troisième. Notre prélat lui donna un développement nouveau. A côté des sections des lettres et des sciences, il établit une section de *hautes études ecclésiastiques*, sorte d'enseignement supérieur, destiné à un certain nombre d'élèves choisis. L'école, ainsi agrandie, restait confiée à la direction d'un ecclésiastique lettré (1). Les illustres exemples de l'ancienne Sorbonne inspirèrent à Mgr Sibour les moyens d'exciter de jeunes esprits par une noble émulation.

Les vues de l'Archevêque sur l'école des Carmes s'élargissaient toujours. Vers la fin de l'année 1853, dans une circonstance où il s'agissait du rapprochement de la religion et de la science, il disait, en parlant de l'école des Carmes : « Aujourd'hui,

---

(1) M. l'abbé Cruice.

« s'il plaît à Dieu de continuer à bénir nos projets,
« cette école va devenir une vaste pépinière de pro-
« fesseurs, où nos vénérables collègues dans l'épis-
« copat, pourront trouver à leur gré des hommes
« tout à fait capables pour les diverses branches de
« l'enseignement ecclésiastique. Cette année, nous
« nous proposons de diriger plusieurs de nos élèves
« vers les études de Droit. Ils fréquenteront les cours
« de cette faculté; ils en subiront les épreuves; ils
« en prendront les grades; ils puiseront ainsi de
« grands secours pour la science sacrée, dans une
« étude sérieuse de la jurisprudence, qui doit tant
« elle-même à la théologie et au droit canon. Quel-
« ques élèves qui ont du goût et une aptitude parti-
« culière pour l'érudition et les antiquités, suivront
« les cours de l'école des Chartes, et puiseront dans
« ce savant enseignement des ressources précieuses
« qu'ils feront tourner au profit de nos antiquités
« ecclésiastiques. C'est de cette sorte que l'école des
« Carmes, fondée par la religion, deviendra de plus
« en plus un sanctuaire pour la science. »

Aujourd'hui, l'école des Carmes, où l'on reçoit aussi un enseignement préparatoire pour les écoles spéciales, se compose de quarante ecclésiastiques et cent laïques.

La nécessité de la science pour le prêtre revenait en toute occasion dans les entretiens ou les conseils de Mgr Sibour. Dieu, dans les livres saints, ordonne souvent d'allier la science à la vertu, pour le digne exercice des fonctions du sacerdoce; aux yeux de notre prélat, ce devoir avait pris dans ce siècle un caractère frappant d'importance et de grandeur, car ce siècle estime l'étude et le savoir, et l'empire des esprits n'appartiendrait pas à un prêtre, même pieux, qui ne laisserait voir qu'une petite instruction. L'Archevêque ne voulait pas que, par je ne sais quel renversement des choses, le siècle, empruntant le langage de la foi, pût jamais dire aux ministres de la religion ce que le Seigneur disait aux prêtres de la loi ancienne : « Parce que vous avez rejeté la science, « l'opinion publique vous rejette du sanctuaire du « Dieu vivant. » Le Dieu qui envoie est *le Dieu des sciences* et *le Dieu des vertus* ; la science et la vertu sont donc les vrais signes de la mission divine. Que d'illustres et profonds foyers ont disparu sous les coups de la Révolution ! Ces Ordres si savants étaient pour le sacerdoce à la fois comme une force, un prestige, une éclatante décoration. Les tempêtes ont fait dans le clergé, comme jadis dans les églises dépouillées, une sorte de nudité pour laquelle il faut le vêtement et l'auréole : le vêtement des grands travaux, l'auréole de la science. On ne saurait, sans injustice, méconnaître le zèle studieux du clergé contemporain, surtout à Paris et dans les villes ; si l'Eglise de France demeure dans les conditions de liberté que 1848 lui a faites, nous avons la confiance que, les ordres religieux aidant, elle retrouvera sa vigoureuse beauté d'autrefois. Notre Archevêque favorisa de tout son pouvoir les congrégations religieuses, et ce n'est pas un de ses moindres titres à la reconnaissance des catholiques. Par un traité du mois d'octobre 1849, il avait cédé pour dix ans aux Dominicains la portion de l'ancien couvent des Carmes qu'ils occupent, à la seule condition de l'entretenir et de desservir l'église; le R. P. Lacordaire, dans les lignes où il lui exprimait sa gratitude, lui disait: « Dieu seul est la récompense des œuvres. »

## CHAPITRE DIX-NEUVIÈME.

L'ACCORD DE LA SCIENCE ET DE LA FOI. — LA FÊTE DES ÉCOLES. — LE TRADITIONALISME ET LES QUATRE PROPOSITIONS DE LA CONGRÉGATION DE L'INDEX.

L'accord de la science et de la foi ! Ce but poursuivi par toute intelligence qui a goûté les joies ineffables de la vérité, ne sortit jamais de la pensée de Mgr Sibour. C'était l'entretien de sa jeunesse, ce fut l'active occupation de son âge mûr. Il y a plus de vingt ans, il traita cette question à Montpellier, dans un discours particulièrement adressé aux jeunes gens de l'école de médecine et prononcé devant l'évêque. Un journal publia un fragment de ce discours qui, depuis ce temps, est resté enfoui dans des colonnes oubliées;

Geneviève seraient plus particulièrement appropriées aux classes laborieuses. Pendant l'avent et le carême, on y entendrait des instructions pour les élèves des écoles publiques et des institutions privées. La société de Saint-Vincent-de-Paul et de Saint-François-Xavier; les sociétés de secours mutuels, de patronage, les corporations d'arts et de métiers, pourraient tenir dans l'église de Sainte-Geneviève leurs séances solennelles, leurs assemblées religieuses, et y célébrer leurs fêtes patronales.

Les places de chapelains de Sainte-Geneviève pouvaient exciter de légitimes ambitions parmi le jeune clergé français. Notre Archevêque réservait toujours les droits de l'intelligence et voulait, autant que possible, que la capacité conquît elle-même sa position; la faveur et le bon plaisir n'étaient pas de son goût; il avait donc applaudi à la mise au concours de ces places; le décret du 22 mars 1852 lui laissait le soin de régler les conditions de ce concours. Un sermon écrit, un sermon improvisé, une argumentation théologique, voilà les trois épreuves pour l'admission dans la communauté de Sainte-Geneviève. Un jury, présidé par un vicaire-général, écartait les candidats d'un mérite insuffisant et assignait des rangs aux candidats reçus. C'est après la proclamation de ce jugement que l'Archevêque délivrait le titre et les pouvoirs de chapelain.

Cette communauté, dont le nom se mêle au souvenir protecteur d'une sainte si chère à notre patrie, ne répondit pas d'abord à toutes les espérances; la prédication des chapelains n'était pas sans mérite, mais manquait de solidité ; une connaissance approfondie de la doctrine sacrée ne se montrait pas dans leurs discours; on pensa qu'ils inspireraient une plus grande confiance à leurs auditeurs, s'ils présentaient des titres publics de leur science. On arrêta donc que les candidats aux chapellenies de Sainte-Geneviève seraient, à l'avenir, bacheliers ès-lettres, qu'ils seraient reçus bacheliers en théologie dans l'année de leur admission, licenciés dans la deuxième année, docteurs dans la troisième. Le rapport sur l'état de la communauté en 1855 (1) fut comme un hommage à d'heureux efforts, et, surtout, à la direction si distinguée du doyen des chapelains (2). Depuis ce temps l'institution n'a porté que de bons fruits. La communauté donne à la foule des fidèles, mais surtout aux gens lettrés du pays latin et à la jeunesse des écoles, les prémices d'un utile apostolat; elle réserve les instructions élémentaires et la simplicité du langage pour les jours et les heures où un auditoire d'ouvriers se presse dans la vaste église de la patronne de Paris. Quand les chapelains ont fini leur temps pour être remplacés par d'autres, ils s'en vont continuer l'œuvre du bien sous les ordres de leurs évêques, empor-

---

(1) Rapport de M. Bautain.
(2) M. l'abbé Dauphin.

tant le titre de chapelains honoraires de Sainte-Geneviève, comme un témoignage de leurs premiers services, comme des chevrons gagnés dans la milice sacrée et les combats du Seigneur.

Des flots toujours croissants de lumières dans les rangs de son clergé, une guerre vigoureuse faite à l'ignorance en matière de religion dans le diocèse confié à ses soins, voilà ce que voulut toujours Mgr Sibour; ses visites pastorales, où nulle misère ne se dérobait à son zèle, lui avaient appris la profondeur des ténèbres où se traînent tant de milliers d'âmes dans ce Paris qui tient le sceptre de l'intelligence humaine. La chaire de Notre-Dame a été depuis plusieurs années comme un Sinaï d'où la parole de Dieu est descendue dans toute sa force et toute sa majesté; des esprits en grand nombre se sont réveillés à ces coups de tonnerre et se sont éclairés à la lueur de ces éclairs; mais ce langage n'est bon que pour les gens d'étude et de littérature, qui croient tout savoir et n'ont jamais rien creusé de la religion chrétienne; les splendeurs de ce mont sacré ne sont pas faites pour l'immense foule de Paris qui ne connaît que le Paris matériel, et s'achemine vers la tombe au milieu d'une épaisse nuit morale. Notre Archevêque avait vu cela; il établit des conférences pour la ville et pour les faubourgs: pour la ville, dans les églises de Saint-Sulpice et de Saint-Eustache; pour les faubourgs, dans les églises de Sainte-Marguerite, de Sainte-Geneviève et de

Saint-Laurent. Ces conférences, destinées aux hommes, devaient durer six mois; l'Archevêque choisissait et rétribuait les prédicateurs. Il défendait qu'on perçut le prix des chaises, et voulait que les instructions eussent lieu dans la soirée du dimanche : il ne laissait aux ouvriers, aux gens pauvres aucun prétexte de rester chez eux.

Les sociétés de Saint-François-Xavier formaient le premier noyau de ces auditoires populaires. « Vous
« vous donnez beaucoup de peine, leur disait le prélat,
« pour cultiver et perfectionner les arts que vous
« exercez. Accordez quelques moments à l'art des
« arts, à la science du salut. Songez à votre âme,
« songez à ses destinées immortelles. Plus ces tra-
« vaux vous enchaînent aux choses terrestres, et plus,
« de temps en temps, vous devez sentir le besoin
« d'élever vos cœurs en haut et de respirer, en quel-
« que sorte, dans un air plus pur. La religion que
« vous aimez, mais que vous ne connaissez peut-être
« pas assez, est la grande maîtresse de la vie; heu-
« reux ceux qui marchent à sa lumière et savent,
« en la prenant pour guide, éviter les périls du
« chemin ! »

Dans la lettre pastorale où il établissait les conférences sur la religion, l'Archevêque établissait aussi un cours de religion dans toutes les paroisses de Paris; cette mesure était l'œuvre d'un sentiment intelligent et profond des besoins de la société présente.

Le prélat savait avec quel zèle le clergé de Paris dispense la parole sainte sous les formes diverses du sermon, du prône et de l'entretien familier ; avec quelle perfection se font les catéchismes : il y a toujours à profiter lorsqu'on écoute dans nos églises. Prêter l'oreille au développement de vérités consolantes ou terribles, à l'explication d'un passage de l'Evangile, à de pieuses exhortations, à des conseils pratiques, et suivre ainsi toute l'année le même chemin à travers des prédications sur tel ou tel point, c'est faire œuvre utile, ce n'est pas s'instruire à fond du christianisme, ce n'est pas même le connaître sérieusement, car on ne peut connaître les enseignements catholiques qu'en les étudiant dans leur suite, leur enchaînement, leur ensemble. Que de gens dans le monde croient, sans pouvoir se rendre compte de leurs croyances, et seraient embarrassés des moindres lieux communs d'objection dont on s'armerait contre leur foi ! Ce qui manque c'est la doctrine ; on n'a pas lu ou l'on a mal lu ; l'âge où nous sommes, sauf d'illustres exceptions, sait de tout un peu et ne va au fond de rien ; il est trop pressé de jouir pour se donner le temps d'apprendre. Ce penchant à ce qui n'est que superficiel a gagné même la société où les habitudes chrétiennes se conservent encore ; on pratique, on ne s'instruit pas. C'est surtout à l'enseignement paroissial qu'il appartiendrait d'élever parmi nous le niveau de la science chrétienne, et la prescription de Mgr Sibour à cet égard fut un très-noble effort.

Que demande-t-il? « Un cours méthodique, « bien simple, bien nourri, bien enchaîné et qui, « continué durant quelques années, présente un « ensemble de la religion, et puisse en donner aux fi- « dèles qui le suivront une suffisante connaissance. » Le plan qu'il s'agit de remplir, le Concile de Trente lui-même l'a tracé : explication successive du symbole, des commandements de Dieu et de l'Eglise, de la prière et des sacrements. Sur ce fonds inépuisable et que rien ne change, la parole peut prendre des formes diverses, selon la diversité des auditoires. Chaque paroisse a son public en quelque façon ; la chaire proportionne son langage à la culture des intelligences. L'Archevêque rappelait les conseils renfermés dans l'Introduction au Catéchisme du Concile de Trente ; il y est dit que la méthode n'est nulle part plus nécessaire que dans l'instruction du peuple chrétien, que celui qui parle doit se montrer un ministre et un dispensateur exact, et ne pas oublier qu'il est chargé d'instruire plusieurs sortes de personnes ; les uns sont comme les enfants nouvellement nés, les autres ont commencé à prendre quelque accroissement, d'autres enfin sont parvenus à la force et à la vigueur de l'âge dans la vie spirituelle; saint Paul a laissé un grand exemple lorsqu'il a dit qu'il était redevable aux Grecs et aux Barbares, aux savants et aux ignorants.

Mais pour que des œuvres comme celle des conférences réussissent, il ne suffit pas qu'elles sortent du cœur d'un archevêque et qu'elles passent dans l'âme de tous les pasteurs ; des prêtres se rencontreront toujours pour rompre le pain de la divine parole et s'épuiser en efforts apostoliques ; il faut qu'un peuple soit là qui les entende; partout les hommes se coudoient dans cette grande cité où il semble qu'il n'y ait pas de place pour tout le monde; les seuls espaces déserts seraient-ils les lieux où l'homme peut retrouver toute sa grandeur première, comprendre la sublimité de sa destinée, et apprendre à se consoler de ce qui l'humilie ou le blesse ici-bas? Mais non, la solitude ne s'est pas faite autour des conférences sur la religion établies par Mgr Sibour; les multitudes qui avaient faim ont commencé à se nourrir, et un peu plus de lumière s'est répandue dans les rangs chrétiens.

Notre prélat voulait que, dans son diocèse, tous ceux qui ont des oreilles pour entendre s'instruisissent de la religion chrétienne; il voulut même que les plus deshérités et les plus malheureux, que leurs infirmités séparent pous ainsi dire des sociétés humaines, eussent leur part de ce bienfait. Au mois de février 1856 il établit des conférences sur la religion en faveur des sourds-muets, et choisit pour ces réunions l'église de Saint-Roch, où reposent les restes de l'abbé de l'Epée. Les conférences devaient avoir lieu tous les dimanches et n'être interrompues qu'en été. Elles étaient placées sous la direction du pieux et habile aumônier des Sourds-

Muets (1) auquel l'Archevêque associait de zélés collaborateurs. Ces exercices offrent un spectacle des plus intéressants et des plus touchants.

Dans ses visites pastorales aux quartiers les plus pauvres de Paris, l'archevêque avait remarqué la triste insuffisance du nombre des écoles ; il en eût fallu moitié plus, et, en certains quartiers, près des deux tiers de plus : onze cents enfants étaient inscrits, dans le faubourg Saint-Antoine, pour une école pouvant en contenir quatre cents. Ces enfants tombaient dans le vagabondage, et l'on sait où le vagabondage mène. La pensée de ce mal immense désolait le cœur du premier pasteur ; il fonda une société charitable, dite d'Encouragement, pour les écoles chrétiennes libres, d'après les bases que lui présenta la commission des études ; son premier désir avait été l'établissement d'écoles religieuses pour les garçons et pour les filles, dans les quartiers qui en manquaient ; le plan de Mgr Sibour s'était agrandi ; il voulait mettre à profit la liberté d'enseignement si laborieusement et si tardivement conquise ; l'œuvre des écoles chrétiennes libres comprit la fondation d'externats secondaires, d'une école normale où se formeraient des maîtres ecclésiastiques et laïques, et de cours de haut enseignement qui seraient le couronnement du

---

(1) M. l'abbé Lambert.

système des écoles libres. La société était placée sous le patronage et la présidence de l'Archevêque; les curés des douze arrondissements en étaient membres de droit; un comité de douze membres, nommés pour cinq ans, administrait l'œuvre des écoles libres. Les ressources de la société se composaient des cotisations annuelles des membres fondateurs, des dons et souscriptions.

L'Archevêque avait bien raison de dire un jour : « Les bonnes œuvres sont la couronne de notre « Eglise. » Par de fécondes merveilles de la charité les anciennes œuvres se soutiennent et les nouvelles se fondent. Assurément c'était une noble entreprise que de donner à des masses d'enfants des quartiers pauvres de Paris l'instruction élémentaire et chrétienne; mais avec quelle promptitude cette pensée de Mgr Sibour s'est accomplie! comme elle a vite germé dans les âmes généreuses! quel concours rapide de bonnes volontés! en dix-huit mois, l'œuvre des écoles libres avait dépensé ou fait dépenser, pour l'enseignement chrétien du peuple, près de cent mille francs; seize écoles avaient été établies, beaucoup d'autres agrandies et secourues, et la banlieue n'était pas oubliée : l'œuvre faisait sentir son action bienfaisante aux Batignolles et à Gentilly. Elle confiait presque toutes les écoles à des Frères ou à des Sœurs. En 1853, elle donnait l'instruction élémentaire à plus de neuf mille enfants, et, depuis ce temps, le bien qu'elle a fait n'a cessé de s'étendre. Heureux efforts de la charité! Travail véritable de civilisation au cœur même de Paris! L'école primaire chrétienne est partout le fondement réel de la société, mais y a-t-il un point du monde où il faille, plus qu'à Paris, discipliner dans la voie de la morale et du devoir les générations naissantes qui seront le peuple?

## SUITE DU CHAPITRE PRÉCÉDENT.

Mgr Sibour aimait à voir les intérêts de l'immobile vérité sortir de la mobilité des choses humaines; la réouverture de l'église de Sainte-Geneviève valut au diocèse de Paris une école de prédication. Les chapelains, chargés de desservir cette église, durent s'y former, pendant trois ans, au ministère de la parole évangélique. L'Archevêque leur prescrivit la vie commune, leur imposa l'obligation de prêcher, au moins une fois par mois, dans l'église patronale de Paris : le doyen leur ferait, tous les huit jours, une conférence sur l'éloquence sacrée; cette conférence se terminerait par les observations auxquelles auraient pu donner lieu les sermons de la semaine. Le soir des dimanches et fêtes, les prédications de Sainte-

voici ces pages; il ne faut pas qu'elles soient perdues; la citation de ce morceau sera comme la conservation d'un débris précieux, et, en quelque sorte, comme une restitution à la mémoire que nous avons à cœur d'honorer.

« Le siècle se demande si le progrès de la science sera favorable à la foi, ou s'il lui sera contraire. Nous n'avons, pour répondre à cette question de doute, qu'à ouvrir tour à tour les livres sacrés de la religion et les annales de l'histoire, afin de constater la perpétuité de l'accord de la vraie foi et de la vraie science, et la nécessité en même temps pour la science de s'harmoniser toujours avec la foi, si elle veut demeurer dans les conditions de la vérité et du progrès.

« Lorsque vous entendrez, d'un côté, le Dieu de la foi se glorifier d'être aussi le Dieu de la science, provoquer de mille façons l'esprit humain au développement de la science, sanctifier toutes les applications légitimes de la science, et faire, dans cette vue, une consécration spéciale, si j'ose dire, de chaque partie de la science; lorsque d'un autre côté, vous verrez la science, aux jours de ses triomphes, faire hommage de ses plus nobles conquêtes à la foi, et toujours briller ou s'obscurcir suivant qu'elle se rapproche ou s'éloigne de la foi, comment ne conclurez-vous pas infailliblement que la vraie foi et la vraie science, avec des destinées cependant diverses, sont comme deux sublimes amies, s'appuyant l'une sur l'autre, sans crainte, sans rivalité?...

« Comment supposer la vérité scientifique en désaccord avec la vérité religieuse! Aurait-il établi un antagonisme entre la foi et la science, le Dieu que nous reconnaissons avec saint Paul pour *l'auteur et le consommateur de notre foi*, en même temps que nous le proclamons, avec le même apôtre, comme *renfermant en son sein tous les trésors de la sagesse et de la science?* Le Dieu qui exhorte à l'étude continuelle de la science : *Ne cessez, mon fils, de vous instruire, et ne vous exposez pas à ignorer les paroles de la science. Le cœur prudent s'attachera à elle; l'oreille du sage la cherche avec avidité?* Le Dieu qui exalte ceux qui possèdent la science, et prend sous sa protection l'homme qui la cultive : *La bouche qui distille la science est un vase mille fois plus précieux que tous les vases d'or et de pierreries; les yeux du Seigneur gardent l'homme qui aime la science?* Le Dieu qui ordonne aux sages d'embellir la science, afin de la propager plus rapidement : *les sages orneront la science des charmes du langage, et leurs lèvres la répandront comme une semence?* Le Dieu qui veut que le peuple lui-même prenne part à la science, et qui établit un sacerdoce tout exprès pour la rendre populaire : *Les lèvres du prêtre seront dépositaires de la science, etc.?* Le Dieu qui s'irrite contre le peuple s'il laisse périr la science, et frappe de malédiction le prêtre qui la répudie : *Il périra, mon peuple, parce qu'il est destitué de science : et vous, ô prêtres, etc.?* Le Dieu enfin qui nous prescrit, entre les dons les plus précieux, d'implorer de sa bonté la science, etc.? Il serait ennemi de la science, lui, ce Dieu ! Et les progrès de la science le feraient trembler sur son trône! Et la religion, poussant un cri d'alarme, s'empresserait d'enrayer l'esprit humain ! Et sa céleste mission, à ce compte, ne serait plus que d'étouffer le génie ! Et nous la verrions, cette fille du ciel, née au sein des splendeurs divines, elle, amante des ténèbres ! Mais il lui faudrait donc, avant de se renier ainsi elle-même, déchirer les titres de son origine, ces livres sacrés, tout resplendissants des lumières de la science.

« Non, elle ne les déchirera pas, parce qu'elle ne renie ni son auteur ni elle-même. Toujours, avec un saint orgueil, elle les montrera aux savants comme renfermant la glorification de toutes les sciences et les principes même de plusieurs d'entre elles. Elle leur dit : Prenez et lisez...

« La religion paraîtra-t-elle à ses ennemis incompatible avec la science, lorsque c'est la religion elle-même qui provoque les progrès de la science pour s'embellir de ses conquêtes, et lorsque la science elle-même à son tour s'aide si souvent du secours de la religion, pour l'associer à ses triomphes?.. Et comment se fait-il qu'il se soit rencontré, au sein même du christianisme, des hommes d'une foi timide et tremblante jusqu'à conjurer les progrès de la science, de peur, disaient-ils, que l'œil de l'esprit, accoutumé aux saintes obscurités de la foi, ne vînt à se perdre, ébloui dans une trop grande effusion de lumières? Que l'œil du corps, faible de sa nature, destiné à contempler seulement, sous un certain éclat du jour, quelques fragments successifs de la création, ne puisse fixer immobile le regard dans le champ radieux du soleil, sans être frappé soudain d'aveuglement, je le conçois; mais l'esprit humain, fait pour contempler l'éternel Soleil des intelligences, pour s'enivrer de sa lumière et de son amour, pour le posséder comme vérité infinie, a reçu des proportions presque sans bornes...

« La vérité religieuse et la vérité scientifique sont deux flambeaux resplendissants, allumés à cet éternel foyer, et qui doublent leur propre force en se prêtant un mutuel éclat...

« Voyez plutôt ce que le christianisme, fécondant la science, a enfanté de prodiges aux siècles de Léon X et de Louis XIV, siècles de puissance, où toutes les créations de la foi et de la charité s'harmonisent avec toutes les créations du génie et de l'art, pour composer un nouvel univers intellectuel, un nouveau monde moral... Et tels seront toujours les fruits du chaste embrassement du ciel et de la terre, de l'alliance de l'esprit de Dieu avec la pensée de l'homme, de l'accord de la science avec la foi!

« Au contraire, divisez ce qui devait être uni, et

toutes ces grandeurs tombent. Dans ce divorce sacrilége de Dieu et de l'âme humaine, Dieu, sans doute, retiré en lui-même, demeurera avec toute sa gloire ; le ciel, au-dessus de la nue sombre, ne perdra pas un rayon de sa lumière ; la foi sera toujours sublime et triomphante ; mais la science, après s'être elle-même corrompue, corrompra toutes choses, lois, lettres et arts ; mais le chaos des erreurs s'étendra rapidement sur la terre, et la société, chancelante au milieu des ténèbres, sera jetée hors de sa route ; mais l'homme enfin, de chute en chute, roulera dans l'abîme de l'incrédulité, pour retomber encore de là plus profondément dans l'abîme de la barbarie : c'est toujours où conduit le faux savoir qui a renié Dieu.

« Quel est le siècle le moins civilisateur, le plus rétrograde en tous sens, le plus mortel à l'enthousiasme de l'art comme le plus étranger à l'enthousiasme de la vertu, le plus étroit et le plus égoïste, le plus étouffant pour le génie, le plus desséchant pour le cœur, le plus rampant et le plus prosaïque ? C'est le dix-huitième siècle ; c'est lui, du consentement unanime ; pas une seule voix bientôt n'ose s'élever à l'encontre. Et ce dix-huitième siècle, avec tant d'éléments de grandeur, comment est-il tombé si bas ? en proclamant le divorce de la science et de la foi. Et ce divorce, où l'a-t-il précipité ? dans le faux savoir. Et le faux savoir ? dans l'incrédulité. Et l'incrédulité? dans l'impiété. Et l'impiété? dans les stupidités du paganisme, dans l'idolâtrie révolutionnaire, dans le culte de la raison sous les traits d'une prostituée. Et cette stupidité, et cette idolâtrie, et ce culte? dans les sacrifices humains par hécatombes, dans la tyrannie et l'anarchie, dans la haine du juste, dans la proscription du beau, dans un sauvage amour de l'ignorance, dans la persécution des lettres, dans le vandalisme des arts, dans le mépris de toute science. Ainsi, à la fin de cette période, périt dans des convulsions épouvantables toute une civilisation, et les peuples se trouvèrent tout-à-coup refoulés par delà dix-huit siècles de lumières, dans le chaos des ténèbres antiques.

« L'histoire de ce divorce de la science et de la foi est éclatante, et les souvenirs de la chute de la société dans cette barbarie sont récents; mais voulez-vous la preuve que la société en était venue là en passant par le faux savoir? Cette preuve la voici : c'est que la génération actuelle s'est mise à refaire ce que la génération passée avait défait ou mal fait ; c'est le labeur du dix-neuvième siècle. Le dix-huitième siècle tel qu'un reptile qui, dans son impuissante rage, s'empoisonne de son propre venin, s'était donné la mort à lui-même au milieu de ses fureurs contre le Christ. Car, en brisant les bases de la foi, il avait brisé les bases de la science elle-même, flottant sur les vagues d'un vaste scepticisme :

périsse, avait-il dit, l'ensemble des connaissances humaines, pourvu que Dieu en même temps périsse! Or, ces bases brisées par le dix-huitième siècle, ont été replacées par le dix-neuvième siècle; l'édifice se reconstruit. Vous le voyez, et vous-mêmes êtes appelés à l'œuvre!

« Puis, toutes les spécialités de la science, qui touchent par quelque endroit à la religion, avaient été atteintes, et faussées par ce délire anti-religieux. Le dix-huitième siècle corrompit ainsi la psychologie et la physiologie pour matérialiser l'âme; le dix-neuvième siècle la refait et restitue l'homme à lui-même, à son immortalité. Le dix-huitième siècle corrompit toute l'histoire pour en faire un mensonge et un blasphème, le dix-neuvième siècle la refait et lui rend son autorité en la retrempant à ses propres sources. Le dix-huitième siècle corrompit l'archéologie pour forcer la poussière des temps à témoigner contre Dieu; le dix-neuvième siècle la refait et y retrouve les grands souvenirs de Dieu et de son peuple. Le dix-huitième siècle corrompit la géologie pour faire mentir la religion; le dix-neuvième siècle lui rend, au grand ébahissement de l'incrédulité, sa double valeur cosmogonique et historique. Le dix-huitième siècle corrompit, vous disais-je, la littérature, la poésie, les arts, pour en faire des armes contre le christianisme; le dix-neuvième siècle travaille à rendre à la littérature sa moralité, à la poésie son enthousiasme, aux arts leur inspiration, en les tournant vers le ciel. Enfin, le dix-neuvième siècle, grâces à Dieu, s'est pris à rougir de ce dix-huitième siècle hideux d'immoralité, siècle d'orgueil et d'outrecuidance, siècle à rebours de tout progrès qui, par une justice providentielle, s'est infligé à lui-même, aux yeux de la postérité, la sanglante ironie de *Siècle des lumières*.

« Donc, voilà un fait constaté : c'est le faux savoir qui amène l'incrédulité, comme c'est l'incrédulité qui précipite dans le faux savoir ; et tous les deux font courir à la barbarie. Tandis que la vraie foi, au contraire, fait progresser la véritable science, comme la vraie science développe la véritable foi, et toutes les deux font avancer la civilisation.

« Gardons-nous d'admettre cette absurde perfectibilité indéfinie dont quelques savants veulent gratifier l'humanité ici-bas. Toute la perfection morale que comporte notre nature est obtenue chaque jour par les saints formés à l'école de Jésus-Christ ; la perfection physique de l'homme ne sera obtenue qu'après l'entière révolution des temps, par la résurrection qui se fera au nom de Jésus-Christ; quant à la perfection intellectuelle, si la foi et la science s'entendent, il n'est pas facile d'assigner un terme aux découvertes de la pensée et aux combinaisons de l'industrie.

« Ainsi, la foi et la science, comme deux fleuves,

coulent du sein de Dieu, à travers les siècles, pour féconder tous les champs de l'intelligence. Ces deux fleuves, mêlant leurs ondes célestes, ne se tariront pas mutuellement, pour le tourment d'un monde qui a soif de vérités infinies ; leurs flots monteront d'âge en âge; ils monteront, portant l'humanité sur mille rives nouvelles, jusqu'à ce qu'ils la déposent au sein de Dieu, où ils retourneront à leur source, immense Océan de connaissances et d'amour. »

Lorsque celui qui écrivit ces pages, devint archevêque de Paris, c'est-à-dire premier pasteur de la grande cité d'où la science rayonne sur le monde, il sentit un besoin immense de travailler à la réconcilier avec la religion : ce fut une de ses espérances, un des buts de sa mission en recueillant le sanglant héritage de Mgr Affre. Réunir autour des autels chrétiens les écrivains, les savants, les artistes dont l'Europe connaît les noms, voilà ce qu'ambitionnait Mgr Sibour. Nous pourrions citer tel poète populaire dont l'Archevêque s'efforçait doucement de ramener la pensée vers les intérêts éternels; tel philosophe dont il aimait les moindres retours dans l'espoir de retours plus complets, et qu'il eût voulu préserver des atteintes d'un zèle trop impatient; tel célèbre artiste qu'il conviait à mettre de plus en plus son âme en parfait accord avec les harmonies divines.

Nul n'a ignoré ses pieux et tendres empressements auprès d'un illustre historien (1), aveugle et paralysé, qui aimait trop la vérité pour que la vérité ne vînt pas illuminer la fin de sa vie, et qui, *ouvrier de Dieu* comme il s'appelait lui-même à ses derniers jours, a quitté ce monde quand il effaçait de ses livres ce qu'il avait, en toute bonne foi, écrit contre nos croyances.

Une belle idée naquit dans le cœur de cet archevêque si chaudement occupé de la gloire de l'Eglise, et qui regardait comme le plus grand des malheurs la lutte entre la Science et la Religion. Il institua une solennité qu'il appela la fête des Ecoles, et dont la célébration devait avoir lieu chaque année dans l'Eglise de Sainte-Geneviève, sous le patronage d'un grand homme inscrit au nombre des Saints. Il conviait à cette solennité tous les chefs de l'instruction publique et privée, toutes les notabilités de la science, des lettres et de l'enseignement, les professeurs, les instituteurs, tous les élèves des écoles supérieures et spéciales, les élèves les plus distingués des lycées et des institutions. Après la messe dite à l'intention de l'union toujours plus intime de la religion et de la science, on devait entendre le panégyrique de l'un de nos saints dont le nom demeure attaché à des œuvres impérissables.

---

(1) M. Augustin Thierry.

Les Saints de génie ne manquent pas à l'Eglise catholique, l'éloquence annuelle des panégyristes n'en épuisera pas la liste de sitôt. Mgr Sibour ajoutait à l'établissement de la fête des Écoles la fondation d'un prix de mille francs pour le meilleur travail sur une question relative aux rapports de la Science et de la Foi.

Cette fête des intelligences se célébra pour la première fois dans l'immense église de la Patronne de Paris le 27 novembre 1853. Un brillant et très-nombreux auditoire d'hommes, une population de lettrés, avait répondu à l'appel du prélat. On eut dit l'Institut de France dans une église, mais l'Institut agrandi. Un panégyrique fut prononcé, celui de saint Augustin; il le fut par l'Archevêque lui-même. Il inaugurait la fête des Écoles sous les auspices d'un grand homme qui parut lui-même comme le chef-d'œuvre de l'union de la Science et de la Foi. Dans la première partie de son discours, Mgr Sibour considéra le génie et le cœur d'Augustin; dans la seconde, l'alliance de la Religion et de la Science représentée par ses écrits. Nous n'avons pas à nous arrêter à une œuvre oratoire que tant de gens ont entendue et que tant de gens ont lue; c'est un morceau d'un style ferme et noble, gravement pensé, d'une inspiration large; on y sent une méditation laborieuse, une forte habitude de lire Saint-Augustin. Sans jamais sortir des règles rigoureuses de l'orthodoxie, l'Archevêque prend de chaque question les côtés les plus propres à intéresser les gens du monde et à frapper la raison humaine; il montre qu'il n'est pas besoin d'abdiquer ni de s'amoindrir pour entrer dans la vérité catholique, que les plus sublimes élans de l'âme et de l'imagination peuvent y trouver place, et que le génie respire à l'aise dans le monument de notre foi.

Trois choses occuperont l'esprit de l'homme tant qu'il y aura des hommes sur la terre : le Beau, le Vrai, le Bien. Le panégyriste de saint Augustin pouvait, sur les pas de ce contemplateur incomparable, monter à la seule source certaine de ces trois choses immortelles; il pouvait dire avec l'évêque d'Hippone, génie philosophique s'il en fut jamais, que la vraie religion et la vraie philosophie ne font qu'un. L'unité de la vérité tient à l'unité de Dieu lui-même ; la diversité des voies peut y conduire, la diversité des formes peut la représenter, mais la vérité est une, et le vrai sur un point ne peut rien craindre du vrai sur un autre point. Le christianisme est divin, c'est la vraie religion des sociétés humaines; cherchez, compulsez, fouillez la terre, plongez dans les cieux, allez au fond des langues, au fond des monuments non encore ouverts, faites parler les vivants et les morts, exhumez des dates, tournez et retournez l'univers si vous le pouvez, vous ne nous apporterez rien qui conclue contre le christianisme; et si vous nous présentiez quelque chose à quoi nous ne pussions pas répondre aujourd'hui, nous y répondrions demain.

L'inauguration de la fête des Écoles dans ce Paris, capitale de l'esprit humain, devant cet auditoire composé de maîtres et de disciples, fut donc un beau jour pour l'Archevêque. Un moment il lui sembla que la funeste rupture opérée par le dix-huitième siècle était réparée et l'alliance de la Religion et de la Science de nouveau scellée parmi nous.

Le 18 janvier 1854, l'Archevêque adressait à ses vénérables collègues dans l'épiscopat un exemplaire de son discours prononcé pour la fête du 27 novembre; il l'accompagnait d'une lettre où il expliquait l'intention de cet envoi. Le prélat ne considérait pas ce discours comme faisant partie des actes administratifs que les évêques ont coutume de se communiquer, mais il avait appris que la pensée de la fête des Écoles et la pensée de son discours se trouvaient dénaturés dans un pamphlet répandu à profusion ; il croyait se devoir à lui-même et devoir à ses vénérables collègues de faire connaître « ce qui avait été l'objet d'un travestissement injurieux : » c'était, ajoutait-il, sa seule réponse « à d'indécentes attaques. » La lecture du discours sur saint Augustin, complété par des notes qui ne laissent ni ombre ni équivoque, dut, en effet, prouver à la France catholique, et, au besoin, prouver ailleurs qu'à la France, l'irréprochable caractère d'une réunion et d'une œuvre où éclatait si évidemment l'amour de l'Eglise et de sa gloire.

Nous regardons la fête des Écoles comme une salutaire institution. Elle serait de tous les temps, elle est surtout du nôtre. Le travail réparateur qu'avait entrevu Mgr Sibour ne s'est pas accompli sur tous les points. Il importe que la Science, au moins une fois l'an, se trouve en présence de la Religion, qu'elle la voie, qu'elle l'entende ; dans les affaires humaines les dissentiments ou les malentendus naissent plus d'une fois de l'éloignement : se voir c'est bien souvent ne plus vouloir se combattre ; il en est de même des hostilités ou des préventions contre l'enseignement chrétien. Nos ennemis peuvent cesser de l'être après que la Religion leur a apparu dans l'expression solennelle de ses véritables doctrines ; leur âme peut s'ouvrir à des sentiments d'amour ou à des rayons de lumière : il est difficile qu'on demeure armé contre le christianisme en l'apercevant tel qu'il est, et qu'on ne sorte pas de son sanctuaire avec quelque chose de meilleur. La fête des Ecoles sera comme une manifestation permanente du fraternel accord que l'Eglise voudrait pour jamais établir ; elle sera un acheminement continu vers l'accomplissement de ce grand espoir ; et quand la Providence aura permis le retour de ces temps où la Science et la Foi s'inclinaient devant les mêmes autels, la fête des Ecoles restera encore comme un éclatant et visible témoignage d'une union si belle et si féconde.

Les questions ont leur heure, leur convenance, leur opportunité : il en est que nous avons écartées de ce livre; les unes, parce qu'il nous semblait qu'en ce moment nous ne pourrions pas les traiter avec utilité pour le bien; les autres, parce qu'elles n'ont pas reçu encore de solution. Mais lorsqu'une question de grande importance se présente à nous sous forme de chose jugée et que la sentence doit forcément rallier autour d'elle tout véritable enfant de l'Église, nous sommes fort à l'aise pour parler. La fête des Écoles, instituée pour célébrer l'alliance entre la religion et la science, nous remet en mémoire une longue et vive controverse qui avait fort éveillé la sollicitude de Mgr Sibour ; le lecteur a déjà nommé le traditionalisme contre lequel l'Archevêque s'arma de tant de vigilance et d'énergie.

Les journaux et les recueils religieux, sans compter les livres, ont reproduit à satiété tout ce qu'on peut dire sur la foi et la raison, sur l'ordre surnaturel et l'ordre naturel; nous n'avons pas envie de recommencer. Mais il nous est impossible de ne pas exprimer une surprise profonde au souvenir de ces écrivains catholiques, sincères, instruits, bien intentionnés, qui réduisaient à rien ou à presque rien la raison humaine, et lui contestaient la puissance de découvrir par elle-même des vérités dans l'ordre des choses divines. Il ne s'agissait pas en effet de quelque point qu'il fût difficile d'apercevoir dans l'histoire du christianisme ; l'usage légitime de la raison fait partie de l'enseignement catholique depuis saint Paul jusqu'à Pie IX. Si nous étions incapables de nous élever à la connaissance de Dieu par notre force propre, le grand Apôtre aurait-il reproché aux hommes de ne pas avoir glorifié Dieu APRÈS L'AVOIR CONNU (1)? Saint Augustin et tous les Pères ont fait à la raison humaine une noble part ; le moyen âge catholique s'est toujours inspiré de leur doctrine ; quand l'Église a condamné Jean Scot, Roscelin et Abailard, elle n'a pas condamné en eux le droit de la raison, mais de graves erreurs en matière de foi ; l'antagoniste de Roscelin, qui n'était rien moins que saint Anselme, ne passera jamais pour un proscripteur de la raison ; nous en dirons autant de saint Bernard, de Pierre Lombard, de saint Thomas d'Aquin, de saint Bonaventure, interprètes fidèles et immortels des sentiments de l'évêque d'Hippone. Quoi de plus romain et de plus catholique que le catéchisme du Concile de Trente, justement appelé « l'œuvre de l'Église universelle ! » Or, nous lisons dans son préambule que la raison humaine, dans sa condition présente, peut découvrir, à force de labeur et de soin, plusieurs vérités dans l'ordre religieux.

---

(1) *Quia cùm cognovissent Deum, non sicut Deum glorificaverunt.* Ép. aux Rom. ch. I, v. 21.

Et, comme nous voulons nous borner à des indications rapides, nous rappellerons un témoignage éclatant, de date récente, l'encyclique de Pie IX du 9 novembre 1846 ; le pape y établit que « l'investi-
« gation des vérités de l'ordre naturel est l'objet
« propre de la philosophie ; que la foi et la raison
« émanent du Dieu excellent et très-grand, qui est
« la source de la vérité éternelle, qu'elles se prê-
« tent un secours mutuel, en sorte que la droite rai-
« son démontre la vérité de la foi, la soutient et la dé-
« fend ; et la foi délivre la raison de toutes les erreurs,
« l'éclaire, la confirme et la perfectionne par la con-
« naissance des choses divines…. Pour que la raison
« ne s'égare pas dans une affaire de si haute impor-
« tance, ajoute le pape, il est nécessaire qu'elle
« examine avec soin le fait de la révélation divine,
« pour qu'elle soit certaine que Dieu a parlé, et
« qu'elle lui rende une soumission raisonnable, selon
« l'expression de l'Apôtre…. Lors donc que d'après
« des preuves éclatantes et péremptoires, la raison
« humaine a reconnu clairement et manifestement
« que Dieu est l'auteur de cette révélation, elle ne
« peut aller au delà ; mais elle doit, sans s'arrêter
« au doute, ni à quelque difficulté que ce soit, se
« soumettre sans réserve à la foi. »

Voilà la belle et constante doctrine de l'Église sur la raison et la foi ; voilà la vraie tradition, un peu oubliée, ce semble, par le traditionalisme ! Il y a loin de là à un système qui, tout en réservant, pour la forme, certains droits un peu vagues de la raison, lui accordait seulement la faculté de s'instruire des vérités révélées. Ces hardiesses de la pensée chrétienne étaient nées de hardiesses contraires ; on répondait à des excès par des excès ; le rationalisme ayant voulu tout donner à la raison, le traditionalisme voulait tout lui ôter ; il subsistait comme un vestige voilé et une descendance équivoque de cette philosophie célèbre, dont la portée dangereuse n'avait pas échappé aux bons esprits, il y a trente ans, et qui s'est condamnée elle-même en se précipitant dans l'apostasie.

Le système des traditionalistes, dans sa pensée la moins adoucie et la plus absolue, avait pour organe un Recueil dont nous honorons les anciens services religieux. Les ardeurs de la polémique entraînent souvent plus loin qu'on ne voudrait ; les *Annales de philosophie chrétienne*, si dévouées d'ailleurs aux intérêts de la foi et au progrès de la science chrétienne, provoquaient une réforme radicale dans l'enseignement philosophique et théologique des séminaires. Mgr Sibour supportait mal que des plumes dévouées à nos croyances eussent entrepris, dans son diocèse, une sorte de croisade contre un passé digne de respect ; il s'affligeait des nouveautés de ce Recueil qui finit par alarmer plusieurs de ses vénérables collègues dans l'épiscopat ; il se décida alors à nommer une commission chargée de l'examen des *Annales* ; au mois de février 1853, cette commission lui présenta son rapport. C'était un travail solide et bien fait, où l'on prouvait que les rédacteurs du Recueil s'écartaient essentiellement des saintes règles prescrites de tout temps pour l'interprétation des Écritures, qu'ils créaient un danger pour la foi, et que le blâme dont ils frappaient les écoles catholiques retombait sur l'épiscopat, sur l'Église entière.

L'Archevêque, aimant mieux déférer au souverain pontife que de juger lui-même une cause d'un intérêt aussi général, envoya à Rome le rapport de la commission d'examen et en prévint le directeur des *Annales*. Mgr Sibour ne perdit pas de vue la question soumise au Saint-Siége ; il en pressa la solution avec un zèle persévérant. Le 11 juin 1855, la congrégation de l'Index formula et approuva quatre propositions doctrinales, confirmées quatre jours après par le pape.

Ces propositions renouvelaient l'enseignement de l'Église et des plus beaux génies chrétiens sur l'accord de la raison et de la foi, et leur source commune qui est Dieu ; on y disait que le raisonnement peut, avec certitude, prouver l'existence de Dieu, la spiritualité de l'âme ; qu'on ne saurait convenablement alléguer la foi pour convaincre un athée, un matérialiste, un fataliste ; que l'usage de la raison précède la foi et y conduit l'homme à l'aide de la grâce et de la révélation : on y justifiait la méthode de saint Thomas, de saint Bonaventure et des autres scolastiques, du reproche d'avoir mené la philosophie contemporaine au rationalisme, au naturalisme, au panthéisme.

Cette décision du saint-siége fut une joie pour l'Archevêque de Paris ; il en transmit le texte à son clergé, le 12 décembre 1855; et, dans sa lettre, le prélat annonçait que les représentants du traditionalisme avaient souscrit franchement et sans aucun délai aux quatre propositions envoyées de Rome à leur signature. Un consolant spectacle s'offrit à nous. On vit, d'un côté, le saint-siége restituer à la raison humaine sa force et marquer les limites de sa puissance ; et, de l'autre, les écrivains religieux, ainsi avertis, se soumettre promptement au jugement de Rome: c'était tout profit pour la vérité et l'autorité. L'Église laissait venir à elle la raison, comme elle l'a toujours fait depuis que la main de Dieu l'a fondée, et les liens de l'unité se resserraient. Les docteurs d'une certaine presse regardèrent les quatre propositions comme une nouveauté ; il y eut même des théologiens de feuilleton qui affirmèrent que ces propositions *auraient fort étonné saint Augustin.* Ah ! jamais, non jamais on n'imaginera jusqu'où peut aller l'aplomb d'un esprit tranchant qui ne sait rien.

## CHAPITRE VINGTIÈME.

DOGME DE L'IMMACULÉE CONCEPTION ; Mgr SIBOUR ASSISTE A LA PROCLAMATION DE CE DOGME A ROME. — NOUVELLE CIRCONSCRIPTION DES PAROISSES DANS PARIS.

On a dit que Mgr Sibour n'avait pas été favorable à la doctrine de l'Immaculée Conception ; on a confondu l'opportunité de la définition du dogme avec la doctrine elle-même. Dès l'année 1842, quand notre prélat occupait le siége de Digne, il avait demandé au souverain pontife, à l'exemple de la plupart de ses vénérables collègues, l'autorisation d'invoquer Marie sous le titre de *Vierge conçue sans péché;* dans le mandement où il annonçait qu'il avait obtenu les pouvoirs pour cette invocation publique, nous remarquons ce passage :

« Nous savons que la croyance à l'Immaculée Conception de la Sainte Vierge n'a pas été érigée en dogme par l'Eglise; mais elle est si conforme à l'idée que nous devons nous faire de la mère du Sauveur du genre humain ; mais tant de Pères et de saints docteurs, tant de savants théologiens se sont plu à l'admettre ; mais l'Eglise de France en particulier a toujours professé pour cette croyance un si grand respect, nous ne disons pas assez, une vénération si profonde, une adhésion si unanime et si constante, que le doute à cet égard serait plus qu'une témérité. »

Tels étaient les sentiments de l'Archevêque de Paris lorsqu'il reçut, comme tous les évêques de la catholicité, l'encyclique, datée de Gaëte, le 2 février 1849, qui était comme une dernière consultation sur la Conception Immaculée. Les réponses que sollicitait Pie IX lui arrivèrent de tous les points de l'univers; elles ont été imprimées et forment un recueil considérable : on dirait un concile œcuménique par concert, car le souverain pontife interroge, et les évêques du monde entier répondent. Quelques prélats seulement pensèrent que la définition de ce dogme n'était pas opportune ; l'Archevêque de Paris fut de ce petit nombre, malgré sa dévotion bien connue au culte de Marie. Il y a dans Paris, nous ne parlons ici que des hautes régions de l'intelligence, un milieu d'idées et d'opinions dont il est mal aisé de se défendre; on se trouve comme au cœur de la bataille entre la foi et l'incrédulité, on craint de donner des armes à ses adversaires; obligé de lutter sans cesse, même sur les points les plus essentiels, on voudrait éviter le combat pour d'autres vérités : les plus sincères enfants de l'Eglise peuvent sentir alors des appréhensions dans leur cœur. L'année 1849, où fut fait cet appel au sentiment des évêques, n'était pas une année d'affermissement moral et de paix profonde dans les esprits : l'Archevêque de Paris, confident ou témoin d'inquiètes pensées, inquiet lui-même, se déclara contre l'opportunité, tout en protestant d'avance que, du jour où Rome aurait parlé, le décret dogmatique trouverait au fond de son âme une fervente soumission. Ce que nous venons de dire n'est pas la justification mais l'explication d'une conduite. Nous savons qu'en agissant ainsi, Mgr Sibour avait cru mieux faire pour les intérêts de la religion et la gloire de l'Eglise, nous savons que le pape n'apprécia pas autrement la conduite de l'Archevêque de Paris, et l'Archevêque nous a appris lui-même quels furent ses pieux ravissements à Rome, le 10 décembre 1854.

Mgr Sibour qui, peu de temps avant la révolution romaine, songeait à s'en aller rendre à Pie IX un compte fidèle de son administration, avait été forcé d'ajourner son troisième pèlerinage au Tombeau des saints apôtres; le poids des affaires diocésaines ne lui laissait pas l'espoir d'assister à la proclamation du dogme de l'Immaculée Conception; mais les instances du souverain pontife furent toutes-puissantes sur son cœur; l'Archevêque décida son départ, du moment que le pape lui eut dit : venez. Une escorte d'honneur, envoyée par l'autorité pontificale, attendait Mgr Sibour à Civita-Vecchia. Pie IX se montra charmé de la grâce de ses manières et fort touché de son tendre dévouement au saint-siége, de son profond amour pour l'Eglise; il voulut l'avoir pour hôte et parlait de l'Archevêque de Paris dans des termes particuliers de véritable estime et d'attachement; le pape se plut à l'environner d'attentions aimables, à lui donner chaque jour des marques nouvelles de considération. Mgr Sibour, qui avait si bien réussi à Rome pendant son épiscopat de Digne, eut des succès plus vifs et plus complets encore en 1854; les lettres de Rome, à cette époque, racontaient les empressements universels autour de l'Archevêque de Paris. Chacune de ses apparitions dans la société romaine était une fête, et sa plus douce fête à lui, c'était de voir et de revoir Pie IX.

Mais il nous faut ouvrir ici son beau mandement pour le carême de 1855, qui fut très-remarqué, et que Pie IX appelait *un modèle*. C'est là qu'il faut chercher comme un résumé des grandes choses et des émotions qui marquèrent le dernier séjour de Mgr Sibour dans la Ville des apôtres.

Et d'abord, voici ce que l'Archevêque disait à ses

fidèles en leur apportant le décret dogmatique de l'Immaculée Conception :

« Nous répétons, nos très-chers frères, en vous l'apportant, la voix des temps anciens : *Rome a parlé, la cause est finie.* Si jusqu'ici, malgré les lueurs de plus en plus resplendissantes qui signalaient la marche de cette vérité, dans le cours des siècles, malgré tous les efforts des souverains pontifes pour la défendre et la faire aimer, il était encore permis, sinon de contredire cette douce croyance, au moins de lui refuser l'intime adhésion de son âme; si même, dans des circonstances particulières, la controverse pouvait encore être permise et le doute formulé sur le fond et l'opportunité d'une décision; aujourd'hui, par un miracle nouveau de ce grand principe d'autorité, qui est la loi fondamentale de l'Eglise, toute incertitude cesse, la foi supplée à la faiblesse de la raison, et, pour être catholique, *il faut croire de cœur et professer de bouche, fermement et constamment, que la doctrine qui enseigne que la bienheureuse vierge Marie, dans le premier instant de sa conception, a été, par une grâce particulière du Tout-Puissant et par un privilége unique, en vue des mérites de Jésus-Christ, sauveur du genre humain, préservée de toute atteinte de la tache originelle, est une doctrine révélée de Dieu.....*

« C'est une vérité fondamentale, nous le savons, qui tient à la nature même de l'Eglise, dont saint

Vincent de Lérins avait depuis longtemps admirablement parlé, et que nous vous rappellions nous-mêmes dernièrement, à propos de cette définition; c'est une chose certaine et connue de tous, que l'Eglise ne fait pas de dogmes nouveaux. Tout ce qui est défini, dans le cours des siècles, existait dès le commencement dans le dépôt de la foi qu'elle a reçu. Elle n'invente ni ne révèle la vérité; elle l'explique, l'éclaire, la constate. Seulement il faut savoir qu'il s'opère, pour certaines vérités, un développement dans le cours des âges, qui ajoute à leur clarté et à leur évidence, et fait que leur objet, d'abord confus, mêlé à d'autres vérités, devient plus distinct et plus éclatant. La science découvre quelquefois dans le ciel des étoiles nouvelles qui semblent naître dans les profondeurs de l'espace, qui scintillent ensuite plus vivement au regard attentif, et qui finissent par devenir des astres de plus en plus resplendissants. Ces astres ne sont pas créés, ils sont aperçus. »

Un immense mouvement se fait autour de l'église de Saint-Pierre; allons sur les pas de l'Archevêque assister à la proclamation du dogme de l'Immaculée Conception :

« Voici sur le seuil de la basilique le pontife suprême entouré de deux cents évêques venus des quatre coins de l'univers chrétien, deux fois vaste comme l'ancien monde romain. Les anges des églises sont là comme les témoins de la foi de leurs peuples en l'Immaculée Conception. Les voix tout-à-coup éclatent en supplications touchantes et répétées. Le cortége des hiérarques traverse lentement la vaste enceinte du temple et vient prendre place autour de l'autel de la Confession. Sur la chaire de Saint-Pierre est assis son deux cent cinquante-huitième successeur.

« Les saints mystères commencent, bientôt l'évangile est annoncé et chanté dans les diverses langues de l'Orient et de l'Occident. Voici le moment solennel marqué pour le décret pontifical. Un évêque, vieux confesseur, chargé d'ans et de mérites, s'approche du trône. C'est le doyen du sacré collége; il est heureux, comme autrefois, le vieillard Siméon, d'avoir vu le jour de la gloire de Marie. Au nom de tous les évêques, il adresse au souverain pontife une dernière postulation. Le pape, les évêques et toute cette grande assemblée tombent à genoux. L'invocation au Saint-Esprit se fait entendre, l'hymne sublime est répétée par vingt-cinq mille voix à la fois, et monte au ciel comme un immense concert. Quand les chants ont cessé, le pontife se lève; il est debout sur la chaire de Saint-Pierre; son visage est illuminé par un rayon céleste, visible effusion de l'esprit de Dieu; et d'une voix profondément émue, entrecoupée de sanglots, au milieu d'un torrent de larmes de joie, il prononce les paroles solennelles qui placent la Conception Immaculée de Marie au nombre des articles de notre foi.

« Rapprochés du trône du pontife suprême par nos fonctions, nous n'avons rien perdu de cette scène admirable ; son émotion nous avait gagné, notre âme était hors d'elle-même ; il nous semblait que nous n'étions plus sur la terre ; nous venions de toucher presque aux saintes joies du ciel.

« On acheva les divins mystères, et en remontant au Vatican, Pie IX, dans une chapelle de la basilique, alla couronner la vierge de l'Immaculée Conception. Mais cette auguste solennité n'avait pas seulement couronné Marie et ajouté un rayon à sa gloire, elle avait encore ajouté à la gloire du saint-siége et de la papauté. »

Avec quel cœur pénétré de respect et d'amour l'Archevêque de Paris parlait de Pie IX !

« Il a eu, comme celui dont il est le vicaire, sa passion, son calvaire, ses abaissements ; il a bu de l'eau du torrent, il a mangé le pain de l'exil ; comme David, il a fui devant ses enfants révoltés ; au lieu de tiare, il n'avait plus sur sa tête qu'une couronne d'épines. Eh bien, ce sont ses malheurs, ce sont ses souffrances qui lui ont attiré de Dieu les grâces extraordinaires qui couronnent à jamais son pontificat. Le mystère de sa gloire se trouve caché dans le mystère de son humilité ; et parce qu'il a porté la croix de son Maître sans se plaindre, il est aujourd'hui glorifié et triomphant comme lui... Que n'avons-nous pas admiré dans ce pontife ! une si grande bonté que tout le monde la sent et lui rend hommage, et qu'elle est devenue en lui une véritable puissance; une mansuétude que rien n'altère et qui fait retrouver dans son vicaire l'image la plus parfaite de Jésus-Christ; cette chaleur de son âme pastorale qui perce dans sa voix et dans ses paroles, quand vous l'entendez. Ce n'est pas un prince, c'est un évêque; il en a les qualités honorables, la simplicité, la charité, et, nous le savons, la gracieuse hospitalité; il en a les vertus divines, la foi, la piété, l'humilité; il en a surtout le cœur et le dévouement sublime; son regard ferme et étendu embrasse toute l'Eglise, et, dans sa sollicitude universelle, il est heureux de toutes ses joies et souffre de toutes ses douleurs...

« Nous compterons désormais, parmi les moments les plus heureux de notre vie, ceux où il nous a été donné d'entretenir librement Pie IX de nos peines, de nos travaux, de nos consolations, de nos espérances. Ce bon et très-saint Père nous a admis dans sa familiarité la plus tendre: avec quel intérêt il écoutait les détails que nous lui donnions sur la situation morale d'un pays dont l'influence s'étend si loin, et qui est comme le cœur du monde!... »

Les gens qui ont vécu à Rome et qui sont un peu entrés dans les affaires du gouvernement de l'Eglise, sentiront la parfaite vérité de l'appréciation suivante :

« Ce qui nous frappait par-dessus tout dans nos

communications intimes avec le souverain pontife, dans tous nos rapports avec les hommes éminents qui sont associés à ses sollicitudes, et qui de près ou de loin l'aident à porter le lourd fardeau du gouvernement de l'Eglise, dans cette atmosphère de Rome où nous respirions, et qu'on représente quelquefois au dehors comme ardente et troublée, c'est la sérénité des esprits, c'est la sagesse, la modération, et l'universelle bienveillance qui en fait le fond pour ainsi dire. Rien de heurté, d'aigre et d'absolu; on ne met de l'énergie et une juste ténacité qu'à sauver les principes; toujours prêt du reste à entrer en composition avec les faits, avec les besoins, avec les nécessités des temps et des pays. Cette disposition à la conciliation et à l'accommodement se rencontre partout à Rome, soit qu'elle appartienne à la nature même des esprits, soit qu'elle vienne d'une longue pratique de gouvernement dans le centre d'un vaste empire qui embrasse aujourd'hui, comme autrefois, des temps et des peuples si divers. Ceux qui se plaignent des lenteurs du saint-siége oublient que le temps est souvent son meilleur ministre, et qu'on peut prendre du temps quand on sait qu'on est éternel. »

L'Archevêque de Paris avait avec lui à Rome le compagnon toujours fidèle de ses travaux, M. l'abbé Léon Sibour, alors curé de Saint-Thomas-d'Aquin; il le demanda et l'obtint comme évêque auxiliaire; c'était l'accomplissement d'un de ses vœux les plus chers: lui-même prit soin de nous dire, dans son mandement au retour du voyage, avec quelle joie reconnaissante il reçut cette grâce de Pie IX :

« Nous arrivons de Rome au milieu de vous tenant par la main un Timothée, *Timotheus adjutor noster*, un évêque que la grâce du saint-siége a bien voulu nous donner pour auxiliaire et pour appui. Pie IX a compris les besoins exceptionnels de ce vaste diocèse où la providence nous a placé, et il a accordé ce secours à notre vieillesse qui commence, et à notre ministère dont, de plus en plus, nous sentons le poids. Nous avons pris à nos côtés, pour partager notre fardeau, celui qui, depuis vingt-cinq ans, partageait nos peines et nos joies, nos travaux et nos sollicitudes. Pie IX a daigné approuver notre choix, et il a ajouté par surcroît à cette faveur tout ce que la bonté et la plus tendre délicatesse pouvaient inspirer. Par suite de ces grâces exceptionnelles, le nouvel évêque de Tripoli a eu la consolation de recevoir à Rome, à la source même de l'esprit apostolique, la consécration épiscopale, et il arrive au milieu de vous tout armé pour le travail et le combat. Vous le connaissez, nos très-chers coopérateurs et frères bien aimés, et nous sommes le seul à qui il ne soit pas permis de le louer; mais ses œuvres le loueront, et, dans ce champ immense qu'il va arroser de ses sueurs, comme dans cette paroisse qu'il cultivait avec tant d'amour et qui le regrette, nous espérons que Dieu bénira ses efforts, couronnera ce zèle animé par la charité, éclairé par la science, tempéré par la douceur et la sagesse qu'il a partout montrées. »

En transcrivant ces lignes, notre cœur se serre à la pensée de tant d'espérances détruites. Oh! qu'ils sont fragiles les desseins humains, même quand ils ont pour but l'accomplissement du bien! la Providence tient toujours en réserve des catastrophes pour nous avertir du peu que nous sommes et du néant de ce que nous appelons l'avenir.

Lorsque Mgr Sibour, rendant compte à Pie IX de son administration, faisait passer sous les yeux du Pape les œuvres si nombreuses et si variées de son diocèse et le plan de ses œuvres futures, il en est une dont il aimait surtout à entretenir le chef de l'Église : l'augmentation des paroisses dans Paris. L'importance religieuse d'un semblable projet avait frappé l'esprit du souverain Pontife ; plusieurs fois, dans les audiences qu'il accordait à l'Archevêque, il revint de lui-même sur cette grande entreprise; il félicitait le prélat de l'avoir commencée et déjà mise en bonne voie, le louait de sa persistante énergie et l'invitait à continuer. Les encouragements du Pape soutinrent le zèle intrépide de Mgr Sibour en présence des difficultés qu'il lui fallut vaincre, en présence des fabriques défendant leur budget menacé de diminution, au milieu d'une tempête de réclamations toujours repoussées et jamais désespérées.

La nouvelle circonscription des paroisses mit en lumière les qualités qui faisaient le fond du caractère de Mgr Sibour : une persévérante activité, une invincible ardeur pour marcher vers un but quand ce but devait être utile à la religion. Et quel plus grand bien que de donner des ouvriers évangéliques à ces terrains incultes, à ces régions abandonnées au sein même de Paris! Assurément chacun connaît l'infatigable dévouement des curés et rend hommage à leurs labeurs sans repos; mais des paroisses de quarante, cinquante, soixante mille habitants, sont-ce là des familles, des ouailles dont un curé puisse être le père et le pasteur? Un seul foyer, qui s'appelle une église, a-t-il assez de chaleur pour réchauffer cette multitude d'âmes livrées à tous les vents? une seule lampe suffit-elle pour éclairer un espace aussi étendu? Des centres religieux placés à des distances si éloignées peuvent-ils présenter des remèdes et des consolations proportionnés à de si vastes besoins? Il est de règle que, pour le gouvernement des âmes, il faut un prêtre pour chaque mille habitants; quelque exceptionnelle que soit la situation d'une capitale, n'est-il pas bon de tenir compte d'un principe qui implique une si terrible responsabilité devant Dieu?

L'augmentation des paroisses ne devait pas seulement profiter à l'enseignement chrétien, elle devait étendre la bienfaisance publique. La paroisse ne reste pas longtemps seule; elle est inséparable d'une sorte de maternité spirituelle, féconde en beaux fruits de charité. C'est un tronc d'où partent bien vite de riches rameaux qui se nomment l'école, l'ouvroir, les maisons de secours; toute paroisse favorise l'association, et nul n'ignore l'heureuse puissance de l'association quand c'est l'esprit chrétien qui l'anime.

Le défrichement des âmes et le soulagement des pauvres, voilà donc le double bienfait que chercha Mgr Sibour dans une circonscription nouvelle des paroisses, voilà la double espérance qui entretint son énergie à travers de sérieux obstacles et des luttes prolongées. Aussi quelle fut sa joie lorsqu'un projet laborieusement préparé, concerté entre le corps municipal et l'Archevêché de Paris, approuvé par le conseil d'Etat, reçut, le 22 janvier 1856, l'attache de la puissance publique! Nous fûmes témoin de son bonheur en apprenant le décret qui assurait l'exécution d'une mesure qui sera l'œuvre capitale de son épiscopat, comme le lui disait Pie IX, et pour laquelle il s'était condamné à des soins si pénibles, à de si affligeantes contradictions.

# CHAPITRE VINGT-ET-UNIÈME.

ÉTABLISSEMENT DE LA LITURGIE ROMAINE DANS LE DIOCÈSE DE PARIS.

L'Archevêque de Paris, dans le mandement de 1855, dont nous avons précédemment cité des extraits, expliquait très-bien la situation nouvelle que les révolutions ont faite à l'Eglise, surtout à l'Eglise de France, à l'égard du saint-siége. Le relâchement des liens officiels, la perte d'anciens droits et priviléges temporels en échange d'une plus grande liberté d'action, la puissance de l'Eglise devenue exclusivement spirituelle, tout cet ensemble de choses où l'Église apparaît comme dégagée du temps et uniquement soutenue par le principe qui lui est propre, doit nécessairement aboutir à un rapprochement plus intime avec le centre même de ce principe. L'Église, nous ne disons pas séparée absolument de l'Etat, mais désormais privée de tout ce qui faisait sa force extérieure, va d'elle-même à Rome par une pente naturelle; elle se plaît dans une plus profonde unité et trouve sa puissance dans le développement même de la puissance spirituelle du Pape. Nous donnons là, en peu de mots, le secret du mouvement considérable qui se fait depuis plusieurs années au profit du centre de la catholicité. Cette union croissante est un spectacle qui marquera dans l'histoire, et, comme le disait, huit jours avant sa mort, un éminent historien auquel la vérité religieuse avait apparu, « l'unité de liturgie est un détail de ce grand mouvement (1). »

Mgr Sibour avait toujours montré un filial dévouement au saint-siége; chanoine de Nîmes, il comprenait le Pape comme on le comprenait dans l'école catholique la plus avancée ; évêque de Digne, il ne cessa de glorifier la chaire de Pierre, et, en toute occasion, s'y attacha avec le sentiment le plus vrai ; Archevêque de Paris, il nuança d'anciennes opinions pour les mettre d'accord avec les traditions de son siége; mais l'empressement du prélat à réjouir le cœur du chef de l'Eglise était resté le même ; il

---

(1) Lettre à Mgr l'Archevêque de Paris sur les derniers instants de M. Augustin Thierry, par le P. Gratry. Correspondant du 25 juin 1856.

en donna un témoignage éclatant lorsque, après l'encyclique du 21 mars 1853, il leva spontanément les défenses portées dans son ordonnance du 17 février 1853. Cet acte qui partit de son âme comme un mouvement soudain fut beau et méritoire.

Son voyage à Rome, à l'époque de la proclamation du dogme de l'Immaculée Conception, le mit en face d'un spectacle qui le frappa beaucoup; l'unité de l'Église ne lui avait jamais paru plus belle qu'au milieu de ces deux cents évêques réunis des diverses parties du monde, autour du souverain Pontife dans la grande basilique : l'Archevêque de Paris sentit comme un violent et saint désir de travailler de son mieux au développement de cette magnifique unité, d'autant plus désirable que les révolutions ébranlent plus fréquemment les sociétés humaines. Pie IX souhaitait que le rétablissement de la liturgie romaine fût une des formes de ce retour plus complet au centre de la catholicité; il savait que le changement de liturgie rencontrait plus de difficultés à Paris qu'en tout autre lieu de la terre, mais ces difficultés ne lui paraissaient pas invincibles, et le Pape exprimait à l'Archevêque des vœux formels. Mgr Sibour partit de Rome avec l'espérance de pouvoir donner cette joie à Pie IX. Le 1er mai 1856, il adopta en principe, pour le diocèse de Paris, la liturgie romaine. Mais il importe de faire en peu de mots l'historique de cette question elle-même.

Mgr Sibour, durant son épiscopat de Digne, s'était prononcé pour le retour à la liturgie romaine ; il avait été un des premiers évêques à favoriser sur ce point les désirs du saint-siége. Quand le diocèse de Paris fut confié à ses soins, il garda la pensée de l'amener à l'unité liturgique ; l'affaire ne se présentait plus pour lui que comme une question de prudence et d'opportunité. En examinant les choses de près, notre prélat trouva plus d'obstacles qu'il n'avait cru d'abord, et la façon dont certains esprits s'emparaient de la question liturgique n'était pas de nature à préparer son rapide triomphe. Il ne s'agissait plus de discipline, de rubriques, d'histoire ; on parlait d'hérésie. Ce changement de liturgie aurait pu paraître imposé à l'Archevêque : « Dès lors, disait-il, notre dignité nous « commandait de nous arrêter ; il arrivait ici ce qui se « voit d'ordinaire : l'exagération nuisait à la vérité, et « un zèle passionné et sans mesure faisait reculer une « cause gagnée. » C'est pourquoi le concile de la province de Paris, de 1849, ne décréta rien sur cet objet ; mais, dans les lettres de l'Archevêque au Pape qui accompagnait l'envoi des décrets du concile, les Pères applaudissaient à la tendance générale vers la liturgie romaine et témoignaient l'intention d'arriver prudemment à ce résultat.

La plupart des suffragants de Paris avaient eu la consolation de tenir leur promesse faite à Pie IX ; il n'était pas aussi aisé d'abandonner la liturgie parisienne, vénérable par son antiquité, toute pleine de l'Écriture et des Pères, d'un si pieux et si bel ensemble, d'une si élégante latinité, et recommandée par le souvenir de martyrs qui furent nos ancêtres dans la foi. Mgr Sibour parla de cette liturgie au Pape avec « une estime sentie » dans son voyage de 1854 ; il indiqua respectueusement quelques-uns des défauts du Bréviaire romain, exprimant le vœu d'une réforme complète qui ferait cesser toute diversité d'opinion. Il apprit alors de la bouche de Pie IX que cette réforme occupait sa pensée, et que peu de jours auparavant Sa Sainteté avait donné des ordres pour qu'on lui présentât des manuscrits déposés au Vatican, renfermant d'intéressants travaux d'un savant Pape où se retrouveraient les éléments d'une belle œuvre liturgique. Cette réforme du Bréviaire Romain, qui avait été annoncée à l'Archevêque de Paris, se poursuivra-t-elle ? Nous l'ignorons. Les questions de forme et d'art devaient d'ailleurs rester ici au second plan ; c'est l'unité que cherchait avant tout le souverain Pontife. « Il est si doux, en effet, dit Mgr Sibour, quand on est de la même Église, de la même famille, quand on reconnaît partout des frères, sous tous les climats, dans tous les pays où l'on se rencontre, de pouvoir répéter, comme en une langue universelle, les formules de la prière qui, dites en commun, empruntent à l'universalité même une si grande puissance ! il est si doux de s'agenouiller aux mêmes autels, de compter les jours par les mêmes fêtes, par les mêmes impressions pieuses ! c'est là une des plus grandes consolations du catholicisme, et elle n'est complète que par l'unité liturgique, alors que l'âme s'exalte aux mêmes accents, qu'on entend les mêmes harmonies, qu'on assiste aux mêmes cérémonies saintes, en un mot, que les cœurs, autant que cela est possible, vibrent à l'unisson. »

Le 19 janvier 1855, la veille de son départ de Rome et lorsqu'il avait déjà pris congé du Pape, l'Archevêque de Paris reçut un bref qui récapitulait les principaux points de ses entretiens avec Pie IX. Au sujet de la liturgie, Sa Sainteté lui écrivait :

« Quant à l'usage de la liturgie romaine, dont vous
« nous avez parlé, Vénérable Frère, sans déguiser
« aucune des difficultés que présente son rétablisse-
« ment dans vos Églises, il est assurément d'une
« haute importance ; car c'est le lien qui rattache et
« unit le plus étroitement les autres Églises à ce
« centre de la religion. Il est donc assez évident que
« nous avons le plus grand désir de nous rattacher
« par ce lien plus étroit le clergé de la capitale de la
« France, de cette cité si populeuse, sur laquelle à la
« vérité planent quelquefois des nuages, mais qui
« les voit par bonheur se dissiper presque aussitôt
« aux rayons de lumière que répandent les œuvres
« de piété et de charité croissant de jour en jour, et

« se multipliant pour l'édification de tous, grâce au
« zèle, aux travaux et à l'activité du clergé de
« Paris. »

Notre prélat, dans sa réponse à ce bref, ayant à toucher à la liturgie romaine, renouvela son engagement de travailler à l'aplanissement des obstacles. Quelques semaines plus tard, le 1ᵉʳ mars, le Pape, dans une nouvelle lettre adressée à l'Archevêque, exprimait la joie que lui causaient ses bonnes dispositions pour la liturgie romaine. « Après ces vœux répétés, si clairement et si vivement exprimés, nous aurions pu, disait Mgr Sibour, ajourner encore l'œuvre du changement de liturgie, sans manquer à l'autorité du siége apostolique ; mais nous ne le pouvions plus sans blesser les sentiments de filiale affection que nous avons toujours professée pour le chef de l'Eglise. » Dès ce moment, le rétablissement de la liturgie romaine dans le diocèse de Paris fut résolu au fond du cœur de l'Archevêque; tout ce qu'il y avait de tendre et de délicat dans sa nature se serait révolté contre des lenteurs nouvelles et indéfinies.

Le 3 octobre 1855, notre prélat écrivit au chapitre Notre-Dame pour lui demander son avis; il disait à ses vénérables frères qu'il aimait à les consulter pour les affaires importantes du diocèse, mais que, quand il s'agissait de la liturgie, le droit lui en faisait une obligation. Mgr Sibour les invitait à délibérer avec une entière liberté. Leur réponse, après conclusion prise en assemblée capitulaire, le 26 novembre 1855, fut conforme au vœu du Saint-Père, tout en laissant voir les regrets de l'Eglise de Paris pour une liturgie « conservée jusqu'à ce jour, sous les yeux du « chef suprême de l'Eglise, comme un précieux dé- « pôt que lui avaient légué la piété et la science de « ses pontifes, et qui a fait, pendant un grand nom- « bre de générations, l'édification du clergé et des « fidèles. » Le vénérable chapitre de Paris regardait comme une loi le vœu exprimé par le souverain Pontife, et « s'en remettait d'une manière absolue à « la prudence de l'Archevêque pour le temps et la « manière de faire ce changement. » Mgr Sibour ayant transmis au souverain Pontife la délibération du chapitre de Notre-Dame, Sa Sainteté lui répondit par un bref qui marquait une satisfaction vive et comblait d'éloges le filial amour des chanoines de Paris pour Pie IX et pour la chaire de Pierre.

L'Archevêque disait avec raison qu'après de tels actes et de telles paroles la cause était finie et qu'il ne restait plus qu'à proclamer en principe l'adoption de la liturgie romaine dans le diocèse de Paris. « Nous allons où le souffle de Dieu nous pousse, ajoutait-il admirablement ; il y a une loi divine des choses qui les mène à l'unité. Nous obéissons au principe toujours actif de notre foi. L'Église vit d'unité et d'ordre. L'ordre et l'unité reposent sur les saintes règles de la hiérarchie. C'est par là que l'Eglise est cette lyre harmonieuse, selon la parole de saint Ignace, dont les accords sont parfaits. Il ne peut pas être que des portions du troupeau repoussent longtemps les vœux formels du premier pasteur, se refusent à écouter la voix de son cœur, diffèrent sans cesse des rapprochements qu'il souhaite. Dans le monde des âmes, c'est l'amour qui est le levier principal. L'amour obéit plus volontiers à des désirs qu'à des commandements. De quel droit parlerions-nous d'obéissance filiale à nos prêtres et à nos fidèles, si nous ne commencions par obéir nous-même en fils tendre et dévoué au père commun des fidèles et des prêtres, en allant au devant de ses vœux?

« Il y a, disait encore l'Archevêque, il y a certainement dans une unité qui doit embrasser l'univers entier, des diversités permises et même nécessaires. C'est un des caractères de l'Eglise d'admettre dans son sein, sans rien perdre de sa force et de sa beauté, toutes les variétés de forme que revêt l'esprit humain à travers l'espace et le temps, *circumdata varietate*. Il y a même des différences d'habitude et de caractère qui, chez des peuples placés sous d'autres cieux et dans d'autres climats, exigent peut-être quelques diversités de rite. C'est ainsi que les liturgies orientales ont leur raison d'être. Les souverains pontifes en proclament hautement la légitimité, et ce serait une faute que de ne pas les respecter. Mais il n'en est pas ainsi dans le monde latin, plus rapproché du centre de l'Eglise et soumis à son action immédiate. Toute diversité, dès l'instant qu'elle est trop aperçue, y devient choquante et tend d'elle-même à s'effacer. Et si ce grand mouvement des choses de l'Eglise n'avait, en définitive son principe en Dieu, on pourrait dire en ce moment que c'est une loi de la nature qui, par le rapprochement des distances, par la rapidité prodigieuse des communications, par l'échange continuel des idées, des habitudes et des mœurs, travaille de concert avec les principes de notre foi, à resserrer entre les hommes les liens de l'unité. »

L'adoption de la liturgie romaine demandait un sérieux travail pour être mise en pratique. L'Archevêque nomma une commission diocésaine, divisée en trois sous-commissions : l'une pour le propre du diocèse, l'autre pour les cérémonies, la troisième pour le chant; Mgr Sibour savait que cette commission rencontrerait des difficultés d'exécution, mais il se réservait à un moment donné et qui devait être prochain, de presser l'œuvre liturgique (1).

---

(1) Le 2 janvier au soir, la veille de son immolation, Mgr Sibour donnait ordre de convoquer la sous-commission de chant pour le 9 ; les lettres de convocation étaient parties le 3 au matin. La pratique de ce qui était décidé en principe allait sérieusement occuper l'Archevêque ; il avait même arrêté dans sa pensée le choix de son éditeur pour les livres de chant romain qui devaient servir à son diocèse ; il avait fait appel au zèle intelligent et depuis longtemps éprouvé de son ancien éditeur des

*Institutions Diocésaines*, M. Repos, connu aussi par ses publications de chant liturgique sous l'inspiration de la Commission de Digne. M. Repos, établi à Paris pour mieux seconder les projets de l'Archevêque, s'était déjà mis en mesure et mis à l'œuvre. L'illustre prélat lui demandait, pour les plus riches églises de Paris, quelques exemplaires où seraient reproduits en marge les admirables dessins des manuscrits des vieux siècles; il voulait que chaque sujet, splendidement représenté dans les lettres initiales, fût tiré de la fête du jour.

## CHAPITRE VINGT-DEUXIÈME.

BELLE-EAU; COMMENT L'ARCHEVÊQUE Y VIVAIT; SES DERNIERS PROJETS POUR LE BIEN DE SON DIOCÈSE; PAIEMENT DES DETTES DIOCÉSAINES. — L'ARCHEVÊQUE AUPRÈS DE L'ÉVÊQUE DE TRIPOLI GRAVEMENT MALADE. — ASSASSINAT DE M<sup>gr</sup> SIBOUR DANS L'ÉGLISE DE SAINT-ÉTIENNE-DU-MONT. — L'ASSASSIN. — LE PEUPLE DE PARIS ET LES OBSÈQUES DE L'ARCHEVÊQUE.

Mgr Sibour, très-épris du sol natal comme le sont particulièrement les hommes du Midi, avait désiré y acheter, avec son patrimoine, une campagne pour aller se reposer tous les ans; son patrimoine était d'une cinquantaine de mille francs; il cherchait quelque doux abri qui ne lui coûtât pas davantage; la terre de Belle-Eau, non loin et presque en face de

Saint-Paul-Trois-Châteaux, ayant été mise en vente, on poussa l'Archevêque à en faire l'acquisition ; il résista longtemps parce que la valeur de cette terre dépassait son bien personnel; notre prélat n'y consentit qu'après que son frère se fut engagé à acheter Belle-Eau de moitié avec lui. Plus tard, sa dotation de sénateur lui permit de réparer et d'embellir ce lieu qu'il aimait.

C'est dans cette retraite que Mgr Sibour passait une partie de l'été et de l'automne ; « là, » dit un vénérable prélat qui l'aimait et le regrette (1), « là, sous
« de frais ombrages, il oubliait le bruit et les sollici-
« tudes de la capitale, et, en même temps, il méditait
« à loisir de nouveaux moyens de gloire pour l'Église
« et de salut pour les âmes ; là, il accueillait avec la
« plus affectueuse amabilité et l'hospitalité la plus
« honorable ; il répandait les bienfaits autour de lui ;
« il édifiait par sa piété, il attirait par un abord
« facile, par une simplicité noble et aisée. Il avait
« annoncé, l'été dernier, le projet de fonder un éta-
« blissement d'utilité publique, à Saint-Paul, sa pa-
« trie : ce projet est enseveli avec lui. »

Belle-Eau était pour l'Archevêque une sorte de repos occupé. Il y conviait ses amis de Paris et du

---

(1) Mgr Chartrouse, évêque de Valence. Depuis que ces lignes ont été écrites, il a été enlevé au respect et à l'amour de ses diocésains.

midi, y goûtait les joies du cœur, les joies de la nature; il plantait, il arrangeait, il dirigeait les travaux d'une propriété naissante avec ce goût dont il avait fait un heureux essai dans la création de son jardin montueux de l'évêché de Digne. Mgr Sibour quittait peu sa retraite; il n'en sortait que pour des promenades à pied, des courses à des lieux voisins qui lui étaient chers, et, parmi ses excursions aux alentours, il n'y en avait pas pour lui de plus douce que celle qui le conduisait, de l'autre côté du Rhône, auprès d'un pieux ami, Mgr de Viviers, grand évêque, appelé à rendre à la religion d'illustres services. Dans l'automne de 1855, l'Archevêque avait consenti à dépasser les limites de ses courses accoutumées; pressé par de vives instances, il s'était rendu en Savoie pour présider à l'inauguration solennelle d'une statue colossale de la Vierge, érigée sur la Tour de Myans, et la Savoie n'a pas perdu ce souvenir. Notre prélat avait fait aussi un pèlerinage à Annecy, au tombeau de saint François de Sales. Son cher Timothée, le compagnon de sa retraite et de ses pieuses excursions, après avoir visité le tombeau du saint évêque de Genève, nous écrivait, le 26 octobre 1855:

« Ce monument qui garde une sainte mémoire,
« toute fleurie et embaumée, est bien placé au bord
« de ce lac si limpide, dans cette vallée pleine de
« fleurs et de parfums, au pied de ces pics couverts

« de neige qui se confondent avec le ciel. Je suis
« revenu bien des fois autour de ces reliques ; il me
« semblait qu'il en sortait quelque chose de ce génie
« si divin en sa forme naturelle et douce. »

Les automnes de Belle-Eau ne s'écoulaient pas sans profit pour le diocèse de Paris ; on y faisait des provisions de bonnes pensées pour l'hiver ; on y mûrissait des projets ; il y avait dans le cœur de Mgr Sibour comme une activité féconde ; il fallait à ce qui naissait le recueillement et la préparation ; les longues conversations de la solitude entre l'Archevêque et son auxiliaire étaient comme une épreuve par où passaient toutes les pensées ; l'utile, le possible, le praticable trouvaient leur compte dans ces entretiens où chaque chose était retournée sous toutes ses faces, où l'examen répété et très-attentif de chaque idée laissait peu de place aux méprises ou aux illusions. L'automne de 1856, le dernier que Mgr Sibour ait passé à Belle-Eau, était riche en projets qui allaient recevoir leur exécution ; l'Archevêque voulait, avec sa dotation de sénateur, élever un hospice pour les convalescents, à leur sortie des hôpitaux, et son plan était tout prêt : comme on lui disait que peut-être son successeur ne serait pas sénateur et qu'après lui l'œuvre pourrait ainsi être compromise, « j'espère, répondit-il, que le bon Dieu
« me laissera vivre assez longtemps pour assurer
« l'existence de cette fondation. » Il méditait la

fondation de nouvelles paroisses dans la première banlieue, la plus voisine de Paris; il s'occupait d'établir une congrégation savante aux Carmes, qui eut été composée des ecclésiastiques même de cette École de Hautes Études, et d'établir aussi une communauté qui eut desservi la nouvelle église de Sainte-Clotilde; il songeait à l'institution d'un corps de prêtres auxiliaires pour le diocèse, à l'amélioration du sort des vicaires, à une réorganisation de la caisse des prêtres âgés ou infirmes : la vieillesse des ouvriers évangéliques ne lui paraissait pas assez noblement abritée. Déjà Mgr Sibour, en 1854, avait fondé cinq canonicats de retraite, et il nous revient ici un charmant souvenir.

Il y a dans le département de l'Ain, à Saint-Denis, près Bourg, un curé dont le monde ne sait pas le nom : c'est un des prêtres les plus instruits de ce temps. Un jour cet ecclésiastique adressa au célèbre auteur de la *Conquête des Normands* et des *Récits mérovingiens* un travail intitulé : *Erreurs historiques de M. Augustin Thierry*. L'éminent historien se fit lire ce travail, remarquable de science et de modération, souscrivit avec bonheur à des observations vraies, parties d'une main obscure, et remercia son critique dans les termes d'une sincère reconnaissance. Mgr Sibour eut l'idée d'appeler à Paris ce prêtre si distingué et lui offrit un des cinq canonicats de retraite; mais celui-ci, à la date du 9 septembre

1856, lui répondit qu'il était curé depuis vingt-sept ans, et qu'il arrivait à un âge où l'on consent avec peine à contracter des habitudes nouvelles : « c'est, « disait-il, au milieu de ma pieuse paroisse de Saint- « Denis, près de ma famille, à qui je vais, presque « chaque jour, demander quelques instants de délas- « sement, et à l'ombre des pommiers de mon pres- « bytère, que j'espère passer le reste de ma vie. Je « laisse donc, mais avec chagrin, Monseigneur, à de « plus jeunes, l'inappréciable avantage de profiter « des richesses littéraires de la capitale que j'ai si « souvent convoitées, et de travailler sous les yeux « d'un prélat qui ne veut opposer aux erreurs de no- « tre siècle que la douceur et la science. »

Si cette page de notre livre arrive à M. l'abbé Gorini, le modeste et docte curé de Saint-Denis-en-Bresse, qu'il sache que l'archevêque de Paris, aux derniers jours de sa vie, nous avait parlé de cette lettre avec émotion.

Mgr Sibour, vers la fin de 1856, était donc à la veille de marquer son épiscopat par de nouvelles et importantes œuvres ; son zèle, dans ce champ immense de Paris où il y a tant à faire, aurait pu d'autant mieux se déployer à l'aise que le poids des dettes diocésaines ne gênait plus sa marche. Ces dettes, qui dataient de l'administration de Mgr Affre, avaient été considérables ; elles provenaient surtout de l'acquisition de la maison de Notre-Dame-des-Champs pour le petit séminaire, et de l'ancien couvent des Carmes pour l'Ecole des Hautes Études ; le glorieux prédécesseur de Mgr Sibour avait acheté de Mme de Soyecourt, l'ancien couvent des Carmes, au prix de six cent mille francs. La dette diocésaine donnait quelque inquiétude à Mgr Affre lorsqu'éclata la révolution de février ; les ressources sur lesquelles il comptait lui parurent compromises, et des préoccupations se mêlèrent à ses dernières volontés. Mais des mesures d'ordre et d'économie, secondées par la charité, triomphèrent de ces graves embarras ; Mgr Sibour paya la dette entière, moins vingt mille francs amplement couverts par la situation de la caisse et qui ne doivent échoir qu'en 1858 : les créanciers de cette dernière somme auraient été payés, comme tous les autres, s'ils n'avaient pas voulu attendre l'échéance. Ce sont des faits à constater pour l'honneur d'une administration épiscopale ; ils ne jèttent aucune ombre sur la mémoire de l'illustre prédécesseur de Mgr Sibour, car ce n'est pas la capacité qui a manqué à Mgr Affre, c'est le temps.

En écrivant ces lignes, nous faisons comme un effort d'esprit pour ne pas arriver aux catastrophes, pour reculer les douleurs ; mais nous écartons en vain de pénibles souvenirs ; leur place est marquée dans ce récit ; il faut que notre œuvre s'achève. Des prières publiques sont tout à coup demandées aux fidèles du diocèse de Paris ; pour qui ? pour celui que l'Archevêque, depuis vingt-six ans, appelait son ami le plus cher, et dans les mains duquel, depuis deux ans, il avait fait mettre un bâton pastoral pour l'aider à conduire ses ouailles. Un mal terrible venait d'enchaîner sur un lit le doux et fidèle compagnon de sa vie épiscopale; les alarmes étaient vives, et pendant plusieurs jours, nous craignîmes de voir s'éteindre ici-bas une existence dévouée à la gloire de l'Église. L'Archevêque avait le cœur déchiré; des ruisseaux de larmes s'échappaient de ses yeux; mais chaque fois qu'il entrait dans cette chambre où il semblait que les heures d'un ami fussent comptées, chaque fois qu'il paraissait devant ce lit où tout était muet, sauf le regard, on ne voyait plus l'homme avec le désespoir d'une âme brisée, on ne voyait plus que le pontife avec la fermeté du sentiment chrétien; refoulant ses angoisses, il exhortait le malade tant aimé à unir ses douleurs aux douleurs du divin Crucifié, et à faire, si Dieu le voulait, le sacrifice de sa vie.

Le 30 novembre au matin, l'Archevêque célébra la messe dans cette chambre « soit pour la vie soit pour la mort, » comme il le dit au malade avant de commencer le saint sacrifice; nous étions là, à genoux, priant pour celui dont les jours ont été tendrement mêlés aux nôtres depuis que nous cheminons sur la terre, et nous n'oublierons jamais la ferveur touchante du pontife et le son de sa voix à l'autel, ce son de voix qui pénétrait comme un accent suppliant.

Dieu écarta le danger; s'il permettait que notre ami restât sous le poids de ses chaînes, du moins il nous le laissait. L'Archevêque, affectueusement assidu, lui racontait ses journées, une cérémonie, la solution d'une affaire, une délibération du conseil; il l'instruisait de tout comme pour continuer à l'associer à ses œuvres; chaque soir il faisait une apparition au chevet du malade, mais le soir du 3 janvier l'archevêque n'y vint pas.

Depuis que Mgr Sibour était évêque, il avait tristement remarqué quelque chose comme un esprit d'insubordination dans certains rangs du clergé; il s'était plaint plus d'une fois que le respect de l'autorité, si affaibli dans le monde par soixante ans de révolution, eût souffert même au sein de la tribu sacrée qui doit aux hommes l'exemple de toutes les vertus; il était de ceux qui, dans l'exercice de leur pouvoir, avaient tout fait pour rendre l'obéissance facile, pour prévenir les dispositions mauvaises sous prétexte d'oppression. Archevêque de Paris, il vit de plus près les ravages du mal; non pas que le clergé de Paris soit plus atteint qu'un autre, tant s'en faut, mais parce que les indignes des différents diocèses ont coutume de prendre le chemin de la grande cité. Les prêtres étrangers n'étaient pas la moindre de ses sollicitudes; Mgr Sibour y revenait souvent; sa dernière circulaire, qui n'a pu être, hélas ! expédiée que par les vicaires-généraux capitulaires, avait pour but d'appeler l'attention des évêques de France sur un état de choses qui le préoccupait péniblement; il conjurait ses vénérables collègues d'empêcher, autant qu'il serait en leur pouvoir, les prêtres interdits de venir chercher leur vie à Paris.

En effet, quel séjour que celui de Paris pour un mauvais prêtre ! c'est le lieu où tout homme pervers respire le plus à son aise ; c'est le lieu où le mal se trouve comme chez lui : au milieu d'un tel foyer, que deviendra, que fera ou plutôt que ne fera-t-il pas celui qui est le plus mauvais des mauvais, nous voulons parler du prêtre indigne ? Ah ! ce malheur est rare parmi nous, car il n'y a pas dans toute la catholicité un clergé plus régulier, plus pieux, plus dévoué que le clergé de France; lorsque de lamentables exceptions se rencontrent, c'est le deuil qui est dans le sanctuaire et non pas l'opprobre; l'uniforme de soldat n'est pas déshonoré par la seule raison qu'un lâche l'a porté; mais, nous ne craignons pas de le dire, nulle perversité humaine n'égalera jamais la perversité d'un mauvais prêtre : pourquoi cela ? parce que le sacerdoce catholique est divin et que, du moment que le ciel n'est plus là, il faut que l'enfer prenne sa place. La chute du prêtre indigne va à des profondeurs inconnues; Satan ne tomba pas de plus haut et ne tomba pas plus bas.

Le 3 janvier 1857, on célébrait, à Saint-Étienne-du-Mont, l'ouverture de la Neuvaine de Sainte-Geneviève. L'Archevêque présidait aux solennités de la journée. (1)

Vers quatre heures et demie, après les vêpres et un sermon de Mgr Lacarrière, la procession se déployait lentement et majestueusement à travers des flots de peuple, au milieu des chants sacrés et des religieuses harmonies de l'orgue; le pontife s'était arrêté au tombeau de la patronne de Paris et y avait répandu son âme en prières; la procession défilait par le bas-côté droit de l'église pour rentrer dans la nef; l'Archevêque, revêtu de ses habits pontificaux, mitre en tête, son bâton pastoral à la main gauche, s'avançait comme un ange de paix et d'amour, bénissant de la main droite les fidèles prosternés; puis il franchit la barrière ouverte sur la nef, et le passage devient plus étroit à cause de l'épaisseur de la foule; M. le vicaire-général Surat et le secrétaire particulier, M. l'abbé de Cuttoli, qui tiennent un des pans de la chape du

---

(1) Peu d'instants avant que Mgr Sibour montât en voiture, pour aller présider aux cérémonies du soir à Saint-Étienne-du-Mont, il reçut une visite qui remit dans son âme des souvenirs toujours chers; Mme des Glajeux, (M<sup>lle</sup> d'Ormesson) était allée le voir, et le prélat avait trouvé pour elle, pour son mari et ses enfants, les plus affectueuses paroles du cœur avec une expression particulière de bonté : la digne compagne de l'am de sa jeunesse a recueilli les derniers mots que le monde ait eus de lui.

prélat sont obligés de rester un peu en arrière et le laissent ainsi pleinement découvert; à ce moment, pendant que l'Archevêque se tourne à droite, un homme s'élance, saisit violemment la main qui bénit un enfant et le bénit lui-même, et plonge un poignard dans le cœur du pontife, en disant : *pas de déesse !* La victime recule et s'affaisse, laissant échapper de la main gauche le bâton pastoral, et serrant de la main droite, la main du serviteur qui marchait derrière lui. *Le malheureux!* dit l'Archevêque en tombant : c'est le seul mot qu'on entend de sa bouche mourante.

M. le vicaire-général Surat et M. l'abbé de Cuttoli, ne cheminant plus à côté du prélat, au moment de l'entrée dans la nef, n'avaient pu se douter de rien ; mais une femme (1) avait été témoin du crime ; elle se trouvait sur le passage au troisième rang de chaises à droite ; l'assassin était derrière elle au

---

(1) On a cru pouvoir exprimer des doutes sur le rôle que nous attribuons ici à Mme Mérard, d'Écouen, d'après ses propres déclarations plusieurs fois répétées devant nous ; mais il nous semble difficile d'admettre des assertions contraires, par la raison toute simple que les assistants les plus rapprochés n'ont rien vu, n'ont pas cru l'Archevêque assassiné, et qu'il a fallu qu'on ouvrît les vêtements de la victime au presbytère de Saint-Étienne-du-Mont, pour que l'horrible vérité fût connue. Si l'état grave où se trouvait Mme Mérard au moment du jugement de Verger n'avait pas été un invincible obstacle au voyage de Paris, sa déposition comme témoin aurait coupé court à tous les doutes.

second rang ; en se tournant pour recevoir la bénédiction de l'Archevêque, elle voit tout-à-coup un homme, dont elle avait précédemment remarqué les airs de piété apparente, sortir une arme de la poche de sa redingote et se jeter sur le pasteur. Cette femme fait effort pour le retenir en criant : *Ah! misérable!* et, dans ce courageux mais inutile élan, sa main rencontre la pointe du poignard et son sang coule ; l'assassin qui s'était aisément débarrassé de ce faible obstacle, avait frappé l'Archevêque avec la promptitude de la foudre. M. l'abbé Surat, pensant que cet homme avait donné un coup de poing au prélat, lui asséna au visage un coup qui le fit chanceler : l'assassin s'étant relevé agita son arme ; elle étincela sous les flambeaux et ce fut comme le zig-zag de l'éclair. L'assassin fut aussitôt arrêté. Mais on ne savait pas encore que le prélat avait été immolé ; nulle trace de sang ne se montrait ; on ne croyait qu'à un évanouissement ; M. le curé de Saint-Étienne-du-Mont, dans l'ignorance du forfait accompli, rassurait la foule profondément émue et commençait le Salut qui ne devait pas s'achever. La victime, transportée au presbytère, fut étendue sur un matelas, et son serviteur (1) ouvrit ses vêtements ; alors seulement on reconnut qu'un grand crime était commis. M. l'abbé

---

(1) Éloi.

Surat, agenouillé devant l'Archevêque, lui avait donné l'absolution. Tout ce terrible drame s'était passé dans l'espace de temps le plus rapide. Celui qui avait assassiné le pontife en habits sacerdotaux, en face des autels, au milieu des chants et des prières, et pendant que le pontife bénissait, était un prêtre : l'enfer venait de se surpasser.

La nouvelle du crime tomba sur Paris comme un coup de tonnerre ; elle se répandit avec une étonnante rapidité : quelle stupeur dans la grande ville et quel vague effroi ! Il semblait que la terre venait de passer au pouvoir du mal, et pourtant il y eut à Paris des gens qui dansèrent ce soir-là ! il n'en sera pas ainsi en d'autres capitales de l'Europe quand le crime y sera connu.

Qu'était-ce que ce prêtre, désormais voué à une célébrité exécrable, ce prêtre, le plus coupable des hommes depuis Judas, plus atrocement coupable que le moine qui tira un coup d'arquebuse sur saint Charles Borromée sans le tuer ? Né le 20 août 1826 à Neuilly-sur-Seine, cet homme fit ses premières études au petit séminaire de Paris, ses études théologiques au grand séminaire de Meaux, dont le diocèse devint le sien ; il passa par diverses paroisses de Seine-et-Marne, chercha fortune à Londres auprès de Mgr Wiseman, et, revenu d'Angleterre, obtint un bon accueil auprès de M. Legrand, curé de Saint-

Germain-l'Auxerrois, qui, ancien curé de Neuilly, l'avait autrefois préparé à la première communion. Les fonctions de porte-croix à la chapelle des Tuileries lui semblèrent un instant comme un premier pas dans le chemin des dignités, mais l'ambition inquiète qui tourmentait sa vie n'y trouva pas son compte; il se vengea de l'amertume de ses espérances trompées en dénonçant le vénérable curé, son bienfaiteur. Obligé de quitter le diocèse de Paris, où il s'était fait mendiant à la porte de l'église de la Madeleine, il reçut encore une fois de l'évêque de Meaux, grâce à Mgr Sibour, des marques de bonté qu'il ne méritait pas : nommé curé de Séris, il y prit fait et cause pour un empoisonneur et prêcha contre l'Immaculée Conception; Séris fut l'avant-dernière étape de son existence mauvaise. Tout ce que la haine de Dieu, de la religion et de la société avait amassé au fond de son âme s'est retrouvé dans ses papiers; en disant *pas de déesse!* cet homme avait répété, après quatorze siècles, le mot de Nestorius; mais il n'était pas même un hérétique, et ses *notes* n'ont laissé voir aucun vestige de croyance. Sous des dehors qui paraissaient doux, il cachait une nature audacieuse et plate, violente et basse, une froide et sauvage puissance de dissimulation et de cruauté : si, à l'audience, il était resté muet, on eut pu le prendre pour un agneau; il n'eut qu'à parler pour laisser voir le tigre. Ce prêtre, interdit, chargé du poids de son obscurité devenue insupportable à son orgueil, jaloux de toute gloire, ennemi de tout bien, comme Satan dans le *Paradis perdu*, descendu de degrés en degrés jusqu'aux derniers confins de l'abîme où nul rayon n'arrive plus, se demanda un jour s'il n'y aurait pas moyen de se faire remarquer de ce monde à travers lequel il passait sans qu'on le regardât, et l'idée lui vint de tuer ou le Pape ou l'Archevêque de Paris! N'ayant pas assez d'argent pour se rendre à Rome, il résolut d'égorger l'Archevêque dont la main secourable s'était plus d'une fois étendue sur lui.

Le 2 janvier il achète, rue Dauphine, le fatal couteau. C'était une lame large et mince, se recourbant vers le milieu, devenant tranchante des deux côtés, et se terminant par une pointe acérée qu'une cote de maille eût difficilement arrêtée. Il portait ce couteau tout ouvert dans sa poche lorsque, le 3 janvier, il alla à Saint-Étienne-du-Mont guetter sa victime; il eut voulu pénétrer dans le chœur, un suisse lui en défendit l'entrée; durant le sermon, il attendit l'Archevêque à l'une des deux sorties du banc-d'œuvre parce qu'on ne pouvait s'en aller du banc-d'œuvre que l'un après l'autre et que la victime se serait présentée sans défense aux coups de l'assassin; mais l'Archevêque ne sortit point par où la bête fauve l'attendait. L'enfer n'est pas aisément à bout de combinaisons; le misérable sait que la procession rentrera dans la nef, que le passage sera étroit à la barrière, il juge l'instant et l'endroit très-favorables à son dessein. Il s'agenouille, et il a l'air de prier, on prie autour de lui, on prie partout dans l'église, on invoque la patronne de Paris, des accents touchants et pieux remplissent le sanctuaire. Cet étranger dans la maison de Dieu, dont il fut le ministre, n'est entouré que de religieuses pensées et d'élans du cœur, et il est là, lui, couvant son crime, et il sent au côté gauche un poignard ouvert; il est là invisiblement armé, et toutes ces saintes harmonies, tous ces recueillements chrétiens ne le désarment pas! Un mauvais prêtre pouvait seul donner au monde le spectacle de ce phénomène de féroce perversité. Nous ne sommes plus ici en présence de l'âme humaine; Satan avait pris une face d'homme, et cette face d'homme se nommait Verger!

Comment trouver maintenant le courage de contempler la victime? Au premier bruit de la catastrophe, le nonce apostolique, les membres du chapitre, des ecclésiastiques de tous les rangs et de toutes les paroisses accouraient à Saint-Étienne-du-Mont; des parents et des amis étaient là. Tous refusaient de croire à l'égorgement du pontife, avant d'avoir vu son corps dans le salon du presbytère. L'horrible réalité saisissait comme un mystère formidable; il y avait un mélange de douleur et d'épouvante; les bouches étaient muettes, les yeux pleins de larmes, les figures abattues ; un seul visage gardait du calme et de la sérénité, le visage de l'Archevêque mort ; on remarquait qu'il était frappé à l'endroit même où le Divin crucifié reçut le coup de lance. Le sang qui, aux premiers moments, n'avait pas coulé de la blessure, baignait les vêtements du pontife ; des assistants à genoux recueillaient des gouttes de ce sang et le portaient religieusement à leurs lèvres. La victime, restée avec son rochet, ses gants et son anneau pastoral, fut portée vers les sept heures et demie dans sa voiture, cette même voiture qui, quatre heures auparavant, conduisait le prélat plein de vie à Saint-Étienne-du-Mont. Le secrétaire général de l'archevêché (1) et deux serviteurs ramenèrent ainsi le corps à cette demeure de la rue de Grenelle, si vite changée en demeure funèbre ; celui (2) des deux serviteurs qui, dans la voiture, soutenait le corps ensanglanté, avait, en 1848, emporté dans ses bras Mgr Affre après sa mortelle blessure aux barricades.

Remis en des mains pieuses et dévouées (3), le corps

---

(1) M. l'abbé Lagarde.
(2) Pierre.
(3) Nous ne pouvons pas citer ici les noms de tous les amis qui ont entouré de vénération le corps de la victime, depuis le soir du 3 janvier, jusqu'à l'exposition dans la chapelle ardente ; mais nous nous reprocherions d'oublier de saintes filles qui s'oublient elles-mêmes ; il y avait quarante jours que les sœurs de l'Espérance donnaient à Mgr de Tripoli des soins

du Pontife reçut des soins où les larmes de l'attendrissement se mêlaient à tous les témoignages d'un respect religieux: on le déposa sur son lit; l'Archevêque semblait dormir; il y avait dans les plis de ses lèvres comme la trace d'un dernier sourire de pasteur, d'une dernière bénédiction soudainement interrompue par la mort.

Pour ne pas répéter des détails encore présents à l'esprit de chacun, bornons-nous à rappeler l'empressement de milliers de fidèles qui, durant huit jours et par un froid rigoureux, se succédèrent dans la chapelle ardente, avec des médailles et des chapelets dont ils ambitionnaient de faire des reliques en demandant que ces objets touchassent à la place de la blessure du martyr : les fidèles ne priaient pas pour l'Archevêque, ils le priaient. Nous ne dirons rien des obsèques du pontife au milieu du recueillement d'une immense population echelonnée sur double rang depuis la rue de Grenelle jusqu'à Notre-Dame. Le peuple de Paris, que l'Archevêque avait sincèrement aimé, lui devait bien cette marque

---

dont l'Archevêque de Paris ne parlait qu'avec admiration, lorsque, le poignard ayant frappé le premier pasteur qui aimait à les bénir, on les vit dans l'attitude de la prière autour de ses dépouilles sacrées ; elles y passèrent les nuits. Depuis ce temps les sœurs de l'Espérance ont continué leur œuvre de dévouement profond et touchant auprès de Mgr de Tripoli, doublement atteint par la maladie et par le deuil.

de sympathie. Nous assistâmes à ces funérailles ; nous étions là lorsqu'au chant du Psaume funèbre et à de lugubres clartés le cercueil fut descendu « à « ces sombres lieux, à ces demeures souterraines » dont parle le grand ensevelisseur des gloires de la terre. Six cercueils, renfermant les dépouilles des six archevêques de Paris morts depuis cinquante ans, sont déposés dans le caveau, à gauche de l'entrée du chœur de Notre-Dame ; on sait que la fureur révolutionnaire n'épargna pas les restes de leurs prédécesseurs et que les dépouilles de Mgr de Noailles échappèrent seules à nos maîtres de 1793. L'église de Saint-Étienne-du-Mont, profanée par le crime du 3 janvier, mais redevenue la maison de Dieu après les cérémonies expiatoires, avait été le témoin de la dernière prière de notre Archevêque; elle demanda et obtint que le cœur dont elle vit les derniers élans d'amour religieux fût confié à sa garde.

Au mois de novembre 1856, peu de jours avant de quitter son habitation de Belle-Eau qu'il ne devait plus revoir, Mgr Sibour, cédant peut-être à quelque secret pressentiment, fit des dispositions testamentaires : « Je meurs, dit-il en commençant, je meurs « dans la foi et l'amour de l'Église catholique, apos- « tolique et romaine, à l'exaltation de laquelle je n'ai « cessé de travailler dans les divers rangs de la « hiérarchie sacrée. » L'Archevêque a légué :

1° A son église métropolitaine, sa mitre et son

étole gothique, sa chape et sa chasuble du même genre, sa croix pastorale symbolique avec son anneau à fleurs de rubis et d'émeraudes, le missel richement relié qui lui fut offert par Mgr de Dreux-Brézé, à l'occasion de son sacre, et la collection des médailles relatives aux principaux actes de son épiscopat; 2° au séminaire de Paris : 400 fr. pour une grand'messe annuelle à perpétuité ; 3° aux chanoines titulaires de Digne : 400 fr. pour 200 messes ; 4° à la paroisse Saint-Paul-Trois-Châteaux, la chapelle épiscopale achetée à Lyon lors de la promotion de Mgr Sibour au siége de Paris ; 5° au presbytère du Rac, paroisse de Belle-Eau, ses livres de Belle-Eau ; 6° aux pauvres de Digne une somme de 1,000 fr. ; 7° à l'établissement des Orphelins de la même ville, une somme de 500 fr. ; 8° une somme de 10,000 fr. pour être distribuée aux pauvres de Paris par les soins des membres de la société de Saint-Vincent-de-Paul, des sœurs de la charité, des petites sœurs des pauvres et des curés de toutes les paroisses de Paris.

## CHAPITRE VINGT-TROISIÈME ET DERNIER.

HOMMAGES RENDUS A LA MÉMOIRE DE M<sup>gr</sup> SIBOUR ; BREFS DU PAPE ; LETTRE PASTORALE ET DISCOURS DE L'ÉVÊQUE D'ORLÉANS. — LETTRE DE M. L'ABBÉ DE CUTOLLI SUR LA VIE INTIME, LES TUDES DE PIÉTÉ ET DE TRAVAIL DE NOTRE ARCHEVÊQUE. — CONCLUSION.

Nous n'entreprendrons pas de recueillir tous les témoignages rendus à la mémoire du prélat immolé; les plus éclatants sont partis de la chaire de Saint-Pierre; ce sont les louanges des papes qui donnent la gloire aux évêques ; Pie IX, dans un bref du 22 janvier 1857, en réponse à une lettre de l'évêque de Tripoli, lui disait:

« De quelle grande douleur votre âme a dû être
« déchirée, quand notre vénérable frère Marie-Domi-
« nique-Auguste Sibour, Archevêque de Paris, à qui

« des liens de parenté vous unissaient, a été cruelle-
« ment frappé de mort par la main sacrilége d'un
« prêtre abominable! Nous l'avons aisément compris
« par l'extrême affliction dont nous avons eu le
« cœur pénétré en apprenant un si lamentable évè-
« nement. Nous avons senti redoubler cette affliction
« de notre cœur, à la lecture de la lettre si émue que
« vous nous avez adressée, en voyant qu'il vous avait
« fallu, déjà brisé par la maladie, supporter encore
« une si douloureuse épreuve. Mais dans ce malheur
« une grande consolation pour vous et pour nous,
« c'est la ferme espérance que le défunt pontife,
« affranchi des choses terrestres, est entré dans le
« céleste royaume. En effet, pendant sa vie, il témoi-
« gna soit à nous-même, soit au siége apostolique,
« une particulière vénération ; il se distingua par la
« piété, le zèle et les autres vertus chrétiennes ; il
« travailla au salut du troupeau, qui lui était confié,
« avec tant d'ardeur et de sollicitude que nous avons
« la pieuse confiance qu'il jouit maintenant de la
« félicité éternelle. »

Dans un autre bref en réponse à une lettre des vicaires-généraux capitulaires de l'Église de Paris, le Pape, après avoir exprimé sa douleur profonde à la nouvelle du crime, donnait des louanges à l'Archevêque, espérant qu'il avait « reçu du
« divin Prince des pasteurs la couronne incorrupti-
« ble de gloire. » Comme, selon la parole de saint

Léon, la poussière du monde vient souiller même les cœurs les plus pieux, Pie IX disait « qu'il n'avait pas « négligé d'offrir, pour l'âme du pontife défunt, des « prières, des supplications et des sacrifices au très-« clément Père des miséricordes, » et qu'il l'avait fait « non-seulement en particulier mais encore dans « un service public solennellement célébré dans la « basilique des Douze-Apôtres. »

On n'a pas oublié les mandements de beaucoup de nos prélats et même de prélats étrangers ; nous ne citerons que la première en date de ces lettres pastorales sur le crime du 3 janvier; ce fut comme un cri de douleur et d'éloquence ; « Paris ! Paris ! » disait l'évêque d'Orléans, « faut-il donc dans cette longue « et interminable suite de nos calamités que l'an-« tique siége de tes pontifes ne cesse point d'être « inondé, non pas seulement de leurs sueurs, mais « de leurs larmes et de leur sang répandu ? O Dieu! « quel est ici votre secret ? Est-ce la gloire des con-« fesseurs et des martyrs que vous voulez faire de « nouveau resplendir dans votre Église ? Ou bien « sont-ils les élus de votre justice irritée, et tom-« bent-ils sous nos yeux, premières et innocentes « victimes de nos iniquités ?...

« Hélas ! il ne devait pas suffire ce sang si géné-« reux et si pur (le sang de Mgr Affre). Le sang vient de couler encore; *Sanguis sanguinem tetigit*, comme dit le prophète. Après l'archevêque

« martyr de la charité, nous devions avoir dans son
« successeur, l'Archevêque martyr de la justice, et
« c'est Mgr Sibour, ce pontife si bienveillant et si
« charitable, qui meurt aujourd'hui, martyr du
« devoir accompli et de son zèle pour la sainte disci-
« pline ecclésiastique ; et c'est dans le sanctuaire
« même qu'il tombe, victime de sa fermeté à en
« repousser les indignes... Ce qui ajoute, s'il se peut,
« à l'horreur de ce crime; ce qui saisit le cœur de
« la plus extrême compassion, c'est que le pieux
« pontife, dont nous déplorons la mort était la bonté
« même, le meilleur et le plus indulgent des hom-
« mes. J'ai connu, j'ai vénéré, j'ai admiré ses im-
« mortels prédécesseurs ; je les ai même servis, se-
« lon mes forces, dans le grand labeur dont ils
« étaient chargés : mais je dois le dire, nul n'a été
« plus pasteur que Mgr Sibour. Nul n'a plus fait que
« lui pour le salut des âmes, pour le développement
« de toutes les œuvres de la charité et de la piété
« chrétienne ; nul n'a travaillé avec plus de persévé-
« rance et d'énergie à ce qui fut la grande œuvre de
« son zèle, à la fondation de ces nouvelles paroisses
« de Paris, sans lesquelles les deux tiers de l'im-
» mense population de cette cité sont condamnés à
« vivre et à mourir sans temple et sans autel, sans
« Christ et sans Dieu. Et ce qu'il faut ajouter, parce
« que ce fut le partage de Mgr Sibour et la sanctifi-
« cation de sa vie et de son apostolat, comme ce fut

« la gloire de saint Charles et de saint François de
« Sales, les amertumes, les injustices, les outrages
« même ne lui ont pas manqué ! Mais Dieu, à l'heure
« qu'il est, lui tient compte de tous ses travaux et de
« toutes ses peines ; sa main paternelle a fermé déjà
« les plaies de ce cœur qui n'a su, dans la vie comme
« dans la mort, que plaindre et pardonner ; et j'aime
« à penser que la patronne de Paris, dont il était
« venu honorer le tombeau, à l'heure même où il
« devait lui-même tomber dans la mort, lui avait
« préparé par son intercession auprès de Dieu,
« la couronne réservée aux pasteurs apostoliques et
« aux martyrs. »

Le lendemain des funérailles de Mgr Sibour auxquelles il avait assisté, l'évêque d'Orléans, montant en chaire dans sa cathédrale, le cœur toujours plein de l'image du pontife immolé, prenait pour texte d'un sermon de charité la devise de l'archevêque de Paris, la commentait avec émotion et profondeur, et sa parole remuait, attendrissait un nombreux auditoire ; la fin de la péroraison de ce discours appartient à notre œuvre ; l'orateur s'est fait l'historien de la dernière heure de l'Archevêque ; ou plutôt ce n'est pas un récit, mais un tableau achevé ; la forme est une réminiscence de Bossuet, mais se souvenir ainsi ce n'est pas imiter, c'est rester soi-même :

« Et maintenant je reviens à vous, doux et pieux
« Pontife, dont je ne puis détacher mes yeux ni mon

« cœur ; c'est par vous que j'ai commencé ce dis-
« cours, c'est par vous que je l'achèverai. Oui, je
« veux en finissant, reposer encore une fois mes re-
« gards sur votre image ; mais voici sous quels traits
« je veux vous y revoir :

« Sans doute je vous y verrai toujours avec ce
« visage bienveillant, avec cet abord affectueux,
« avec cette douce affabilité qui plaisait en vous ;..
« mais je veux vous y retrouver aussi sous des traits
« douloureux et plus sublimes; et vous m'apparaîtrez
« jusqu'à la fin tel que vous fûtes à ce dernier jour, à
« cette dernière heure, à l'heure de votre immolation,
« la couronne pontificale au front, le bâton pastoral
« d'une main, et de l'autre, bénissant un petit en-
« fant dans les bras de sa mère avec un doux... et der-
« nier sourire, avec ce regard tendre et paternel,
« qui devait être aussi le dernier regard de vos
« yeux... et recevant au moment même le coup mor-
« tel au cœur...

« Puis, tandis que la foule éperdue jetait des cris
« d'épouvante et que le meurtrier se débattait en
« blasphémant le nom de la Vierge Immaculée, vous
« encore debout, votre dernière parole, votre der-
« nier soupir, errant sur vos lèvres déjà glacées, et
« ne sachant que plaindre le malheur de celui qui
« vous tuait...

« Puis, bientôt, vous affaissant, vous tombiez à
« genoux, comme un pontife en prière ; puis, dans

« votre défaillance suprême, vous vous prosterniez
« étendu la face contre terre, et semblant commen-
« cer sur le pavé du temple l'expiation solennelle
« qui s'achèvera demain...

« Puis enfin, relevé par vos prêtres fidèles et porté
« entre leurs bras sur votre lit de mort; puis de là,
« je l'espère, porté plus heureusement par la main
« des anges dans le sein d'Abraham et du Dieu de
« l'infinie charité, et lui disant avec la confiance et
« le sourire de l'éternelle vie : oui, seigneur, votre
« miséricorde pour votre pauvre serviteur et votre
« charité sont au-dessus de tout : *Major horum*
« *charitas.* »

L'évêque de Troyes, répandant ses pleurs et son âme dans des pages uniquement faites pour l'amitié en deuil, écrivit deux lettres belles et touchantes qui firent le tour de l'Europe.

Un orateur, d'un talent élevé (1), qui sait dire au temps présent ce qu'il est, ce qu'il fait, où il va, reparaissant, au commencement du carême de 1857, dans cette chaire de Notre-Dame où Mgr Sibour l'a fait monter, et ne le retrouvant plus en face de lui, laissa éclater en nobles paroles une émotion bientôt partagée par six mille auditeurs ; en voyant cette place vide, il s'était écrié : « Où est celui qui nous

---

(1) Le R. P. Félix.

« bénissait tous ? lorsque, me faisant, au nom de
« Dieu, la mission de mon sujet, il me disait en
« étendant sur moi les mains, ces paroles que je
« vous ai rapportées : *Allez, je vous bénis, vous et*
« *votre sujet*, pouvais-je penser qu'il me manquerait
« pour le bénir jusqu'au bout ? »

A cette même chaire de Notre-Dame, un autre orateur (1) que nul n'oublie, avait prononcé, dans sa première conférence, en présence de Mgr Sibour, ces paroles qui sont revenues à notre esprit comme des accents prophétiques :

« Vous êtes le troisième archevêque devant qui
« j'annonce la parole de Dieu du haut de cette chaire.
« Vos deux derniers prédécesseurs ont été tous deux
« frappés de la foudre ; ils ont tous deux porté à
« Dieu prématurément le compte rempli et pourtant
« inachevé de leur épiscopat. L'un avait vu son pa-
« lais renversé de fond en comble par les mains de
« la multitude, et après avoir répondu à cet acte de
« fureur par dix années de bienfaits, il est mort sans
« avoir obtenu de la justice des hommes la répara-
« tion qui était due à sa piété, à son courage et à sa
« bonté. L'autre s'est offert lui-même en holocauste ;
« il est tombé en désarmant la guerre civile, et le
« peuple ému de cette victime devenue son pacifi-

---

(1) Le R. P. Lacordaire.

« cateur, l'a ramené dans ce temple où il lui a fait
« un sépulcre plus grand que n'était son trône, et
« une résurrection aussi glorieuse que l'avait été sa
« mort. Dieu vous a choisi, Monseigneur, pour suc-
« céder à ces deux hommes et pour continuer
« l'histoire du siége de saint Denis : il vous a jugé
« digne de tenir une place où ne pouvaient plus s'as-
« seoir que la charité qui fait le martyr, et que la
« grandeur d'âme qui fait le citoyen. Je vous souhaite
« des jours plus heureux que n'ont été les leurs, une
« gloire moins agitée, une fin moins précoce. Non
« pas que je doutasse de votre cœur, si Dieu vous
« appelait à les égaler dans le péril et dans l'honneur
« des tribulations, mais parce qu'il n'appartient qu'à
« Dieu de souhaiter aux hommes et de leur envoyer
« des malheurs aussi grands que leurs vertus. »

Nous n'ajouterons point des pages à des pages pour remettre sous les yeux du lecteur ce qu'il sait ou ce qu'il a vu; l'oraison funèbre de Mgr Sibour, prononcée dans la métropole de Paris, le 12 février (1), a de beaux morceaux dont nous aurions pu orner notre œuvre, mais à quoi bon répéter ce que le public connaît déjà ? Pour achever de faire aimer et

---

(1) L'Oraison funèbre a été prononcée par M. l'abbé de Place, chanoine de Notre-Dame.

vénérer l'Archevêque, nous n'aurons pas recours aux maîtres de l'éloquence sacrée, à d'anciens ou à de nouveaux discours; nous reproduirons simplement, sans y changer un mot et avec une sorte de respect, les épanchements que nous adresse un jeune ami (1) qui a fait dans son cœur comme un tabernacle de pieux amour à la mémoire de celui dont il vit de près, pendant un an, la sainte vie ; vous croirez lire un de ces récits d'autrefois où les disciples des grands serviteurs de Dieu leur rendent témoignage après leur mort :

« Monseigneur vivait dans cette pensée, que le temps est infiniment précieux et qu'il faut éviter avec soin d'en perdre la moindre parcelle : cette obligation, me disait-il, est rigoureuse pour tout prêtre, mais elle l'est plus encore pour un évêque, pour le pasteur d'un vaste diocèse où chaque heure révèle d'immenses besoins de toute nature à prévenir et à soulager. Aussi Monseigneur se faisait un devoir de mettre l'ordre le plus parfait dans la disposition de ses moments et l'emploi de ses journées ; il nous a souvent dit et prouvé par des exemples tirés de sa vie, comment au milieu d'incessantes occupations, avec cet esprit de règle et d'ordre, il avait pu méditer et accomplir de grands travaux.

---

(1) M. l'abbé de Cuttoli, chanoine honoraire, secrétaire particulier de Mgr Sibour.

« La première et la plus douce occupation de Monseigneur était la prière : il aimait, dès le matin, à pratiquer ce saint exercice pour y puiser les lumières et la force nécessaires à un évêque. Après de courtes heures données au sommeil, il se livrait à la méditation ; le sujet en était une lecture pieuse, ou bien quelque passage tiré des saints Pères sur les devoirs des évêques ; mais plus souvent une prière, un psaume, dont il redisait les paroles ou les versets, pour se pénétrer ensuite des sentiments qui y étaient renfermés. Ce moyen se prêtait mieux aux touchantes aspirations de son âme, remplie d'une piété si onctueuse et si vive, et qui avait besoin d'épancher ses sentiments d'amour, plutôt que de les puiser dans quelque livre.

« A la campagne, cette méditation se faisait parfois en plein air, à la promenade ; elle se nourrissait alors de tout ce que la nature offre de beau, de majestueux, d'instructif.

« J'ai vu souvent Monseigneur, à l'exemple de saint François-de-Sales, s'arrêter devant une jolie fleur, un bel arbre ; regarder le ciel, ce ciel du midi si brillant et si pur, et s'écrier au milieu de sa prière : « Que tout cela est magnifique ! combien « Dieu nous a aimés, pour donner dans la création, « une si large part à notre agrément et à nos plaisirs ! « Oh ! qu'il mérite d'être aimé ce Dieu si bon ! »

« Monseigneur, dont la piété était tout expansive, a

voulu souvent nous rendre compte de sa méditation, nous faire part de ses sentiments et même de ses résolutions, comme il désirait connaître aussi ce qu'il avait plu au Seigneur de nous inspirer dans le recueillement de la prière.

« C'était habituellement, après sa méditation, que Monseigneur célébrait la sainte Messe : on peut juger de la dévotion qu'il apportait à cet auguste sacrifice, après avoir comme embrasé son âme dans le feu de l'oraison.

« J'ai été témoin de l'émotion profonde de quelques personnes admises à entendre la Messe du saint prélat, dans sa chapelle ; elles m'avouaient en se retirant qu'elles avaient cru voir un ange à l'autel : elles étaient comme embaumées de la vivacité de sa foi et de l'ardeur de sa prière.

« On n'a point oublié que, le 5 janvier, ce jour de son sacrifice et de son martyre, Monseigneur célébra la sainte Messe avec des sentiments de piété si particuliers et si visibles, que son serviteur Eloi ne put retenir ses larmes.

« Tout ce qui se rattachait au saint sacrifice lui paraissait digne du plus grand respect. Lorsque nous avions le bonheur de célébrer sous ses yeux, il examinait avec soin s'il ne nous arrivait point de manquer aux moindres cérémonies, il se plaisait à nous les rappeler et à les repasser avec nous.

« Ce dernier détail pourra paraître minutieux :

toutefois, je n'ai pas voulu l'omettre; il renferme, ce me semble, la vive expression de sa foi.

« Ainsi éclairé, fortifié par la prière, Monseigneur se livrait, dans le reste de la journée, à l'étude, aux soins de sa correspondance, aux détails de son administration, au règlement des affaires courantes. Les nombreuses et utiles institutions dont il a été l'auteur, surtout dans son épiscopat de Paris, les œuvres et les mandements si remarquables qu'il a publiés et que le public a accueillis avec tant d'enthousiasme, témoignent assez de la puissante et féconde activité de son esprit. Je ne m'arrêterai pas davantage sur ce point.

« Mais je ne saurais oublier de dire avec quelle pieuse industrie l'âme du vertueux prélat savait souvent encore, dans le cours de la journée, oublier le tourbillon d'affaires au milieu desquelles il vivait, pour puiser dans la prière quelques instants de rafraîchissement et de douce quiétude.

« Je dois parler ici de la récitation du saint Office. C'était toujours là pour son cœur un moment de repos et de bonheur. Je récitais habituellement le bréviaire avec lui : il aimait que cette récitation fût lente, et offrît tous les caractères du recueillement et de la pénétration. Lorsque nous étions plusieurs, à la campagne par exemple, nous disions le bréviaire à deux chœurs: Monseigneur présidait à ce petit chapitre, et se complaisait visiblement dans cette pensée: *Domus mea, domus orationis*. L'Office achevé, Monseigneur reprenait quelques-uns des passages qui l'avaient le plus frappé, les commentait en nous montrant les instructions et les développements que pourrait y trouver l'orateur chrétien.

« Qu'ai-je besoin de dire ici que sa dévotion pour la sainte Vierge était toute filiale et toute dévouée. L'on sait que, se trouvant à Rome pour la proclamation du dogme de l'Immaculée Conception, il dit à son serviteur, au retour de cette grande solennité : « N'oubliez pas que lorsque je mourrai, je désire « porter cette mitre que j'avais au jour du triomphe « de Marie. »

« Aussi, vivant dans cette douce habitude de piété tendre pour la sainte Mère de Dieu, voulait-il qu'il y eût dans la journée quelque moment qui lui fût consacré par la prière. C'est celui où il récitait le chapelet ; il était très-exact à payer à Marie ce tribut de louanges. C'est dans cet exercice fréquent de l'oraison et dans cette union habituelle avec Dieu, qu'il se pénétrait de plus en plus de l'obligation de se dévouer à l'œuvre de la sanctification de ses prêtres et de ses fidèles, méditant toutes les institutions qui lui paraissaient plus propres à les mener à une plus grande perfection, et à procurer la gloire de Dieu et le salut des âmes.

« Il parlait souvent de la sainteté du sacerdoce et

du malheur de ceux qui pourraient en oublier les sublimes devoirs.

« Un jour un des enfants de sa famille spirituelle avait contristé son cœur d'évêque et de père; je trouvai Monseigneur ayant les larmes aux yeux ; il me dit : « Oh! que j'ai de peine! quel poids de douleur
« accable mon âme! quelle responsabilité que celle
« d'un évêque! je ne sais si je dois continuer d'en
« porter le fardeau : ah! recourons du moins à la
« prière : disons le bréviaire pour ce pauvre égaré,
« puis j'offrirai la sainte Messe à son intention, espé-
« rons que la miséricorde de Dieu touchera son
« cœur! »

« Au milieu de ses fatigues et de ses peines, Monseigneur ne cherchait de consolation que dans la pensée du ciel; il en parlait fréquemment et avec délices. Je sais combien j'étais heureux dernièrement encore de me rappeler ces discours avec le cher abbé Lagarde qui, plus longtemps que moi encore, en a été le témoin et le confident intime.

« Durant l'été dernier, me trouvant à la campagne avec Monseigneur, nous avions coutume, au milieu du jour, de lire quelques pages de l'*Histoire de saint Augustin* dont vous lui aviez fait hommage. Je me souviens que nous lûmes plusieurs fois le récit que vous faisiez avec tant de charme des ravissantes conférences de *Cassiciacum*, où saint Augustin, entouré de quelques amis, se plaisait à les instruire des récompenses promises à la vertu, et des espérances du ciel; Monseigneur me disait alors : « j'envie et je rêve pour « plus tard quelque chose de semblable. »

« Deux jours avant sa mort, c'était le 1ᵉʳ janvier au soir, notre vénéré prélat prit occasion de la nouvelle année qui s'ouvrait, et de la rapidité avec laquelle passe ici-bas notre existence, pour me parler du ciel où il n'y a plus de succession de jours, mais l'immuable éternité, et il ajouta : « Savez-vous
« que nous serons bienheureux au ciel, oui, bien
« heureux ; dans cette plénitude de lumière et d'a-
« mour rien ne manquera plus aux besoins de notre
« âme : nous connaîtrons, dans ses détails, l'œuvre
« de la création, l'œuvre bien plus admirable de la
« rédemption : les mondes créés et possibles; nous
« verrons tout cela en Dieu ; celui qui est déjà au ciel
« connaît les peines et les besoins de ceux qu'il a
« laissés sur terre, de ses parents, de ses amis; il les
« soulage par ses prières : mais, reprit-il, du ciel il
« voit aussi si ceux qu'il aimait sur la terre pensent
« à lui, se souviennent de lui et l'aiment encore. »

« Ces paroles me frappèrent: je les recueillis dans mon cœur avec autant d'attention que je mets ici d'exactitude à les rappeler. Mais, en vérité, lorsque je pense que deux jours après les avoir entendues, celui qui les disait avec l'expression d'une joie si douce, devait nous être ravi par la mort, il me semble que Dieu lui avait donné comme un pressentiment du bonheur dont il devait couronner bientôt ses vertus, en même temps que ce père bien-aimé voulait mettre doucement en garde ses enfants contre l'indifférence et l'oubli.

« Avant de terminer, permettez-moi, cher Monsieur, de vous rappeler encore en deux mots, quelles ont été les dernières occupations de Monseigneur, le 5 janvier, jour où il devait si cruellement être enlevé à notre affection.

« J'ai déjà dit qu'en célébrant, le matin, la sainte Messe, il éprouva les sentiments d'une piété si vraie, et une émotion si visible que son serviteur Éloi se trouva lui-même tout ému et se mit à pleurer.

« Dans le reste de la matinée, j'écrivis, auprès de Monseigneur, quelques pages relatives à Saint-Paul-Trois-Châteaux, son pays natal, et à sa maison paternelle. Sa dernière pensée devait être pour les siens. Tous ses souvenirs d'enfance et de patrie lui étaient infiniment précieux et chers, et ses compatriotes savent quel intérêt et quelle affectueuse bienveillance ils ont toujours trouvés auprès de l'éminent prélat, devenu la gloire de leur pays, et dont nous ne leur avons entendu prononcer le nom qu'avec un noble orgueil et avec reconnaissance pour ses nombreux bienfaits. Je dois rapporter à ce sujet que le 31 décembre dernier, quelques habitants de Saint-Paul-Trois-Châteaux, résidant à Paris, sollicitèrent l'honneur d'offrir à Monseigneur l'hommage de leurs vœux et de leur vénération. Celui-ci les reçut avec beaucoup d'affabilité ; son cœur s'ouvrit avec eux comme avec des enfants bien-aimés ; il les bénit avec toute la tendresse d'un père.

« Ce fut vers trois heures que Sa Grandeur se disposa à partir pour se rendre à Saint-Étienne-du-Mont ; mais avant elle m'appela auprès de son bureau, me remit un billet de mille francs en disant : « Voici les « étrennes de nos pauvres. » Je fis remettre immédiatement cette somme à M. Tahan, pour être distribuée par la conférence de Saint-Vincent-de-Paul.

« C'est donc par l'aumône que notre saint Archevêque a terminé sa vie déjà si pleine de bonnes œuvres. Il est mort comme il a vécu en faisant le bien, en soulageant et en bénissant le pauvre.

« Qu'il a donc dû être beau son triomphe au ciel ! l'aumône lui a ouvert le cœur de Dieu, où il est allé recevoir la récompense de tant de services rendus à l'Église, de ses belles vertus apostoliques, de son noble et généreux martyre pour la sainte cause de la discipline et des vérités immuables de la foi. »

Depuis que nous avons commencé ce travail, travail d'esprit et de cœur, poursuivi sans relâche, notre Archevêque était à nos yeux comme rentré dans la vie ; nous suivions ses pas sur la terre, nous le regardions, nous l'écoutions ; nous avions en quelque sorte oublié qu'un cercueil de plus était déposé dans le caveau des pontifes de Paris, et des jours remplis se déroulaient devant nous dans leur pieuse activité ; toute cette existence, qui n'a été qu'un long effort pour le bien, recommençait avec son énergie ; maintenant que, d'année en année, nous sommes arrivés à une date funeste, et que plus rien qu'un tombeau ne se montre au delà, il nous semble, à cette fin de notre récit, que notre Archevêque meurt une seconde fois ; cette vie, que notre pensée lui avait rendue, nous échappe, et nous nous retrouvons en présence de ce cœur transpercé par le poignard! Mais c'est blasphémer que de dire, même un seul instant, qu'il ne nous reste plus qu'une tombe ; ce que le sépulcre garde n'est que de la poussière ; ce qui est remonté vers Dieu c'est ce qui ne périt pas ; notre Archevêque est dans la gloire, il nous aime et nous bénit bien mieux. Il est sorti de ce monde par une de ces morts dont les siècles se souviennent ; l'exécrable pensée est née de la rancune superbe contre la fermeté épiscopale, et c'est le blasphème qui s'est armé du poignard : dès lors le trépas de notre Archevêque ne s'élève-t-il pas à la hauteur du martyre?...

Dans le cours de notre récit, nous avons rencontré des évènements et des dates qui auraient pu fournir matière à des dissentiments de l'ordre purement humain ; nous n'avons pas voulu que des impressions et des traces de parti se mêlassent à une œuvre uniquement inspirée par l'amour des grandes choses religieuses, par le respect d'une belle vie de prêtre et d'évêque et par l'attendrissement.

En compulsant les papiers de l'illustre victime, qu'une confiante amitié nous avait communiqués, nous avons lu ces mots écrits au crayon de la main de l'Archevêque : « Notes pour servir à mes mémoires, « que je rédigerai plus tard, si Dieu m'accorde quel- « ques loisirs, comme je l'espère. » Les loisirs que le prélat souhaitait ne lui ont pas été accordés. Mais si le temps lui a manqué pour l'accomplissement de son dessein comme pour l'exécution de tant d'œuvres méditées, la justice ne manquera pas à sa mémoire.

FIN.

 www.ingramcontent.com/pod-product-compliance
Lightning Source LLC
Chambersburg PA
CBHW060543230426
43670CB00011B/1674